금융투자 완전정복 2.0

개정 1판 1쇄 발행 2021년 8월 1일

지은이 최철식 / **펴낸이** 배충현 / **펴낸곳** 갈라북스 / **출판등록** 2011년 9월 19일(제2015-000098호) / 경기도 고양시 덕양구 중앙로 542, 707호(행신동) / **전화** (031)970-9102 / **팩스** (031)970-9103 / **블로그** blog.naver.com/galabooks / **페이스북** www.facebook.com/bookgala / **이메일** galabooks@naver.com / ISBN 979-11-86518-48-9 (03320)

「이 도서의 국립중앙도서관 출판예정도서목록(CIP)은 서지정보유통지원시스템 홈페이지(http://seoji.nl.go.kr)와 국가자료공동목록시스템(http://www.nl.go.kr/kolisnet)에서 이용하실 수 있습니다.

아는 만큼 **부자** 되는

금융
투자
완전정복 2.0

갈라북스

"첫째, 돈을 잃지 마라.
둘째, 첫 번째 법칙을 잊지 마라."

'돈' 걱정 없이 평생을 살아갈 수 있다면 얼마나 좋을까?

필자도 마찬가지지만, 우리는 돈을 벌기 위해, 벌어 놓은 돈을 지키기 위해 그리고 그 돈을 조금이라도 더 불리기 위해 끊임없이 노력을 기울이며 살아간다.

돈이 되는 정보를 얻기 위해 경제신문을 읽기도 하고, 증권방송을 보기도 한다. 주식, 부동산, 세금, 자산관리 관련 책을 사서 읽기도 하며 때로는 은행이나 증권회사에 다니는 전문가에게 조언을 구한다.

그러나 여전히 돈을 모으고 불리는 건 쉽지 않다. 오히려 뜻하지 않게 큰 손실을 보고 후회하는 일이 종종 생기곤 한다. 이런 예기치 않은 손실을 피하려면 꾸준히 공부를 해야 한다. 물론 금융 지식이 많다고 누구나 돈을 벌 수 있는 건 아니다. 하지만 금융 지식이 풍부해지면 손실을 줄이며 안정적인 자산관리를 할 수는 있다.

이 책은 단기간에 높은 수익을 얻기 위한 전망이나 비법을 소개하는 책이 아니다. 대신 다양한 투자 활용 방법에 대해 소개함으로써 같은 자산에 투자하더라도 보다 효율적인 방안을 찾을 수 있도록 하는 것이 목적이다. 전쟁을 치를 때 총과 수류탄만 가지고 싸우는 것 보다는 탱크, 미사일, 전투기와 같은 최신 무기를 두루 갖추는 편이 이길 확률을 높일 수 있는 것과 마찬가지다.

부모로부터 물려받은 자산이 많은 것도 아니고, 사업을 해서 큰돈을 벌어 놓은 것도 아니라면 나이가 들어서도 지속적으로 일할 수 있는 직업을 갖는 것이 좋다. 요즘 같은 저금리 시대에는 10억을 모아 놓았다 하더라도 1년 정기예금 이자가 1,000만 원 정도에 불과하여 이자만으로 생활하는 것이 불가능하기 때문이다. 많지 않은 소득이라도 꾸준히 현금흐름을 창출할 수 있는 직업을 갖고 있는 편이 낫다. 만약 젊은 시절에 높은 소득을 올리고 있는 경우라면 다양한 연금을 준비해 미리 노후에 필요한 현금흐름을 만들어 놓는 것이 좋다.

자산관리의 기본은 소득에 비해 지출을 줄여 돈을 모으는 것부터 시작된다. 그 다음엔 모은 돈을 잘 굴리는 것이다. 그런데 이 과정에서 금융지식이 전혀 없으면 큰 손실을 볼 가능성이 높아진다.

손실을 보는 건 순간이지만, 이를 회복하는데는 오랜 시간이 걸린다. 만약 원금의 50% 손실을 봤다면, 이를 회복하기 위해서는 100%의 수익을 올려야 한다. 예를 들어 1억을 투자했다가 5,000만 원 손실을 본 경우 5,000만 원의 100%인 5,000만 원을 다시 벌어야 겨우 원금을 회복할 수 있기 때문이다.

더 큰 문제는 손실 본 원금을 빨리 회복하기 위해 점점 변동성이 높은 자산에 투자를 하게 되는 악순환에 빠지기 쉽다는 점이다. 그래서 투자의 세계에서는 돈을 버는 것보다 잃지 않는 것이 훨씬 더 중요하다.

투자의 대가 '워런 버핏(Warren Buffett)'의 투자 원칙도 이와 같다.

"첫째, 돈을 잃지 마라. 둘째, 첫 번째 법칙을 잊지 마라."

큰 손실을 보지 않기 위해서는 투자하고자 하는 자산에 대한 정확한 이해가 필요하다. 투자 자산에 대한 장점과 단점, 특히 손실 가능성에 대해 냉정하게 파악하고 있어야 한다. 그래야 실패할 확률을 낮추고 자산을 꾸준히 불려 나갈 수 있다. 그래서 이 책에서는 다양한 자산에 대한 투자 활용법을 소개하되, 주의해야 할 점에 대해서도 충분히 설명했다.

대신 그동안 재테크 책에서 많이 다뤄온 내용은 과감하게 생략했다. "커피와 담뱃값을 아껴 복리로 굴리면, 복리가 마술을 부려 큰돈을 모을 수 있다"라든지, "여러 개의 통장으로 목적에 맞게 자산을 나눠서 관리하는 것이 좋다"라는 등의 내용은 담지 않았다. 물론 절약해서 돈을 모으고 생애주기와 투자 목적에 맞게 돈을 나눠서 관리하는 것도 중요하다. 특히 복리 효과는 투자에 있어서 매우 중요한 요소다. 하지만 이 책에서는 독자들이 다양한 자산에 투자하려고 할 때 실질적으로 도움을 받을 수 있는 내용에 초점을 맞췄다.

　독자들을 위해 책을 쓰면서 다음과 같은 점에 주안점을 뒀다.

❶ 이 책은 다양한 투자 활용법을 백과사전처럼 카테고리별로 구분해 정리했다. 목차를 참고해 순서와 상관없이 궁금하거나 투자하고자 하는 자산에 관한 내용을 먼저 읽으면 된다. 그 이후엔 이 책을 곁에 두고 필요할 때마다 찾아보면 된다. 다만, 다양한 투자 자산에 대해 소개하려다 보니 기초적인 내용을 자세히 담지 못했다. 그래서 일부 독자에게는 용어도 생소하고 내용도 약간 어려울 수 있다.

　이와 관련, 부록에 참고하면 도움이 될 만한 사이트를 소개했다. 일부 사이트는 기초적인 부분부터 활용 가능한 투자 방법까지 생각보다 충실한 내용을 담고 있다. 이 책과 함께 참고하면 좋겠다.

❷ 전망에 대한 내용은 다루지 않았다. 투자에 성공하려면 투자 대상의 전망에 대해 잘 알고 있어야 한다. 그러나 금융환경은 글로벌하게 맞물려서 복잡하게 움직인다. 이 때문에 주가, 환율, 금, 원유, 부동산 등의 가격이 오를 지, 내릴 지 정확하게 예측하는 건 거의 불가능에 가깝다. 더구나 책을 쓰고 있는 지금 이 순간에도 전망은 계속 바뀌고 있다.

이 책은 곁에 두고 필요할 때마다 '투자 활용 방법'에 대해 참고하도록 하는 것이 목적이다. 따라서 계속 변하기 마련인 전망에 관한 이야기는 일부러 담지 않았다.

경제 및 금융시장 전망은 경제신문, 애널리스트 보고서, 경제 및 트렌드 관련 도서 등을 꾸준히 읽으면서 별도로 체크해 나가길 바란다.

❸ 다양한 투자 대상에 대한 활용법을 소개했다. 예를 들어, 금에 투자하려면 '골드바를 사거나 골드뱅킹을 하면 된다'는 건 대부분 알고 있다. 그러나 KRX 금시장, 펀드, ETF, ETN, DLS 등 다양한 투자 방법에 대해서 자세히 알지는 못한다. 그리고 각 투자 방법에 따라 '수수료나 세금'이 어떻게 달라지고, '환율 변화는 어떤 영향을 미치는지' 깊이 생각해 보진 않았을 것이다.

이 책에서는 이처럼 투자 자산에 대한 다양한 활용법을 안내함으로써 독자들이 새로운 투자 아이디어를 얻을 수 있도록 했다.

책을 쓰면서 스스로도 많이 배우는 계기가 됐다. 흩어져 있는 자산 관리 경험과 금융 지식을 정리해 책에 담는 이번 과정을 통해 고객의 자산을 보다 잘 관리할 수 있는 밑거름을 튼튼히 다질 수 있었다. 그러나 원고를 마감하면서 여전히 많은 아쉬움이 남는다.

금융 업계에 20여년이란 세월을 몸 담고 있으면서 러시아 모라토리엄, IMF, 브라질 외환위기, 미국 금융위기, 코로나19 위기 등 숱한 변동성을 겪어 왔지만 아직도 이 한 권의 책에 온전히 담아내기엔 많은 부족함을 느낀다. 기회가 된다면 새로운 경험과 지식을 담아 보다 나은 내용으로 다시 만날 수 있기를 희망한다.

마지막으로 이 책을 읽는 독자들의 성공적인 자산관리와 행복한 노후생활에 미력하나마 도움이 되기를 진심으로 바란다.

미래에셋증권 WM강남파이낸스센터 PB이사

최정식

| Contents |

6 PART / 남다른 주식 투자

색다른 국내주식 투자 활용법

7 PART / 드넓은 세계

알고 보면 쉬운 해외주식 투자 활용법

1 PART

충실한 기본기

유동성 단기자금 투자 활용법

은행 수시입출금 예금

우리는 주거래은행에 보통예금 통장을 만들어 그 계좌로 월급을 받고, 공과금을 자동납부하며, 카드 대금을 결제한다. 경우에 따라서는 무심코 목돈을 몇 개월씩 넣어 두기도 한다. 그런데 이렇게 이용하는 수시입출금 보통예금은 금리가 연 0.1% 수준에 불과하다. 그래서 은행에서는 우대 금리를 요구하며 수억 원의 정기예금을 가입하려는 고객보다, 보통예금에 몇 천 만 원씩 넣어두는 고객을 더 좋아한다. 물론 은행에도 보통예금에 비해 높은 이자를 지급하는 MMDA(Money Market Deposit Account)라는 상품이 있다. 이 상품도 예금자보호가 되며 자동이체나 신용카드 결제계좌로 사용할 수 있다. 그러나 은행에 따라서는 소액이거나 예치 기간이 짧으면 금리가 낮거나 아예 없다. 따라서 수시입출금용 계좌로 활용하기 보다는 단기간 목돈을 예치할 때 이용하는 편이 낫다.

높은 금리를 얻을 수 있는 금융 상품을 찾기 위해 여러 곳을 돌아다니는 사람을 '금리 노마드족'이라 부른다. 물론 요즘은 발품을 팔기 보다는 스마트폰을 주로 이용한다. 부지런히 검색을 하다 보면 은행 수시입출금 예금 중에도 눈이 번쩍 뜨일 만한 상품이 있다. 그러나 높은 금리를 얻기 위해서는 까다로운 조건을 일일이 맞춰야 한다. 그런데 그건 인형 뽑기 방에서 인형을 뽑는 것만큼이나 쉽지 않다. 어렵게 조건을 맞추더라도 예치한 금액 전부가 아닌 일부만 높은 금리를 적용하기도 한다. 물론 우대 금리 적용은 급여이체 등 까다로운 조건을 계속 충족하고 있는 경우에 한해서다. 계륵이라는 생각이 자꾸 드는 건 나만 그럴까?

금리나 가입조건은 저축은행이 유리할 수도

앞서 잠깐 설명했듯이 예치한 전체 금액에 대해서 최고 금리를 적용해 주는 건 아니다. 그렇기 때문에 높은 금리를 앞세워 마케팅하고 있는 수시입출금 예금에 가입할 때는 작은 글씨로 써 놓은 세부 조건들을 잘 살펴서 해당 조건을 충족해야 한다. 쉽지 않은 일이다. 오히려 금리나 가입 조건만 놓고 보면 저축은행을 이용하는 편이 수월하다. 지점 수가 적어 불편하고 은행에 비해 안정성이 약간 떨어질 수 있지만 말이다. 그러나 국가로부터 5,000만 원까지는 예금자보호를 받을

1장_ 유동성 단기자금 투자 활용법

수 있으므로 금액이 크지 않다면 우려할 필요는 없다. 급여 이체 등 일부 조건을 충족하면 은행 정기예금보다 높은 연 2%대의 수시입출금 상품도 찾아볼 수 있다. 다만, 저축은행의 경우에도 일정 금액에 대해서만 높은 금리를 적용해 주는 경우가 많아 꼼꼼히 살펴볼 필요가 있다.

2017년 7월 카카오뱅크가 영업을 시작하면서 인터넷은행에 대한 관심도 높아졌다. 카카오뱅크는 2호 인터넷은행이다. 1호 인터넷은행인 케이뱅크의 '플러스박스'와 카카오뱅크의 '세이프박스'는 수시입출금이 가능하고 은행 상품에 비해 금리도 높아 파킹 통장으로 활용하면 좋다. 2021년 6월 현재 금리와 한도는 아래 〈표〉를 참고하면 된다.

〈표〉_ 인터넷은행 수시입출금 예금

2021년 6월 현재

구분	상품명	최고금리	최고한도
케이뱅크	플러스박스	연 0.5%	1억 원
카카오뱅크	세이프박스	연 0.5%	1,000만 원

이처럼 상호저축은행이나 인터넷은행의 수시입출금 예금은 비교적 좋은 조건이지만 여전히 아쉬움이 남는다. 그래서 이런 조건을 일일이 알아보고 따지기 귀찮다면 오히려 증권회사 CMA가 속 편할 수 있다.

증권회사 CMA

요즘은 증권회사 CMA(Cash Management Account)를 주거래 계좌로 이용하는 사람이 많다. 2009년부터 은행과 동일하게 고객예탁금의 계좌이체와 같은 지급결제기능이 허용되면서 편리성이 한결 높아졌고 상대적으로 금리도 높기 때문이다.

CMA는 운용 대상에 따라 RP(Repurchase Agreement, 환매조건부채권)형, MMW(Money Market Wrap)형, MMF(Money Market Fund)형, 발행어음형 등으로 구분할 수 있으나 RP형과 MMW형이 가장 일반적이다. 모든 CMA는 은행 보통예금처럼 자유롭게 수시입출금이 가능하다. 물론 인터넷뱅킹, 모바일뱅킹뿐만 아니라 은행권 ATM 이용도 가능하므로 증권회사여서 불편한 점은 없다. 게다가 카드회사와 제휴해 CMA 계좌를 결제계좌로 체크카드, 신용카드 발급도 가능하다. 금리는 증권회사에 따라 차이는 있으나 대개 연 0.2~0.5%대 수준이며 거래 금액에 대한 차등도 없는 편이다. 물론 예치액이 수십억 이상으로 커지는 경우 증권회사에 따라선 입금을 제한할 수 있다. 은행과 마찬가지로 급여이체, 카드대금, 보험료, 공과금 등을 자동이체 신청하면 추가적인 우대금리를 주기도 하는데 이럴 경우엔 우대를 받을 수 있는 금액에 제한이 있다.

고객이 CMA-RP에 투자하게 되면 증권회사는 원리금의 105% 수준에 해당하는 만큼 국채, 은행채, 회사채 등의 담보 채권을 고객에게 제공해야 한다. 담보채권은 한국예탁결제원에 보호예수하는 방식으로 제공한다. 따라서 CMA-RP는 고객이 담보로 제공받은 채권과 거래하는 증권회사가 동시에 부실해지지 않는다면 원리금 회수에는 전혀 문제가 없다. 즉, 은행 예금처럼 예금자보호가 되는 건 아니지만 담보채권이란 안전 장치가 하나 더 있기 때문에 CMA-RP를 거래하면서 원금 손실에 대한 우려는 하지 않아도 된다는 말이다. 물론 최악의 상황이 벌어지면 손실을 볼 수도 있지만 그럴 가능성은 매우 낮다.

MMW형 CMA는 한국증권금융의 예수금에 주로 투자한다. 투자기간과 관계없이 한국증권금융에서 고시한 수익률로 매일 적용하며 기준금리가 바뀌는 경우엔 이를 바로 반영한다. 일반적으로 CMA-RP에 비해 금리가 약간 더 높은 편이다. 실세 금리를 바로바로 반영하므로 금리가 내려가는 경우보다 올라가는 경우에 가입하면 좋다.

03
유동성 단기자금
투자 활용법

은행과 증권회사 MMF

MMF(Money Market Fund)는 고객들의 자금을 모아 만기 1년 미만의 채권, 기업어음(CP), 양도성예금증서(CD), 콜 등 단기금융상품에 투자한다. 확정금리를 주는 상품이 아니고 실적배당 상품이기 때문에 펀드에 편입한 CP, 채권 등이 부실해지는 경우 원금 손실이 발생할 수 있다. 물론 만기가 짧고 신용등급이 비교적 높은 CP와 채권에 주로 투자하므로 원금 손실 가능성은 낮다.

MMF 역시 은행과 증권회사에서 쉽게 가입할 수 있다. 금리도 보통예금에 비해 높아 단기로 자금을 운용하는 투자자에게 적합하다. 금액 제한도 없기 때문에 언제 쓸지 모르는 목돈을 맡기기에도 좋다. 다만 MMF는 매수하고 환매하는데 각각 하루가 걸리는 불편함이 있다. MMF와 비슷하고 당일 입출금이 가능한 상품으로는 특정금전신탁의 한 종류인 MMT(Money Market Trust)가 있다. 은행과 증권회사에서 가입 가능하나 이 상품도 확정금리는 아니며 예금자보호도 되지 않는다. 따라서 MMT에 편입하는 투자 대상에 대한 사전 이해 및 검토가 필요하다.

　MMF를 거래하면서 주의할 점은 '괴리율'이다. **괴리율**은 장부가와 시가의 차이를 말한다. 모든 펀드는 펀드 내에 편입한 채권이나 주식 등을 평가할 때 시가로 평가하도록 돼 있다. 그런데 MMF의 경우만 예외적으로 장부가 방식으로 평가한다. 즉 MMF 가입 이후 시중 금리가 올라도 채권 가격 하락에 따른 원금 손실 가능성 우려 없이 안정적인 수익을 얻을 수 있다. 그런데 이 괴리율이 0.5% 이상 벌어지면 장부가로 평가하던 펀드 기준가격을 시가로 반영하게 된다. 그래서 평상시에는 문제가 없어 신경 쓰지 않아도 되지만 금리가 오르는 경우엔 주의를 기울여야 한다. 거래 규모가 큰 법인일수록 개인보다 금리 변동에 민감하고 정보력도 뛰어나기 때문에 금리가 비교적 큰 폭으로 상승하는 기미를 보이면 법인으로부터 대량 환매가 시작될 수 있다. 이럴 경우 금리 변동성은 더욱 커지게 되고 미처 환매하지 못한 개인들의 손해만 오히려 커질 수 있다. 시장 괴리율은 MMF를 거래하는 증권회사나 은행 등에 문의해 체크할 수 있다. 하지만 법인에 비해 정보력이 떨어지는 만큼 대응이 느릴 수 있으므로 시중 금리가 급등락하는 시기엔 MMF보다는 CMA를 활용해 피신해 있는 편이 좋다.

증권회사 RP

고객이 증권회사에서 RP에 가입하면 증권회사는 원리금의 105%에 해당하는 국공채나 회사채를 담보로 한국예탁결제원에 보호예수하고 고객에게 경과 기간에 따른 확정금리 이자를 지급하는 상품이다. 따라서 예금자보호법으로 보장받지는 않지만 거래 증권회사와 담보로 제공한 채권이 동시에 부실해지지 않는 한 원금을 떼일 염려는 없다. 수시입출금이 가능한 CMA 대부분이 RP에 투자하는 형태다.

　은행의 정기예금처럼 기간을 미리 정해 가입하는 RP를 '약정형 RP'라 부른다. 보통 1개월, 3개월, 6개월 정도로 기간을 정해 가입하는데 은행 정기예금보다 높은 확정금리 이자를 받을 수 있다. 은행이 고객 유치를 위해 특판 정기예금을 판매하는 것처럼 증권회사도 **특판 RP**

를 판매한다. 특판 RP는 일반 RP에 비해 높은 금리를 주는 대신 가입 요건에 제한을 둔다. 신규 고객에 한해서라든지, 1인당 1,000만 원까지만이라든지, 총 매각 한도는 500억 원까지만이라든지의 조건이 따라 붙는다. 이는 증권회사가 신규 고객이나 추가 자금을 유치하기 위해 역마진을 감수하며 진행하는 프로모션이기 때문이다. 반대로 은행 예금에 비해 높은 확정금리 상품을 원하는 고객에겐 안성맞춤이다. 그래서인지 요즘 같은 저금리 시기에는 발품을 팔아 가며 특판 RP만 찾아 다니는 '체리피커'형 고객도 많다.

특판 RP의 까다로운 조건이나 가입 금액 제한 때문에 아쉬움이 크다면 **매칭형 RP**를 알아보자. 말 그대로 증권회사가 추천하는 상품이나 연금저축펀드에 가입하면 가입 금액의 1~5배에 해당하는 금액을 매칭해 높은 금리의 RP에 가입할 수 있게 하는 것이다. 이 경우엔 보통 3억원~5억원 수준까지 고금리로 RP 가입이 가능하다. 다만 매칭형 RP에 가입하려면 증권회사가 추천하는 상품에 가입해야 하는데 추천 상품은 ELS, 해외채권, 주식형펀드처럼 원금 손실 가능성이 있으며 수수료(보수)도 높은 편이다. 경우에 따라서는 만기가 길어져 유동성에 제약을 받을 수도 있다. 따라서 매칭형 RP의 높은 금리 혜택을 받기 위해 무턱대고 증권회사에서 추천하는 변동성 높은 상품에 가입하는 건 리스크가 있다. 추천 상품에 대한 이해도가 높고 리스크를 감수하며 높은 수익을 추구하려는 니즈가 있는 경우에만 특판 RP의 높은 금리를 향유하는 것이 바람직하다.

기업어음과 발행어음

기업어음(CP, Commercial Paper)은 신용이 좋은 기업이 상거래와 상관 없이 단기자금을 조달하기 위해 자기신용으로 발행하는 1년 이내의 융통어음이다. 기업은 간편한 절차로 은행 대출보다 비교적 낮은 금리로 자금을 조달할 수 있으며, 투자자는 3개월~1년 정도의 여유자금을 CP에 투자해 은행 정기예금보다 높은 수익을 얻을 수 있다. CP는 증권회사를 통해 매수가 가능한데 미리 정해진 권종 아래로 나눠서는 판매가 되지 않는다. 대부분 매매 단위가 1억 이상으로 큰 편이어서 일반 개인투자자의 접근은 쉽지 않다.

CP는 예금에 비해 금리가 상대적으로 높고, 확정 금리라는 장점이 있지만 기업의 신용으로 발행하므로 예금자보호가 되지 않는다. 그렇기 때문에 CP를 발행한 기업이 부실해지면 원금 손실을 볼 수 있다. 경우에 따라서는 원리금을 회수하는데 오랜 기간이 걸리기도 한다. 따라서 CP에 투자하기 전에는 꼭 발행한 기업의 신용도를 체크해 봐야 한다. 그러나 개인투자자가 개별 기업의 신용도를 일일이 체크하기는 어렵다. 이 경우 가장 현실적인 방법은 신용평가회사에서 제공하는 신용등급을 확인해 보는 일이다.

신용등급은 전문성과 객관성을 갖춘 신용평가회사가 국가나 기업의 원리금 상환 능력 등을 측정해 등급을 나눠 표시한 것이다. 우리나라에는 나이스신용평가, 한국기업평가, 한국신용평가 등의 신용평가회사가 있으며 국제적으로는 미국의 S&P와 Moody's, 영국의 Fitch IBCA 등이 영향력이 큰 회사다. 투자자는 신용평가회사가 내놓은 신용등급에 전적으로 의지하는 경우가 많지만 신용평가회사는 간혹 기업이 부실해진 이후에야 부랴부랴 신용등급을 내려 투자자를 곤경에 빠트리곤 한다. 이럴 때마다 신용등급의 실효성에 의문을 제기하기도 하지만 여전히 투자자가 CP나 채권에 투자할 때 참고할 수 밖에 없는 중요한 자료 중 하나다. 신용평가회사마다 평가 대상에 따라 등급을 표시하는 방법이 다르긴 하지만 CP의 경우 대개 〈표1〉과 같이 표시한다. 증권회사는 보통 A1과 A2 등급의 CP를 주로 판매한다. 신용등급이 낮아질수록 금리는 높아지나 리스크는 당연히 더 커진다. 높은 금리만 보고 현혹되지 않도록 투자에 주의를 요한다.

〈표1〉_ 기업어음 신용등급 체계 및 정의

A1	적기상환능력이 최상이며 상환능력의 안정성 또한 최상임.
A2	적기상환능력이 우수하나 그 안정성은 A1에 비해 다소 열위임.
A3	적기상환능력이 양호하며 그 안전성도 양호하나 A2에 비해 열위임.
B	적기상환능력은 적정시되나 단기적 여건변화 따라 그 안정성에 투기적인 요소가 내포되어 있음.
C	적기상환능력 및 안정성에 투기적인 요소가 큼.
D	상환불능 상태임.

※ 상기등급 중 A2부터 B등급까지는 +, - 부호를 부가하여 동일 등급 내에서의 우열을 나타냄.

자료출처 : 한국신용평가

높은 금리일수록 꼼꼼히 따져야

CP에 비해서 조금 더 맘 편히 투자할 수 있는 단기 상품엔 발행어음이란 것이 있다. 발행어음은 금융회사가 영업자금 등을 조달하기 위해 자체 신용으로 발행하는 융통어음이다.

과거에는 종합금융회사의 주력 상품 중 하나로 많은 투자자들이 가입하는 상품 중 하나였다. 하지만 IMF를 겪으며 종합금융회사들이 하나 둘 사라지면서 발행어음이란 상품도 점점 잊혀져 갔다. 그런데 이제는 자기자본 4조원 이상의 증권회사가 초대형 IB(투자은행) 인가를 받으면 발행어음 업무를 할 수 있다.

2021년 6월 현재 미래에셋증권, 한국투자증권, NH투자증권, KB투자증권 등 4곳에서만 발행어음을 판매하고 있다. 초대형 IB 인가를 받은 증권회사는 자기자본의 2배까지 발행어음을 통해 자금을 조달할 수 있으며 조달한 자금의 50%는 기업금융에 사용해야 한다. 초대형 IB 증권회사는 신용등급이 높아 비교적 저금리로 자금을 조달할 수 있게 되고 이렇게 마련한 자금으로 회사채 투자 등을 통해 수익을 얻는다.

투자자 입장에서는 상대적으로 안정성이 높은 발행어음에 투자함으로써 은행 정기예금에 비해 높은 수익을 얻을 수 있다. 3개월~1년 정도 자금을 맡길 만한 확정 금리 상품이 하나 더 생겼다고 보면 된다.

앞서 설명한 특판RP처럼 발행어음도 증권회사에서 높은 금리로 특판상품을 판매하기도 하므로 여유자금 투자시 참고하기 바란다.

자기자본 4조원 이상의 증권회사가 부실해지기 쉽지는 않겠지만 만약 그런 상황이 벌어지면 원금 손실 가능성이 있다는 점은 참고하자. 과거 종합금융회사의 발행어음은 5,000만 원까지 예금자보호가 됐지만 증권회사의 발행어음은 예금자보호가 되지 않는다.

ABCP와 전자단기사채

'ABCP(Asset Backed Commercial Paper)'는 유동화전문회사(SPC, Special Purpose Company)가 매출채권, 부동산 등의 자산을 담보로 발행하는 CP다. 다시 말해 CP에 담보가 붙어 있는 형태다. 그 중에서도 부동산 프로젝트 파이낸싱 관련한 ABCP 비중이 높았으나 2013년 이후에는 '전자단기사채(전단채, Asset Backed Short-Term Bond)' 발행이 더욱 활발해진 상황이다. 전단채는 2013년에 기존 CP를 대체하기 위한 취지로 도입했다. 기존 CP가 종이 형태의 실물로 발행됐던 것과는 달리 전단채는 한국예탁결제원을 통해 전자 방식으로 발행 및 유통된다. 따라서 위조나 변조의 위험이 없어 거래 안정성과 투명성이 높다.

부동산을 담보로 하는 ABCP의 경우는 전단채로 많이 대체했기 때문에 여기에서는 정기예금을 담보로 한 ABCP에 대해서만 살펴본다. 정기예금 ABCP는 기초자산이 은행 예금인 만큼 안정성이 높은 편이다. 원화 예금뿐만 아니라 미국 달러화, 중국 위안화, 유럽 유로화 표시 정기예금을 활용하기도 한다.

외화 표시 예금을 기초자산으로 하는 경우엔 중국인민은행, 중국공상은행, 카타르국립은행, 도하은행처럼 신용도가 높은 외국은행을 주로 이용한다. 그래서 원화 정기예금에 비해 높은 확정 금리를 얻고자 하는 투자자에게 인기가 높다. 그러나 우리나라와 제도가 다른 해외은행의 정기예금을 담보로 하기 때문에 예상치 못한 문제가 발생할 우려도 있다. 정기예금 ABCP의 경우 최소 거래 단위가 높은 편이어서 일반 개인투자자들이 아닌 법인이 주요 고객이다.

최소 1억 원 이상 가입

전단채는 1~3개월 정도 단기로 투자하기에 적합한 상품으로 증권회사에서 매수 가능하다. 기업이 전단채를 발행할 때 만기가 3개월 이내인 경우 증권신고서 제출이 면제되기 때문에 대부분 3개월 만기로 채권을 발행한다. 은행 정기예금에 비해 금리가 높은 편이어서 확정금리 상품을 찾는 투자자들에게 꾸준한 인기를 얻고 있는 상품 중 하나다. 예금자보호가 되지 않고 최소 1억 원 이상 가입해야 하는 제약 때문에 주로 개인 자산가나 법인이 가입한다.

전단채는 정기예금과 달리 중도 해지가 불가능하다. 매수자를 찾아 전단채를 매도하는 방식으로만 현금화가 가능하다. 다행히 매수자를 찾더라도 신용등급이 하락하거나 시중 금리가 올라가면 채권 가격이 떨어져 손해를 볼 수도 있다. 따라서 전단채에 투자할 때는 만기까지 유지 가능한 여유 자금으로만 접근해야 한다.

CP와 마찬가지로 전단채에 투자할 때에도 발행회사의 신용등급, 담보, 신용보강 등에 대한 사전 검토가 필요하다. 전단채 신용등급 표시 방법은 CP와 동일하다. 투자하기 전에 증권회사에 요청하거나 신용평가회사 홈페이지에서 확인해 보면 된다.

전단채에 투자할 때는 신용등급 외에도 신용 공여 내용을 추가로 확인해야 한다. 신용을 공여해 주는 방법으로는 연대보증, 지급보증, 채무인수, 대출확약, 자금보충약정, 매입확약, 매입약정처럼 여러 가지가 있는데 개인투자자가 법률적으로 정확히 이해하기엔 어려움이 있다.

예를 들어 매입확약은 전단채 발행회사가 채무상환을 불이행할 경우 매입확약을 제공한 회사가 전단채를 무조건 매입해 줘야 한다. 그러나 매입약정은 발행회사의 신용등급이 일정수준 이하로 떨어지면 매입약정을 제공한 회사의 매입 의무가 사라져 버린다. 원금 손실 가능성이 높아진다는 의미다.

다양한 신용공여로 전단채의 안정성이 높아지는 것은 분명하나 신용공여 방식에 따라서는 부실 이슈가 발생했을 때 법률적인 해석 문제로 다툼이 발생할 소지가 있다.

〈표〉_ 유동화증권(ABSTB/ABCP) 주요 신용보강 용어 설명

용어	내용 설명
연대보증	연대보증자가 채무자와 연대하여 채권자에 대한 채무를 부담하는것 시공사가 계약과 동시에 의무이행
채무인수	시행사가 파산시 채무인수 약정자(시공사)가 시행사의 채무에 대한 책임을 지는 것 / 시공사가 사건발생시 의무이행
신용공여	자기의 재산을 타인에게 공여주는 것 / 금융사가 사건 발생시 의무이행
매입확약	금융사가 원리금 보장. 매입약정에 금융사의 위험회피조항이 없는것이 특징 / 금융사가 사건발생시 의무이행
지급보증	지급보증자(시공사 또는 금융사) 대출받은 시행사의 대출원금 및 이자에 대한 책임을 지는 것 시공사, 금융사가 증권이 만기 또는 사건발생시 의무이행 (연대보증과는 달리 항변권이 존재하므로 적시상환되지 않을 가능성 존재)
자금보충	사업 진행상에 현금부족 상황이 발생하면, 보충약정자가 그 부족자금을 지원하 는 것 / 시공사 등이 사건발생시 의무이행
책임분양	시공사가 일정부분에 대해 책임을 지는 것. 미달한 분양률만큼 분양대금을 보충 하는 것 / 시공사 사건발행시 의무이행
책임준공	시공사가 공사비지급에 관계없이 정해진 기간 내에 해당 부동산개발프로젝트를 책임지고 완료하는 약정을 의미 ※ 책임준공약정이 되어있으면 공사비 지급유보를 통해 상당수준의 원리금 상 환재원을 마련할 수 있어 결과적으로 채무인수나 연대보증에 준하는 수준의 신 용보강 효과
매입약정	차환발행 부족분에 대한 매입의무를 지는 것 (신용공여×, 유동성공여○), 보통 시공사의 기한이익 상실*시 매입약정 의무 해제 ※ 기한이익 상실: 차주의 신용등급이 대출 약성서상 정한 등급 이하로 하락할 경우, 또는 원리금지급 연체 등의 사유 발생의 경우 등

※ 연대보증, 채무인수, 신용공여, 매입확약, 지급보증은 법률적 의미는 다르나 실질적으로 동일한 효과를 내포하고 있음.

신용공여 중에는 연대보증, 지급보증, 채무인수가 법률적으로 강력한 효력이 있다. 신용평가회사의 신용평가보고서에는 신용공여 관련 내용도 있으니 투자하기 전에 꼭 챙겨서 읽어보도록 하자.

짧은 만기, 높은 금리는 매력

전단채는 비교적 만기가 짧고 은행 예금에 비해 높은 금리가 매력적인 상품임에는 틀림없다. 그러나 일반 개인투자자에게는 1억 원 이상이라는 높은 가입 금액 때문에 그림의 떡일 수 밖에 없다. 그런데 투자할 수 있는 방법이 전혀 없는 건 아니다. 이런 경우엔 **전단채펀드**나 **전단채랩**을 활용하면 된다.

전단채펀드는 전단채를 위주로 하여 다양한 채권과 CP에 투자한다. 그리고 투자자의 환매에 대비하여 현금성 자산에 일부 운용한다. 현재 전단채에 주로 투자하는 펀드로는 'KTB전단채펀드' '삼성코리아단기채펀드' '우리단기채권펀드'와 '유진챔피언단기채권펀드'가 대표적이다. 전단채랩은 펀드에 비해 기대 수익이 약간 더 높다. 전단채펀드는 환매가 비교적 자유롭기 때문에 이를 대비해 투자금액 일부를 현금성 자산으로 운용할 수 밖에 없다. 그러나 3개월간 해지가 불가능한 전단채랩은 투자 금액 대부분을 전단채로 운용한다. 그래서 전단채랩이 전단채펀드에 비해 기대수익률이 높다.

전단채펀드는 최저 가입금액에 제한이 없으나 전단채랩은 최저 가입금액이 있다. 보통 1,000만 원 수준이다. 정리해 보면 전단채에 투

1장_ 유동성 단기자금 투자 활용법

자하는 방식에 따라 수익률은 '전단채' 〉 '전단채 랩' 〉 '전단채 펀드' 순으로 높은 편이고 유동성 및 안정성은 역순으로 보면 된다. 가입 금액은 전단채는 1억 원 이상, 랩은 통상 1,000만 원 이상이며 펀드는 제한이 없다.

랩이나 펀드로 전단채에 간접투자를 하면 펀드매니저와 같은 전문가가 대신 투자를 해준다. 전문가가 신용등급 A2 이상의 전단채에 주로 분산 투자하기 때문에 개별적으로 1~2 종목의 전단채를 매수하는 것보다 안정성이 제고되는 효과가 있다. 그리고 만기시점마다 전단채를 새로 검토해 연장하는 번거로움도 덜 수 있다. 그러나 전문가가 운용을 대신한다고 해서 원금 보장이 되는 건 아니니 투자를 하는 동안 지속적인 관심이 필요하다.

2 PART

채권에서 발견한 기회

고수익도 가능한 채권 투자 활용법

예금보다 안전한 국공채

채권은 정부, 공공기관, 기업 등이 일반 투자자들로부터 비교적 장기의 자금을 조달받기 위해 발행하는 일종의 차용 증서다. 발행 주체에 따라 국채, 지방채, 특수채, 금융채 및 회사채로 나눌 수 있다. 채권에 투자하면 보유하고 있는 동안 정해진 이자를 꼬박꼬박 받을 수 있으며 만기에 원금을 상환 받게 된다. 중간에 채권 가격이 올라갈 경우 보유 채권을 매도하여 차익을 남길 수도 있다.

채권을 사기 위해서는 먼저 증권회사 지점에 방문해 계좌를 개설한 다음 직원과 상담을 통해 원하는 채권을 매수하면 된다. 물론 거래소에 상장된 주식을 매매하는 것처럼 PC나 모바일을 이용해 상장된 채권을 온라인으로 매매할 수도 있다.

우선 국채에 대해 알아보자. **국채**는 국가가 발행하는 채권으로 국고채, 국민주택채권, 외국환평형기금채권(외평채) 등이 있다. 대표적인 국채인 국고채의 경우 3년, 5년, 10년, 20년, 30년, 50년 등 다양한 만기의 고정금리부 채권과 10년 만기 물가연동채권이 있다. 당연히 국가가 발행하므로 대한민국이 부도가 나지 않으면 원리금이 보장된다.

은행 예금은 예금자보호 한도가 1인당 5,000만 원까지로 제한돼 있지만 국채는 한도 없이 원리금 전체가 보장된다. 즉 우리나라에서 가장 안전한 금융상품이다. 다만 국채는 은행 예금에 비해서 금리가 낮은 편이다. 그래서 오로지 안정성을 중요하게 여기는 투자자들만 관심을 가질 거라고 생각할 수 있다. 그러나 국채 투자 수익이 항상 예금 금리보다 낮은 건 아니다. 게다가 국채에 투자하는 경우에도 원금손실을 볼 수 있다. 국가가 원리금 상환을 책임진다는 생각만으로 무턱대고 투자하다 보면 나중에 낭패를 겪을 수 있다. 그래서 채권에 투자하기 전에 이에 대한 기본적인 지식은 반드시 공부해야 한다.

사실 국채를 만기까지 보유하면 별로 신경 쓸 일은 없다. 시중금리가 오르면 중간중간 채권 평가금액이 마이너스가 되기도 하겠지만 만기까지 보유하면 미리 정해진 이자와 원금을 받을 수 있기 때문이다. 문제는 돈이 갑자기 필요해서 중간에 채권을 매도해야 하는 경우다. 일반적으로 시중금리가 오르면 채권 가격이 떨어지는데 이때 팔면 원금손실을 볼 수도 있기 때문이다. 따라서 투자자는 시중금리와 채권 가격의 관계에 대해 반드시 알고 있어야 한다. 다시 설명하면 채권가

2장_ 고수익도 가능한 채권 투자 활용법

격은 시중금리와 반대 방향으로 움직이는 경향이 있다. 금리가 오르면 내가 보유한 채권의 가격이 떨어지고, 금리가 내리면 가격이 올라간다. 한가지 더 기억할 것은 보유하고 있는 채권의 만기가 많이 남은 채권일수록 시중금리 변동에 따른 채권 가격 변동 폭이 더 크다는 점이다. 경제학자 말킬의 '채권가격정리'에 대해 이해하면 좋겠지만 바로 앞에서 설명한 내용 정도만이라도 꼭 기억하자.

투자자금의 여유기간을 고려하라

국채도 만기까지 남아있는 기간이 길면 시중금리가 갑자기 급등할 때 채권가격이 큰 폭으로 떨어질 수 있다. 우리나라는 2012년 9월에 만기가 30년인 국고채를 처음 발행하기 시작했다. 이전에는 3년, 10년 만기의 국고채 위주로 발행하고 있었다. 30년 국고채를 발행할 당시 개인투자자에게는 저성장, 저금리 시대에 적합한 투자 상품으로 알려졌다. 일부 증권회사가 금리 하락을 예상해 매매차익에 초점을 맞춰 강하게 마케팅을 한 것도 하나의 이유겠지만 자산가에겐 분리과세가 가능하다는 점도 큰 혜택이었다.

그런데 채권 발행 이후 예상치 못한 시중금리 상승으로 30년 만기 국고채 가격은 20~30% 정도 하락하기도 했다. 만약 여유자금으로 투자했다면 이자를 받아가며 만기까지 유지하면 손실이 없지만 갑자기 자금이 필요하거나 추가적인 채권 가격 하락에 대한 두려움 때문에 중간에 매도한 투자자는 큰 손실에 곤혹스러웠을 것이다. 이처럼 만기가 긴 채권은 국채라 하더라도 변동성이 커질 수 있음에 늘 주의해야 한다. 반드시 투자자금의 여유 기간을 충분히 검토한 후에 매수해야 한다.

은행 정기예금은 만기가 길어야 통상 3년~5년 정도인데 국고채는 3년, 5년, 10년, 20년, 30년, 50년 등 다양하게 있다. 은행 정기예금에 가입한 상태에서 금리가 지속적으로 내려가면 만기가 도래할 때마다 낮아진 금리의 정기예금으로 갈아타야 한다. 그러나 채권은 매수할 때의 수익률을 만기까지 확정금리로 받을 수 있다. 거기에 시중금리가 하락하면 보유하고 있는 채권 가격이 올라가기 때문에 중간에 채권을 팔아서 매매 차익을 얻을 수 있다. 채권을 보유하면서 받는 이자는 15.4%의 이자소득세가 있지만 채권 가격 상승에 따른 매매 차익은 비과세다. 따라서 만기가 긴 국채는 시중금리의 장기적인 하락을 예상할 때 투자하는 것이 좋다. 중간에 기회가 생기면 매매를 통한 차익을 얻고 혹시라도 채권 가격이 하락하면 만기까지 이자를 받으며 보유한다는 생각을 갖고 투자하도록 하자.

금융소득 종합과세에 해당하는 투자자라면 장기 채권에 투자할 때 추가로 고려해야 할 점이 있다. 2017년까지는 만기가 10년 이상인 장기채권을 3년 이상 보유한 이후에 수령하는 이자에 대해서 분리과세를 신청할 수 있었다. 그러면 33%(지방소득세 포함)의 세율로 원천징수하고 납세의무가 종결된다. 그런데 2018년부터는 이러한 분리과세 혜택이 폐지됐다. 다만 2012년 12월 말까지 발행한 장기 채권은 보유 기간

2장_ 고수익도 가능한 채권 투자 활용법

에 상관없이, 2017년 12월 말까지 발행한 채권은 3년 이상 보유한 경우에 한해서는 여전히 분리과세 신청이 가능하다.

금융소득 종합과세에 해당하는 투자자가 관심을 가져야 하는 채권엔 **물가연동국채**가 있다. 말 그대로 소비자물가 상승률에 따라 가치가 변하는 국채의 일종이다. 물가가 상승하는 경우 물가 상승분 만큼 채권 원금이 늘어나고 그에 따른 이자를 받을 수 있기 때문에 물가가 상승하더라도 채권의 실질 가치를 보전 받는 효과가 있다. 게다가 물가가 하락하는 경우에도 최초 발행할 때의 액면은 보장해 주는 안전장치가 있다. 다른 채권에 비해 혜택이 많은 편이다. 다만 아쉬운 점은 원금이 늘어나는 부분에 대한 비과세 혜택이 사라진 점이다. 2015년 1월 1일 이후 발행하는 물가연동국채는 원금 증가분과 이자 모두에 대해 과세한다. 그래서 요즘엔 고액 자산가들에게 받던 인기가 많이 시들해진 편이다. 다만 2014년 12월까지 발행한 물가연동국채는 2015년 이후에 투자하더라도 원금 증가분에 대한 비과세 혜택을 받을 수 있으니 물가가 꾸준히 오를 거라고 예상한다면 관심을 가져보도록 하자.

안정성과 수익률이 모두 높은 지방채

안정성은 높으면서 국채보다 수익률이 높은 채권을 찾고자 한다면 지방채를 고려해 볼만하다. 지방채는 지방자치단체가 발행하는 채권으로 지방 정부의 투자 재원 조달을 목적으로 한다. 지역개발채권, 지하철공채가 이에 해당한다. 다른 채권들도 마찬가지지만 채권을 매수할 때 매매수익률이 표면금리보다 높으면 절세 혜택을 볼 수 있다. 예를 들어 매매수익률이 연 1.2%이고 표면금리가 연 1%인 채권을 매수하면 표면금리인 1%에 대해서만 이자소득세를 부과하기 때문이다. 나머지 연 0.2%는 매매차익에 해당하기 때문에 세금이 없다. 금융소득 종합과세에 해당하고 안정성을 중시하는 고액자산가라면 은행 정기예금에 비해 지역개발채권이 좋은 대안이 될 수 있다.

이 외에 안정적으로 투자할만한 채권에는 특수채, 금융채, 통안채가 있다. 특수채는 국가의 공공기관이 발행하는 채권으로 주로 공사가 발행하는 채권이라고 보면 되는데 한국전력공사채권, 한국도로공사채권, 한국가스공사채권이 이에 해당한다.

금융채에는 산업은행의 산업금융채권, 중소기업은행의 **중소기업은행채권**과 한국은행이 시중 통화량 조절을 위해 발행하는 **통화안정채권**(통안채)이 있다. 이들 채권은 비록 국채는 아니지만 수익성보다 안정성을 중시하는 투자자들에게 적합한 채권이다.

예금보다 높은 수익 회사채

회사채는 기업이 자금을 조달하기 위해 발행하는 채권이다. 만기는 3
년, 이자는 3개월마다 지급하는 형태가 가장 일반적이다. 물론 만기나
이자 지급 주기가 다른 채권도 있다. 회사채에 투자하는 가장 큰 이
유는 은행 예금보다 높은 확정금리 수익을 얻기 위해서다. 그런데 채
권 투자를 하다 보면 당황스러운 부분 중 하나가 수익률 표시 방식이
다. 표면금리, 매매수익률, 연평균수익률 등 다양하게 수익률을 표시
하고 있어 정작 내가 투자하고자 하는 채권이 정기예금에 비해 높은
수익을 받는 건지 헷갈리기 때문이다. 그래서 증권회사에서는 **예금환
산수익률**로 상담하는 경우가 많다. 이는 채권의 세후 연평균수익률을
15.4%의 이자소득세율을 적용해 세전으로 환산, 표시하는 수익률이

다. 이렇게 하는 이유는 동일한 매매수익률의 채권일지라도 각 채권에서 얻게 되는 수익이 이자수익인지 자본차익인지에 따라서 세후 수익률이 달라지기 때문이다. 따라서 채권의 복잡한 수익률 표시가 어렵게 느껴진다면 예금환산수익률로만 비교해 보면 된다. 만약 금융소득 종합과세에 해당해 최고세율(49.5%)의 세금을 내야 하는 투자자라면, 이 세율을 적용해 환산한 수익률을 확인하면 된다. 그러면 정기예금 금리와 동일한 잣대로 비교가 가능하므로 의사 결정이 한결 쉬울 것이다.

국채는 나라에서 원리금 상환을 책임지고 은행 예금의 경우엔 5,000만 원까지 예금자보호를 받을 수 있다. 하지만 회사채는 채권을 발행한 기업이 부실해지면 원리금 상환에 문제가 생긴다. 따라서 회사채를 매수하기 전에는 반드시 발행 기업의 신용도를 체크해야 한다. 우선적으로는 신용평가회사의 보고서를 통해 신용등급을 살펴보면 된다. 채권은 CP와 신용등급을 표시하는 체계가 다른데 한국신용평가의 표시 체계를 참고해 보면 〈표1〉과 같다. 채권의 경우에 BBB−이상 등급은 투자등급으로, BB+이하는 투기등급으로 분류한다. 신용평가회사에 따라서 등급을 표시하는 방법은 다를 수 있다.

금융감독원 공시시스템에 접속해 회사채 발행 기업의 사업보고서를 검토해 보거나 증권회사 애널리스트들이 작성한 산업분석 보고서로 해당 기업이 속한 산업의 전망도 살펴보면 좋다. 그러나 개인투자자가 투자할 때마다 직접 일일이 검토하기는 어렵다. 그나마 개인이 참

〈표1〉_ 회사채 신용등급 체계 및 정의

AAA	원리금 지급능력이 최상급임.
AA	원리금 지급능력이 매우 우수하지만 AAA의 채권보다는 다소 열위임.
A	원리금 지급능력은 우수하지만 상위등급보다 경제여건 및 환경악화에 따른 영향을 받기 쉬운 면이 있음.
BBB	원리금 지급능력이 양호하지만 상위등급에 비해서 경제여건 및 환경악화에 따라 장래 원리금의 지급능력이 저하될 가능성을 내포하고 있음.
BB	원리금 지급능력이 당장은 문제가 되지 않으나 장래 안전에 대해서는 단언할 수 없는 투기적인 요소를 내포하고 있음.
B	원리금 지급능력이 결핍되어 투기적이며 불황시에 이자지급이 확실하지 않음.
CCC	원리금 지급에 관하여 현재에도 불안요소가 있으며 채무불이행의 위험이 커 매우 투기적임.
CC	상위등급에 비하여 불안요소가 더욱 큼.
C	채무불이행의 위험성이 높고 원리금 상환능력이 없음.
D	상환 불능상태임.

※ 상기 등급 중 AA부터 B등급까지는 +, − 부호를 부가하여 동일 등급 내에서의 우열을 나타냄.

자료출처 : 한국신용평가

고할 만한 현실적인 자료는 신용평가회사의 신용등급 평가서다. 물론 신용평가회사들이 이벤트가 발생한 이후 뒤늦게 신용등급을 내려 투자자들의 피해가 발생하는 경우가 있기도 하다. 그래서 경제신문이나 뉴스를 통해 해당 산업 동향을 점검하는 노력도 함께 필요하다. 그리고 회사채에 투자할 때는 증권회사 직원이 제시하는 수익률에만 현혹돼 하나의 채권에 '몰빵' 투자하면 안 된다. 반드시 여러 종목의 회사채에 분산 투자를 통해 리스크를 낮춰야 한다. 회사채도 해당 기업이 부실해지지 않으면 만기까지 매수 시점의 수익률을 고스란히 확정금리로 받을 수 있다. 채권을 보유하고 있는 동안 신용등급이 올라가거나 시중금리가 하락하여 채권가격이 오르면 보유중인 채권을 매도하여 매매차익도 챙길 수 있다. 여러 번 말했지만 **채권 매매차익**은 세금이 없다.

고수익을 노리는 투자자라면

고수익을 노리는 투자자라면 워크아웃, 법정관리, 파산 등에 대한 공부를 추가로 하면 보다 많은 기회를 찾을 수 있다. 흔히 NPL(Non performing Loan)이라 부르는 부실채권에 대해 이해하고 있으면 채권투자를 통해서도 높은 수익을 올릴 수 있기 때문이다. 회사채를 발행한 기업의 재무 상황이 악화돼 워크아웃이나 법정관리에 들어가면 손실을 우려한 투자자들이 보유하고 있던 채권을 낮은 가격에 매도하게 된다. 이때 공포심으로 실제 가치보다 낮은 가격에 거래되는 경우가 많다. 이를 매수해서 채권가격이 반등했을 때 매도하거나 만기까지 보유하면 높은 수익을 거둘 수 있다. 액면가격 1만 원의 채권을 5,000원에 매수해서 만기에 상환 받는다면 100%의 매매차익이 생긴다. 앞에서 설명한 것처럼 매매차익에 대해서는 세금도 없다. 거기에다 보유하고 있는 동안 이자도 함께 받을 수 있다. 물론 워크아웃이 진행되는 동안 원리금 상환이 지연될 수 있다. 그리고 상황이 악화되어 법정관리나 파산이 진행되는 경우 원리금 탕감, 출자전환 등 추가적인 **채무재조정**으로 인해 낮은 가격으로 채권을 매수했다 하더라도 손

2장_ 고수익도 가능한 채권 투자 활용법

실이 발생할 수 있다. 그래서 NPL 투자는 충분한 공부가 이뤄진 다음에나 접근해야 한다. 개인투자자가 무턱대고 투자하기엔 위험 요소가 많다.

지금까지 국채, 지방채, 회사채에 대해서 간단히 알아봤다. 앞에서 설명한 대로 채권에 직접 투자해도 좋지만 시간이 없는 투자자는 펀드에 투자하면 된다. 펀드매니저가 체계적인 분석을 통해 다양한 채권에 분산 투자하기 때문에 한결 수월하다. 펀드로 투자하더라도 채권에 직접 투자하는 것과 마찬가지로 시중금리가 상승하거나 편입한 채권이 부실해지면 손실이 발생하고 반대로 시중금리가 하락하면 채권 매매(평가)차익으로 추가 수익이 생기는 점은 똑같다. 그런데 채권 매매차익에 대한 세금은 다르다. 채권에 직접 투자하면 매매차익에 대해서 비과세지만 펀드로 투자하면 15.4%의 배당소득세를 원천징수한다. 그리고 금융소득 종합과세 과표에도 합산한다.

채권은 **ETF**로도 손쉽게 투자할 수 있다. 한국거래소 시장에는 국고채 3년, 국고채 10년, 단기통안채, 통안채 1년, 중장기국공채, 단기채권, 중기우량회사채 등 다양한 ETF가 상장돼 있다. ETF는 주식과 매매 방법이 동일하여 HTS(PC), MTS(모바일)로 매매해도 된다. 특히 앞에서 설명한 채권은 시중금리가 하락할 때 가격이 상승하기 때문에, 시중금리가 상승하는 경우에 수익을 낼 만한 적당한 투자 방법이 없다. 그러나 채권 ETF 중에는 시중금리와 같은 방향으로 움직이는 인버스 ETF도 상장돼 있다. 인버스 ETF는 시중금리가 지속적으

〈표2〉_ 금리 변동에 따른 주요 채권 ETF

금리	ETF 종목
상승	TIGER 국채선물 3년 인버스
	TIGER 국채선물 10년 인버스
	KODEX 국채선물 3년 인버스
	KODEX 국채선물 10년 인버스
	KODEX 단기변동금리부채권액티브
강한 상승	–
하락	TIGER 국채선물 3년
	KODEX 국채선물 3년
	KODEX 국채선물 10년
	KOSEF 통안채 1년
	KOSEF 국고채 10년
강한 하락	KOSEF 국고채 10년 레버리지

로 상승할 거라 예상하는 경우에 유용한 투자수단이다. 〈표2〉는 시중 금리 변화에 따라 투자하기에 적당한 채권 ETF를 정리한 것이다. 금리가 하락할 때는 대부분의 채권 ETF가 유효한 투자 수단이어서 일부만 소개했다.

2021년 6월말 현재 2배로 움직이는 레버리지 ETF는 상장돼 있으나, 2배로 움직이는 인버스 ETF는 아직 상장 종목이 없다.

2장_ 고수익도 가능한 채권 투자 활용법

주식과 채권 투자를 동시에, 메자닌 채권

메자닌(Mezzanine)이란 건물의 1층과 2층 사이 중간층을 뜻하는 이탈리아 건축용어인데 통상 중간을 의미한다. 메자닌채권도 이처럼 중간적인 성격을 띠고 있다. 비교적 안정적으로 원리금 수령이 가능한 채권의 성격과 높은 수익을 기대할 수 있는 주식의 성격을 모두 가지고 있다. 메자닌채권에는 전환사채(CB), 교환사채(EB)와 신주인수권부사채(BW)가 있다. 주가가 상승하면 주식으로 전환해 자본 이득을 취할 수도 있고, 주가가 하락하면 채권으로 유지하며 만기까지 원금과 이자를 받을 수 있기 때문에 많은 투자자가 관심을 갖는 채권이다.

우선 **전환사채**(Convertible Bond, CB)에 대해 알아보자. 전환사채는 주식으로 전환할 수 있는 권리가 붙어 있는 채권을 말한다. 만기까지 보유하면 원금 및 표면이자와 만기보장수익률에 해당하는 이자를 받는다. 채권을 보유하는 동안 주가가 상승하면 채권가격도 따라서 올라가는데, 이때 채권 상태로 매도하거나 주식으로 전환해 추가 수익을 얻을 수 있다. 전환사채는 발행 기업에게도 장점이 많다. 기업은 일반 회사채에 비해 낮은 금리로 채권을 발행할 수 있기 때문에 자금 조달 비용을 아낄 수 있다. 또한 채권 보유자가 주식으로 전환 청구를 하면 부채가 자본으로 바뀌어 부채가 줄어드는 긍정적인 효과도 볼 수 있다. 다만 기존 대주주의 지분율이 높지 않은 상황이라면, 투자자가 주식 전환 청구시 지분율이 낮아져 경영권이 약해지는 희석효과가 나타날 수 있는 점은 주의가 필요하다.

앞서 소개한 국공채나 회사채와는 달리 전환사채는 표면금리와 만기보장수익률이 있다. **표면금리**는 회사채와 마찬가지다. 채권을 보유하고 있는 동안 이표일이 돌아오면 표면금리에 해당하는 이자를 받는다. 그리고 만기에 받게 되는 수익은 만기보장수익률[*]에서 표면금리를 차감한 금리를 연복리로 계산한다. 전환사채는 회사채에 비해 금리가 낮다. 심지어 표면금리는 연 0%, 만기보장수익률 연 0.1%처럼 이자를 거의 주지 않는 채권도 있다. 이자가 거의 없기 때문에 아무도 매수하지 않을 거라는 생각이 들 수도 있다. 그러나 표면금리가 연 0%인 경우라도 할인해서 발행되거나 발행된 이후 채권가격이 하락해 액면보

---

[*] 채권을 보유하는 동안 주식으로 전환 청구를 하지 않고 만기까지 보유하면 받게 되는 수익률

2장_ 고수익도 가능한 채권 투자 활용법

다 낮은 가격으로 거래되기도 한다. 즉 할인 발행된 전환사채를 인수하거나 전환사채 가격이 액면 아래로 떨어졌을 때 매수하면 투자자는 만기까지 보유해 매매차익과 만기보장수익을 얻을 수 있다. 만기가 가까워지면서 채권가격은 액면가격으로 수렴하기 때문이다.

리픽싱 조건을 체크하라

전환사채는 보통 발행일로부터 1개월이 지난 이후부터 만기 1개월 이전까지 주식으로 전환 청구할 수 있다. 그런데 상장법인의 경우엔 발행 후 3개월이 지난 뒤부터, 사모로 전환사채를 발행한 경우엔 발행 후 1년이 지난 뒤에야 전환 청구가 가능하다. 주식으로 전환을 청구하면 보유 채권 액면을 전환가격으로 나눈 수량만큼 주식을 받게 되는데, 주식을 받기까지는 보통 2~3주 정도가 걸린다. 그래서 주가가 올라 전환 청구를 했는데 주식 수령을 기다리는 동안 주가가 큰 폭으로 하락하면 손실을 보기도 한다. 기관투자가라면 미리 공매도를 통해 가격 변동 리스크를 피할 수 있으나 개인은 현실적으로 공매도를 하는 것도 어렵다. 그렇다고 방법이 전혀 없는 건 아니다. 상장돼 있는 전환사채라면 가격이 올랐을 때 주식으로 전환 청구를 하는 대신 장내 매도를 통해 채권을 직접 매도해 수익을 확정 지으면 된다. 다만 거래량이 부족하면 원활한 매도가 어려울 수 있다.

전환사채를 매수한 이후에 주가가 올라주면 좋겠지만 하락하면 아무래도 기대수익률은 낮아질 수 밖에 없다. 그런데 주가가 떨어지면 전환가격을 추가로 낮춰주는 **리픽싱**(Refixing) 조건이 붙어 있는 전환사채도 있다. 리픽싱이란 '전환 가격을 조정할 수 있다'는 의미로 3개월에 한 번씩 전환가격을 조정하는데, 최초 전환가격의 70%까지 낮출 수 있다. 전환사채에 투자할 때 기업의 안정성도 반드시 살펴봐야 하지만 더불어 리픽싱 조건이 있는지도 살펴 보는 것이 좋다. 그러한 전환사채를 골라야 주가가 하락하더라도 기대 수익을 높일 수 있기 때문이다.

다음으로 **신주인수권부사채**(BW, Bond with Warrant)에 대해 알아보자. 신주인수권부사채는 주식(신주)을 살 수 있는 권리가 붙어 있는 채권이다. 채권이기 때문에 일정한 이자를 받으면서 만기까지 보유해 원금을 상환 받을 수도 있고, 주가가 올라가는 경우엔 신주인수권을 행사해 미리 정해진 가격으로 주식(신주)을 살 수도 있다. 전환사채의 경우엔 전환권을 행사하면 채권이 주식으로 전환돼 채권자로서의 지위가 소멸되나, 신주인수권부사채의 경우는 인수 금액을 별도로 납입하게 되므로 채권을 매도하지 않는 이상 채권자로서의 지위는 계속 유지된다. 기업 입장에서 보면 전환사채는 전환권 행사로 부채는 감소하고 자본이 증가하지만, 신주인수권부사채의 경우엔 채권은 그대로 유지되므로 부채는 변동이 없다. 단지 신주인수권 행사에 따른 자본만 증가하게 된다.

신주인수권부사채는 발행 방식에 따라 두 가지 종류가 있는데 사채와 신주인수권을 따로 떼어내 팔 수 있는 분리형과 분리해서 팔 수 없

2장_ 고수익도 가능한 채권 투자 활용법

는 비분리형이 있다. 과거에 대주주가 분리된 신주인수권을 비교적 낮은 가격에 인수해 지분을 확대하는 용도로 활용하는 경우가 생기자 2013년부터는 분리형 신주인수권부사채의 발행을 금지하기도 했다. 그러나 2015년 8월부터 다시 허용했다. 분리형 신주인수권부사채는 채권과 신주인수권을 따로 떼어서 매매할 수 있다. 채권은 만기까지 보유하고 신주인수권만 먼저 매도할 수 있다. 반대로 채권을 먼저 매도하고 신주인수권만 보유하고 있어도 된다. 주가가 오르는 경우 신주인수권 자체를 매도하거나 신주인수권을 행사해 주식(신주)을 받아서 매도해도 된다. 그러나 비분리형 신주인수권부사채는 신주인수권을 분리해 매도할 수 없다. 그러므로 채권을 보유하면서 신주인수권을 행사하거나 중간에 채권을 매도하는 방식으로 현금화가 가능하다.

만기 이자소득에 대한 세금을 주의해야

전환사채와 신주인수권부사채에 투자할 때는 특히 세금에 주의해야 한다. 표면 금리로 계산한 이자를 받을 때는 15.4%의 이자소득세가 과세되나 표면이자가 워낙 낮은 편이라 그리 신경 쓰지 않아도 된다. 그러나 만기까지 보유하는 경우 만기보장수익률에 해당하는 이자를 한꺼번에 받게 된다. 중도에 채권을 매도하거나 전환 청구하는 경우에도 보유기간에 해당하는 이자 소득이 한꺼번에 과표로 잡힌다. 큰 금액으로 투자하면 생각보다 많은 이자 소득이 발생할 수 있으니 세심히 살펴보는 편이 좋다. 분리형 신주인수권부사채의 신주인수권은 세금 측면에서 상장 주식과 동일하다. 상장 기업 신주인수권 매매차익은 비과세가 적용된다. 다만 대주주와 비상장 기업의 신주인수권은 매매차익 발생시 양도소득세를 과세한다.

물론 전환사채와 신주인구권부사채의 채권 매매차익에 대해서는 다른 채권과 마찬가지로 세금이 없다. 그런데 뒤에서 다시 설명하겠지만 메자닌펀드에 투자하는 경우엔 상황이 다르다. 주가가 오르면 전환사채와 신주인수권부사채의 가격도 따라서 오르게 되는데 이때 채권 상태로 매도하거나 주식으로 전환하는 경우 채권 가격 상승분 전부가 과표로 잡힌다. 즉 채권에 직접 투자하면 매매차익이 비과세지만 펀드는 전부 과세 된다. 그렇기 때문에 메자닌채권에 대한 지식이 있다면 펀드보다는 직접 투자가 절세 측면에서 유리하다. 그러나 개인투자자는 유통되는 메자닌채권 중에서 제한적으로 종목을 골라야 하는 한계가 있다. 그래서 고액자산가라면 자문 회사를 통한 일임 투자가 좋은 대안이 될 수 있다.

10

고수익도 가능한
채권 투자 활용법

투자해도 괜찮을까?
후순위채와 영구채

'후순위채'란 단어를 들으면 어떤 생각이 제일 먼저 떠오를까? 아마도 2011년 저축은행이 연쇄적으로 영업정지를 당하자 연세가 지긋한 개인투자자들이 굳게 닫힌 저축은행 정문 앞에서 항의하는 모습일 것이다. **후순위채**는 채권을 발행한 기업이 파산하면 돈을 받는 순서가 후순위로 밀려 있는 채권이다. 기업이 부도가 나면 담보를 가지고 있는 채권자가 우선 변제를 받고 남는 자산이 있다면 무담보 채권자가 보유 채권 금액에 비례해서 상환을 받는다. 대개의 경우 무담보채권자조차도 원금 일부 또는 전액을 손실 보게 되므로 다음 순위에 있는 후순위채 채권자는 한 푼도 건지지 못할 가능성이 매우 높다. 물론 주주보다는 변제순위에서 앞선다. 하지만 기업이 부도나면 실질적으로 후

순위채 투자자에게 배분할 자산이 남아 있는 경우는 거의 없다. 실제로 저축은행이 발행한 후순위채를 매수한 개인투자자는 저축은행이 파산하면서 큰 손실을 봤다. 예금자보호가 되지 않는 상품이기 때문에 5,000만 원 이내 투자자도 고스란히 손해를 볼 수 밖에 없었다. 당시 분식회계 책임을 물어 소송을 진행한 투자자의 경우도 일부 채권에 대해서만 다른 무담보채권자와 동일한 비율로 변제를 받을 수 있었을 뿐 손실을 피할 수는 없었다. 그런데 왜 이렇게 리스크가 높은 후순위채에 많은 개인투자자가 투자를 했을까? 아마도 금융지식이 부족한 일부 투자자들은 저축은행 직원의 설명만 듣고 높은 금리의 특판 예금 정도로 이해했기 때문일 것이다.

이러한 후순위채의 리스크에도 불구하고 여전히 개인투자자가 높은 관심을 갖는 이유는 은행에 비해 2~3배 정도 높은 이자를 확정금리로 받을 수 있기 때문이다. 게다가 매월 또는 3개월 단위로 이자를 받을 수 있어서 은퇴 생활자의 경우엔 목돈을 넣어두고 생활비로 쓰기에도 편리하다. 앞에서 저축은행 사례를 들었지만 후순위채는 은행, 보험회사, 증권회사에서도 발행한다. 이들 금융회사는 자기자본비율(BIS)*이나 지급여력비율(RBC)* 등 건전성 지표를 높이기 위해 주로 발행하는 편이다. 물론 일반 기업들이 발행하기도 한다. 후순위채는 만

---

* BIS : Bank for International Settlements
* RBC : Risk-based Capital

2장_ 고수익도 가능한 채권 투자 활용법

기가 7년이나 10년으로 비교적 길다. 5년이 지나면 발행회사가 콜옵션을 행사해 원금을 조기에 상환할 수 있는 조건이 붙기도 한다. 후순위채는 리스크가 큰 편이라 주의를 기울여야 하지만 신용등급이 높은 은행이나 보험회사가 발행하는 경우라면 일부러 투자를 외면할 필요는 없다.

하이브리드 채권

요즘은 신문이나 뉴스를 보면 후순위채 뿐만 아니라 신종자본증권, 코코본드, 하이브리드채, 영구채처럼 생소한 용어가 등장한다. 대부분 정기예금과 비교할 때 금리가 높고 만기가 긴 편이다. 그리고 일정 조건에 해당하면 주식으로 전환되거나 상각처리 된다. 그래서 후순위채와 마찬가지로 해당 채권에 투자하려면 미리 충분히 살펴볼 필요가 있다.

신종자본증권은 말 그대로 자본으로 인정받을 수 있는 증권이다. 신종자본증권은 만기가 따로 정해져 있지 않거나 매우 길지만, 채권처럼 일정주기로 이자를 받을 수 있다. 이처럼 주식과 채권의 중간적인 성격을 가지고 있어 하이브리드 채권(Hybrid Bond)이라 부르기도 한다. 채권이기 때문에 부채로 봐야 하지만 일정 요건을 충족하면 자본으로 인정 받을 수 있다. 따라서 자기자본 확충이 필요한 은행이 주로 발행한다. 신종자본증권은 변제우선순위가 후순위채보다도 더 후순위다. 즉 같은 기업이 여러 종류의 채권을 발행한 경우 담보채권, 무담보채권, 후순위채권, 신종자본증권 순으로 변제 받을 수 있다. 물론 채권의 성격도 가지고 있으므로 보통주나 우선주 등 주식에 비해서 변제 순위는 앞선다. 그러나 신종자본증권을 발행한 기업이 부실해지는 경우 일부라도 변제 받을 가능성은 거의 없다.

코코본드(CoCo Bond)는 'Contingent Convertible Bond'의 약자다. 우리말로는 조건부자본증권이다. 특정 조건이 되면 투자 원금을 주식으로 강제 전환하거나 상각한다는 조건이 붙어 있다. 바젤Ⅲ*에 따르면 신종자본증권은 코코본드 형태로 발행해야 자본으로 인정받을 수가 있다. 또한 바젤위원회는 코코본드 발행시 영구채로 발행해야 한다고 권고했다. 은행이나 금융지주회사가 자기자본으로 인정 받기 위한 코코본드 발행 요건은 더 까다로운 것이다.

영구채는 만기가 없이 원금을 상환하지 않고 이자만 영구히 지급하는 채권이다. 만기가 별도로 정해져 있어도 발행회사 선택에 따라 계속 만기를 연장할 수 있다. 일정 기간이 지나면 발행기업이 콜옵션을 행사할 수 있는데, 이 경우에 투자자는 원금 상환을 받을 수 있다.

실제 투자를 한다면 상대적으로 안정성이 높은 은행이 발행하는 신종자본증권을 우선적으로 고려하는 것이 좋다. 하지만 은행의 신종자본증권에 투자하는 경우라도 만기가 길거나 없기 때문에 원금 회수에 대한 걱정이 앞설 것이다. 물론 중간에 신종자본증권을 매도해 원

---

* 바젤은행감독위원회가 글로벌 금융위기 재발을 막기 위해 2010년에 마련한 국제은행자본규제 기준

금 회수를 할 수도 있지만 가격이 하락하면 원금 손실을 감수할 수 밖에 없기 때문이다. 그러나 5~10년 정도의 여유자금이라면 크게 우려하지 않아도 된다. 은행은 영구채 방식으로 신종자본증권을 발행하지만 콜옵션을 행사해 조기 상환하는 경우가 많기 때문이다. 이 경우 실질적 만기는 5년 또는 10년으로 단축되는 것과 마찬가지다. 은행에서 콜옵션을 행사하지 않는 경우, 해당 은행의 재무 상황이 좋지 않은 것으로 해석하는 경향이 있어 대부분은 콜옵션을 행사한다. 물론 그렇다 하더라도 조기 상환이 되지 않을 가능성에 대한 대비책은 가지고 있어야 하겠지만 말이다. 그런데 이러한 은행의 콜옵션 행사가 모든 투자자에게 좋은 건 아니다. 시중 금리가 낮은 수준으로 내려가 있을 때 은행의 콜옵션 행사로 인한 조기 상환이 이뤄지면 투자자 입장에선 장기적인 자금 운용 계획에 차질이 생길 수 있기 때문이다. 가능성이 낮지만 은행이 부실해지면 투자자는 손실을 입게 된다. 이자 지급이 중단되고 경우에 따라서 원금이 상각되거나 주식으로 강제 전환될 수도 있다. 그러므로 은행이 발행한 채권에 투자한 경우라도 너무 안심하면 안 된다. 꾸준히 관심을 기울여야 한다.

기업이 콜옵션을 행사하는 이유

기업도 영구채를 발행한다. 영구채를 발행한 기업은 콜옵션 행사를 통해 조기에 원리금을 상환하는 경우가 많다. 사실상 만기 3~5년짜리 채권이나 마찬가지인 셈이다. 때문에 신용평가회사에선 영구채를 부채로 보거나 일부만 자본으로 인정한다. 그렇다면 기업은 자본확충을 위해 영구채를 발행했을텐데, 굳이 왜 콜옵션을 행사해 조기 상환을 할까? 이유 중에 하나는 **스텝업**(Step Up) 조항으로 인한 부담 때문이다. '스텝업'이란 발행 후 5년이 지나면 가산금리가 붙는 걸 말한다. 이미 일반 회사채에 비해서 높은 이자를 내고 있는데 5년이 지난 후 더 높은 이자를 부담하는 건 매우 부담스러운 일이다. 물론 투자자는 높은 이자를 받아서 좋겠지만 마냥 좋아만 할 건 아니다. 기업이 조기 상환을 하지 못하고 높은 이자를 계속 부담하는 상황이라면 재무 구조가 점점 악화되는 것으로 해석해야 하기 때문이다. 모든 투자에서 늘 경계해야 하는 점은 '세상에 공짜 점심은 없다(There is no free lunch)'라는 진리다.

지금까지 신종자본증권, 코코본드, 영구채에 대해 간략히 설명은 했으나 혼용해서 쓰는 부분도 있어 각각을 명확하게 이해하기는 어렵다. 높은 이자를 꼬박꼬박 받을 수 있지만 만기가 길고 발행회사가 부실해지면 원금 전액 손실 가능성이 있다는 점은 명심하자. 채권에 관한 정보는 거래하는 증권회사 HTS 에서도 볼 수 있지만 종합적인 정보를 보려면 금융투자협회에서 제공하는 사이트(http://www.kofiabond.or.kr)를 참고하자. 발행시장과 유통시장에 대한 정보부터 신용평가정보, 채권금리 등 채권투자에 필요한 다양하고 정확한 정보들을 얻을 수 있다.

2장_ 고수익도 가능한 채권 투자 활용법

3 PART

무궁무진 해외채권

다양한 글로벌채권 투자 활용법

환전과 외화예금
그리고 달러RP

해외채권이나 해외주식 투자를 위해 먼저 해야 할 일은 환전이다. 군이 채권이나 주식 투자가 아니더라도 달러 등 외국 돈으로 환전하는 것 만으로 통화 분산 효과를 볼 수 있다. 가장 익숙한 달러를 예로 들면 달러당 1,000원에 환전한 후 1,100원으로 상승하면 10%의 환차익이 생긴다. 게다가 환차익에 대해서는 세금도 없다. 그래서 해외 통화는 금융소득 종합과세 대상자에게는 자산배분 효과도 뛰어나면서 절세도 할 수 있는 중요한 자산 중 하나다. 환율은 세계 경제 및 정치 상황 등에 맞물려 움직이므로 방향을 예측해 투자하기는 정말 어려운 일이다. 따라서 해외 통화 투자는 자산 배분 차원에서 접근하는 것이 바람직하다.

보통 환전은 은행을 통해서 하지만 증권회사에서도 가능하다. 해외 통화를 사거나 팔 때 고객이 별도의 수수료를 내지는 않지만 적용하는 환율이 달라지기 때문에 실질적으로는 수수료를 내는 것과 마찬가지다. 은행이나 증권회사에 따라서 차이가 있으나 보통 매매기준율에서 1% 정도 벌어진 가격으로 환전한다. 그러므로 달러를 샀다가 되팔면 2% 정도의 비용이 발생한다. 요즘 같은 저금리 시대에 2%의 수수료는 꽤나 높은 비용이다. 그러므로 해외 자산에 투자하기 위해서는 환전부터 신경을 써야 한다. 환전을 할 때 주거래은행을 이용하거나 인터넷을 활용하면 비용을 아낄 수 있다. 증권회사에서도 자산 규모나 거래실적에 따라서 70~90% 정도까지 할인을 받을 수 있으므로 꼼꼼히 챙기도록 하자.

환차익에는 세금이 없다

달러로 환전하고 난 뒤 우선 생각해 볼 수 있는 안정성 높은 상품에는 외화예금과 달러 RP가 있다. 낮은 금리가 지속되는 바람에 이자율은 연 1%에도 미치지 못하는 수준이다. 그나마 증권 회사의 달러 RP 금리가 외화예금에 비해서는 약간 더 높은 편이다. 증권회사마다 차이는 있지만 2021년 6월 현재 미래에셋증권의 달러 RP 이율을 살펴보면 〈표1〉과 같다.

국내 RP와 마찬가지로 투자자가 달러 RP를 매수하면 판매한 증권회사는 고객에게 원리금의 105%이상에 해당하는 달러표시 채권을 담

약정기간	약정형				수시형
	7일~30일	31일~90일	91일~180일	181일~365일	
약정금리	연 0.5%	연 0.6%	연 0.7%	연 0.8%	연 0.25%
중도환매금리	연 0.25%				해당없음
이자지급	만기 또는 중도환매시 지급				
매수가능금액	USD 10달러 이상				
담보유지비율	기준금액(원금+경과이자)의 105% 이상을 한국예탁결제원에 예치				

보로 제공한다. 물론 고객에게 담보채권을 별도로 제공하는 건 아니고 한국예탁결제원 구분해 보관해 놓는다. 그러므로 달러 RP의 경우에도 판매한 증권회사와 담보로 제공한 채권이 동시에 부실해지지 않는 이상 원리금을 되돌려 받지 못할 가능성은 매우 낮다. 외화예금과 달러 RP에 투자한 후 환율이 올라 발생한 환차익은 세금이 없다. 다만 만기 때 발생한 이자(원화로 환산한 금액)에 대해서만 15.4%의 이자소득세를 내고 금융소득 종합과세 과표에 합산한다.

달러 RP처럼 확정금리로 투자할 수 있는 증권회사 상품 중에는 외화 발행어음도 있다. 2021년 6월 현재 금융당국으로부터 인가를 받은 미래에셋증권, 한국투자증권, KB투자증권, NH투자증권에서 가입할 수 있다. 금리는 달러 RP와 비슷한 수준이나 특판 상품을 판매하는 경우도 있으니 투자 전에 각 증권회사 홈페이지 등에서 금리를 확인해 보는 것이 좋다. 예금자보호가 되는 상품은 아니지만 신용등급이 높은 대형 증권회사의 신용으로 판매하므로 이들 회사가 부실해지지 않는다면 원리금 상환은 크게 걱정하지 않아도 된다.

  달러를 보유하고 있는 투자자가 국내채권에 투자하는 방식으로도 수익을 올릴 수 있다. 대개 증권회사나 은행에서 사모펀드 또는 특정 금전신탁의 형태로 상품을 판매한다. 상품 구조는 다음과 같다. 우선 달러를 원화로 환전한 다음 만기가 짧게 남은 통안채* 등에 투자해 이자 수익을 확보한다. 그리고 달러화 선물을 사는 방식의 차익거래를 통해 환율변동 위험을 헤지 (Hedge)*한다. 헤지 과정에서 추가적인 수익을 얻을 수도 있다. 달러를 보유하고 있으면서 국내 국채 투자에 관심이 있는 투자자라면 참고가 될 것이다. 수익률은 외화 정기예금이나 달러RP에 비해 높은 편이다. 다만 상품을 늘 판매하지는 않으며 최소 가입 금액이 정해져 있다.

  원/달러 환율 방향성을 예측해 적극적으로 수익을 추구하려면 국내 거래소에 상장돼 있는 ETF를 활용하면 된다. 환율이 강하게 상승할 거라고 예상하면 환율 움직임을 2배로 추종하는 레버리지 ETF에 투자하고, 환율 하락을 예상하면 미국달러선물인버스 ETF에 투자하면 된다. 달러선물인버스도 2배로 추종하는 ETF가 있다. 레버리지 ETF를 투자하는 경우엔 제한된 범위 내에서 단기적으로 투자하는 것이 바람직하다. 장기간 투자하는 경우 투자 대상의 가격이 제자리로 돌

---

* 통화안정채권. 통화량 조절을 위해 한국은행이 금융기관을 상대로 발행하고 매매하는 채권을 말한다.

* 원래는 울타리라는 뜻으로 금융용어로는 '위험분산' 또는 '위험회피'라고도 한다.

〈표2〉_ 원/달러 환율 변동에 따른 주요 ETF

원/달러 환율	ETF 종목	비고
상승	KODEX 미국달러선물	원화약세
	KOSEF 미국달러선물	
강한 상승	KODEX 미국달러선물레버리지	
	KOSEF 미국달러선물레버리지	
	TIGER 미국달러선물레버리지	
하락	KODEX 미국달러선물인버스	원화강세
	KOSEF 미국달러선물인버스	
강한 하락	KODEX 미국달러선물인버스2X	
	KOSEF 미국달러선물인버스2X	
	TIGER 미국달러선물인버스2X	

아와도 손실이 발생할 수 있기 때문이다. 또 하나 알아둘 것은 세금이다. 국내주식 관련 ETF는 매매차익이 비과세이나 나머지 ETF는 과표 상승분 또는 매매차익 중 작은 금액에 대하여 15.4%의 배당소득세를 원천징수한다. 원/달러 환율 변동시 투자할 만한 주요 ETF를 살펴보면 〈표2〉와 같다.

미국 달러 이외의 다른 나라 통화에 투자하는 경우에도 우선 은행의 외화예금을 생각해 볼 수 있다. 은행마다 차이는 있지만 유로, 일본 엔, 중국 위안 등 십여 국가 이상의 통화로 보통예금 및 정기예금 가입이 가능하다. 보다 적극적인 투자 방법으로는 국내 상장 ETF와 ETN을 고려해 볼 수 있는데 아직까지 종목이 다양하지는 않다. 엔

〈표3〉_ 엔화 및 유로 환율 변동에 따른 주요 ETF/ETN 현황

구분	ETN 종목	비고
엔화 상승	TIGER 일본엔선물 TIGER 일본엔선물레버리지 TRUE 엔선물ETNB TRUE 레버리지엔선물ETNB	원화약세
엔화 하락	TIGER 엔선물인버스 TIGER 엔선물인버스2X TRUE 인버스엔선물ETNB	원화강세
유로 상승	TRUE 유로선물ETNB	원화약세
유로 하락	TRUE 인버스유로선물ETNB	원화강세

화와 유로화 정도만 투자가 가능할 뿐이다. 그러나 ETF와 ETN 시장이 꾸준히 확대되고 있으니 향후에 순차적으로 늘어날 것을 기대해본다.

만약 더욱 다양한 국가의 통화에 투자하려면 국내보다는 해외에 상장된 ETF를 활용하는 것이 좋다. 역시 미국에 가장 많은 종목이 상장돼 있는데 유로, 일본 엔, 중국 위안, 싱가포르 달러, 캐나다 달러, 호주 달러, 브라질 헤알 등 다양한 통화에 투자가 가능하다. ProShares Ultra Euro, ProShares Ultra Yen, ProShares UltraShort Euro, ProShares UltraShort Yen New 등 2배 레버리지나 인버스 ETF도 다양하게 상장돼 있다. 다만 해외에 상장돼 있는 ETF에 투자하면 양도소득에 대해 22%의 세금이 발생한다.

세금 없는 브라질채권

브라질 하면 어떤 생각이 제일 먼저 떠오를까? 아마존, 이과수폭포 등 광활한 자연과 축구 그리고 삼바로 대표되는 정열의 이미지를 가장 많이 떠올릴 것이다. 국가 면적 세계 5위, 인구는 2억명 이상으로 세계 6위, 2020년 IMF 기준 GDP 세계 12위인 대국 중 하나다. 세계 1위의 농업 대국이면서 철광석, 원유 등 풍부한 천연자원을 보유한 국가다. 그런데 아마도 금융에 관심이 높은 국내 투자자라면 브라질국채를 먼저 떠올릴 것이다.

브라질국채는 높은 이자를 비과세로 받을 수 있어서 인기가 많은 상품이었다. 그렇지만 급격한 환율 하락으로 인해 오랫동안 투자하고도 원금을 회복하지 못한 투자자도 많은 상황이다. 증권회사에서 브라질

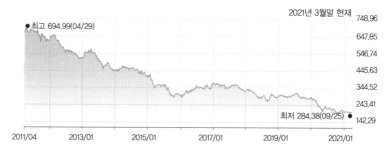

〈표1〉_ 10년간 원/헤알 환율 추이

2021년 3월말 현재 748.96

● 최고 694.99(04/29)   647.85

546.74

445.63

344.52

243.41

최저 284.38(09/25) ●   142.29

2011/04   2013/01   2015/01   2017/01   2019/01   2021/01

국채를 판매하기 시작한 건 2011년 무렵이었다. 이때는 원/헤알 환율이 650원 수준을 넘기도 했으나 2015년엔 환율이 300원 아래로까지 떨어지는 급격한 변동성을 나타냈다. 이후 2017년에 370원 위로 반등하는 모습을 보이기도 했으나 그 뒤로 하락하여 2021년 3월말 현재 200원을 중심으로 등락을 거듭하고 있다. 10년간 원/헤알 환율을 그래프로 살펴보면 〈표1〉과 같다.

비과세혜택에 금액제한이 없다.

그래프에서 보는 것처럼 2011년 이후 2021년 초까지 원/헤알 환율은 그야말로 하염없이 떨어졌다. 높은 이자 수익을 비과세로 받을 수 있다는 희망은 환율 하락으로 인해 빛이 바랬다. 초기 투자자들은 6%에 해당하는 토빈세*까지 내야 했으니 억울하다는 생각이 들 수 밖에 없

---

* 단기성 외환거래에 부과하는 세금

다. 그럼에도 불구하고 여전히 개인투자자가 외화채권 중에서 제일 많이 관심을 갖는 나라는 브라질이다. 특히 자산가들의 관심은 여전하다. 이유는 뭘까? 제일 큰 이유는 국내 예금 금리보다 훨씬 높은 연 6~8% 수준의 매력적인 이자를 받을 수 있는데다, 이자 수익이 전부 비과세라는 점이다. 게다가 채권 매매차익과 환차익도 모두 비과세다. 고액으로 투자하더라도 금액 제한 없이 비과세 혜택을 받을 수 있는 유일한 자산이 아닐까 싶다. 물론 국내주식이나 보험처럼 비과세 혜택이 주어지는 상품이 있지만 자격요건이나 한도가 점점 축소되고 있는 상황이다.

헤알화의 변동성

브라질국채는 말 그대로 브라질 국가에서 발행한 채권이므로 브라질이 부도가 나지 않는다면 원리금 상환에 문제는 없다. 그런데 브라질 국가 신용등급은 S&P 기준으로 BB−이며 이는 투기등급에 해당한다.

게다가 브라질은 여전히 정치적인 혼란과 조세개혁 표류, 재정리스크 확대 등의 문제가 지속되고 있다. 그러나 점진적인 경제 회복, 원자재 가격 안정, 코로나19 백신과 치료제 출시, 미국의 경기부양 정책 지속 등으로 경제적인 여건은 점점 나아지고 있다. 물론 브라질의 정치 및 경제 상황이 악화될 가능성을 배제할 수는 없지만 브라질 정부 및 정치권은 이러한 상황을 극복할 수 있는 정치제도적 역량을 지니고 있기 때문에 브라질이 최악의 디폴트 상황까지 치달을 거라고 보는 전문가는 별로 없다. 혹시라도 브라질 국가가 망할지도 모른다는 우려를 하는 투자자라면 브라질국채에 대한 설명은 이 정도로 건너뛰는 것이 좋다.

　브라질국채에 투자하면서 가장 주의할 점은 아무래도 환율 변동성이다. 2011년이나 2012년도 원/헤알 환율이 600원 이상일 때 브라질국채를 매수한 투자자는 환율 하락으로 인해 60% 이상의 평가손실을 경험했다. 물론 6개월에 한 번씩 받은 이자를 고려하면 손실 규모는 많이 줄어들었다. 이와 반대로 2016년 초에 브라질 국채를 매수한 투자자는 1년 만에 환차익과 매매차익으로 70%의 수익을 올리기도 했다. 이처럼 브라질국채는 투자하는 시기에 따라 수익률 차이가 크게 벌어진다. 그렇기 때문에 브라질국채에 성공적으로 투자하려면 브라질 정치 상황, 원자재 가격, 기준 금리추이와 더불어 환율 전망이 특히 더 중요하다. 그런데 문제는 환율에 영양을 미치는 여러 가지 정치, 사회, 경제적인 요소들을 살펴본다 하더라도 환율 예측은 거의 불가능에 가깝다는 것이다. 물론 환율과 관련한 여러 전문기관의 전망도 참고해야겠지만 가장 현실적인 대안은 장기 투자가 가능한 자금으로 분할해서 매수하는 것이다. 주가가 하락할 때마다 주식을 분할 매수하는 것처럼 원/헤알 환율이 하락할 때마다 2~3번 이상 나눠서 투자하면 평균 매입 단가를 낮출 수 있다.

　2021년 3월말 현재 브라질 환율은 200원 정도 수준으로 하락보다는 추가적인 상승 가능성이 높다고 생각하지만 앞에서 언급한 것처럼 환율은 예상과 달리 움직일 가능성을 늘 고려해야 한다. 반드시 여유자금으로 투자해야 환율이 예상과 달리 하락할 때 분할 매수 기회로 삼거나 환율이 반등할 때까지 기다릴 수 있다. 이때 6개월에 한 번씩 나오는 이자가 환율 변동에 따른 충격을 완화해 줄 것이다. 브라질국채는 좋은 투자 수단 중에 하나임에는 틀림없지만 환율에 대한 이해가 부족하면 투자자는 평상심을 유지하면서 단기적인 변동성을 버텨내기가 어렵다.

　브라질국채에 투자하는 방법은 크게 두 가지인데 증권회사를 통해 채권을 직접 매수할 수도 있고 특정금전신탁 계약을 통해서 매수할 수도 있다. 채권을 직접 매수하는 경우엔 중개수수료를 한 번만 내면 되나 특정금전신탁 계약을 통해 매수하면 보유하고 있는 동안 계속 신탁보수를 부담하게 된다. 일반적으로는 중도에 매도하지 않고 만기까지 보유하는 경우엔 직접 매수하는 편이 수수료가 저렴하다. 국내에서 판매하는 브라질국채는 10년 만기, 6개월 이표채*가 제일 많다. 하지만 10년 만기라고 해서 반드시 10년 동안 투자하는 건 아니다. 증권회사에서는 발행 후 일정 기간이 경과하여 만기가 다양하게 남아 있는 국채를 판매하고 있기 때문이다. 투자자는 본인의 투자 기간에 맞게 1년, 3년, 5년 등 원하는 잔존 만기의 채권을 고르면 된다.

---

* 채권을 액면가로 발행한 후 일정 기간 동안 이자를 나누어 지불하고 만기에 원금을 상환하는 채권

채권을 매수하면 액면 기준으로 연 10%의 이자를 1월과 7월초에 나눠서 받게 된다. 이자를 계산할 때 연 10%를 2로 단순하게 나누는 것이 아니고 약간 복잡한 방식을 사용한다. 그래서 실제 6개월 단위로 받는 이자는 5%에 약간 못 미친다. 1월과 7월초에 수령하는 이자는 헤알화로 보유하거나 달러 또는 원화로 환전할 수도 있다. 물론 브라질국채에 재투자를 통해 복리 효과를 노릴 수도 있다. 매월 원화로 받아 생활비로 쓰길 원한다면 증권회사에 신탁계약을 통해 월지급 형태로 이자 지급을 요청할 수 있다. 하지만 채권을 직접 매수하며 1월과 7월에 나오는 이자를 한꺼번에 환전한 다음 CMA 계좌에 넣어 두고 쓰는 편이 조금 더 유리하다. 신탁계약으로 매수한 브라질국채에서 월지급을 받게 되면 CMA에 넣어 두고 쓰는 것보다 이자 금액이 신탁 보수만큼 줄어 들기 때문이다. 자금 여유가 있다면 헤알화로 나온 이자를 달러로 환전해 달러 RP나 미국 상장 주식에 투자하는 것도 좋은 아이디어다.

달러 표시 브라질 국채

브라질국채는 이표채 뿐만 아니라 할인채 또는 물가채에 투자할 수도 있다. 할인채는 6개월마다 이자를 받는 이표채에 비해 특별한 장점이 없어 투자가 활발하지는 않다. 물가채는 물가가 올라갈 때 추가적인 수익이 가능하므로 관심을 가질만하다. 브라질 중앙은행은 2021년 3월 기준금리를 2%에서 2.75%로 0.75% 포인트 인상했는데

이는 2015년 이후 처음이다. 물가상승과 자본유출 우려로 예상보다 인상 폭이 컸다. 이처럼 브라질 경기가 회복하는 모습을 보이고 물가 상승 요인이 생긴다면 물가채 투자를 적극적으로 고려해 볼만하다. 지금까지 브라질국채에 대해 많은 설명을 했지만 그럼에도 불구하고 투자가 꺼려진다면 그건 아마도 헤알화의 변동성 때문일 것이다. 그럴 땐 미국 달러 표시 브라질국채를 고려해 보자. 다른 달러 표시 채권에 비해 높은 금리를 받을 수 있으며 조세협약에 따른 비과세 혜택도 유효하다.

2021년 3월말 현재 달러 표시 브라질국채 매매수익률은 연 2~4% 정도다. 헤알화 표시 국채에 비해서 금리는 낮은 편이나 국내 정기예금과 비교할 때 매력적인 수준이다. 환율 영향도 원/달러 만 고려하면 되니 한결 안심이 될 것이다. 기존에 이미 달러를 보유하고 있다면 달러 표시 브라질국채 투자는 좋은 대안이다. 다만 브라질 경제 여건 등에 따라 채권 가격이 오르락내리락 할 수 있으므로 변동성이 전부 사라지는 건 아니다. 또한 달러 표시 국채 물량이 많지 않아서 매매할 때 거래 비용이 높아질 수 있다. 물론 달러표시 브라질국채도 원/달러 환율과 채권가격 변동으로 손실 볼 수 있다. 따라서 여유자금으로 분산 투자하는 것이 바람직하다. 최저 가입금액은 증권회사에 따라 다르지만 3,000~5,000만 원 정도로 비교적 높은 편이다.

13

다양한 글로벌채권
투자 활용법

다양한 글로벌채권

최근엔 브라질국채 외에도 다양한 신흥국 채권에 직접 투자하는 경우가 많다. 그 중에서도 멕시코, 러시아, 인도, 사우디아라비아 채권에 관심이 높은 편이다. 해외채권을 찾는 이유는 국내채권에 비해 높은 수익률 때문이다. 게다가 채권가격 상승에 따른 자본차익과 투자국가 통화 강세에 따른 환차익도 추가로 기대할 수 있다.

우선 멕시코국채에 대해 살펴보자. 멕시코는 면적으로는 세계 13위, 인구는 1억3,000만 명이 넘는 큰 국가다. 국제 신용평가사인 스탠더드앤푸어스(S&P)의 멕시코 신용등급은 'BBB+'로 적격 투자등급이다. 그럼에도 불구하고 우리에겐 아직도 아르헨티나, 브라질과 함께 외환위기 가능성이 높은 불안한 나라라는 인식이 강한 편이다. 물론 멕시코는 무역의존도가 높고 관광 산업 비중도 큰 편이라 2020년 발생한 코로나19 영향으로 경제성장율 둔화 가능성이 있다. 하지만 투자적격 신용등급 'BBB' 이상을 꾸준하게 유지할 정도로 경제적인 기초 체력이 양호한 국가다. 과거 10년간 '원/페소' 환율을 살펴보면 〈표1〉과 같다. 2017년 초까지 원화 대비 약세를 보이던 환율은 반등하는 모습을 보이기도 했으나 2020년 코로나19로 급락한 이후 50원 대에서 등락을 거듭하고 있다.

멕시코는 브라질과 달리 원자재 수출 비중이 높지 않다. 오히려 제조업이 차지하는 비중이 80%가 넘는다. 다만 수출이 미국에 편중돼 있는 점은 주의가 필요하다. 멕시코국채에 투자할 때에는 국경장벽 건설, 불법이민자 추방 등 정치적 이슈와 26년간 지속한 NAFTA(북미 자유무역협정)를 뒤로 하고 2020년 새롭게 출범한 USMCA(미국,멕시코,캐나다 협정) 등 경제적인 이슈에 관심을 두고 있어야 한다. 멕시코국채는 브라질국채에 비해 수익률이 낮은 편이나 그래도 연 4~6% 정도는 기

〈표1〉_ 과거 10년간 원/페소 환율 추이

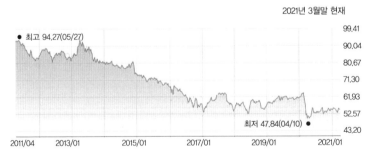

2021년 3월말 현재

● 최고 94.27(05/27)

최저 47.84(04/10) ●

99.41
90.04
80.67
71.30
61.93
52.57
43.20

2011/04   2013/01   2015/01   2017/01   2019/01   2021/01

대해 볼 만하다.

멕시코 중앙은행 방시코는 2019년 8월부터 기준금리를 연 8.25%에서 4.25%까지 연속 인하하여 왔으나 2020년 11월 물가 상승 등을 고려하여 기준금리를 동결하였다. 이후 2021년 2월 한차례 0.25% 포인트 더 내려 4%까지 내린 상황이다. 향후 물가 상승 압력이 높아지면 금리 상승 기조로 돌아설 가능성이 높고 이 경우 채권 가격이 하락할 수 있음에 주의해야 한다.

이제 러시아국채에 대해 살펴 보자. 러시아는 면적으로는 세계 1위 국가로서 인구는 1억4,000만 명이 넘는 아주 큰 나라이며 원유와 천연가스 등 에너지 자원 부국이다. 중국의 빠른 성장으로 G2의 자리를 미국과 중국에 내어 주긴 했지만 러시아는 브릭스(BRICs) 국가 중 하나로 여전히 정치경제적인 면에서 전 세계에 막대한 영향력을 행사하고 있다.

2021년 3월말 현재 S&P와 피치의 러시아 신용등급은 'BBB'로 투자 적격 등급을 유지하고 있다. 그러나 필자에게 러시아는 모라토리엄을 선언했던 리스크가 아주 큰 국가로 뇌리에 남아 있다. 입사도 하기 전인 1996년에 러시아국채는 고금리 채권으로서 인기가 많았다고 한다. 신협이나 새마을금고에서도 꽤 많이 매수했던 것으로 기억한다. 그러나 채 2년도 지나지 않아 1998년 러시아는 모라토리엄을 선언하게 된다. 1997년 한국의 외환위기로 비롯된 IMF 구제금융 및 대우 사태와 더불어 러시아 모라토리엄을 영업점에서 겪어야 했던 사원 시절은 그

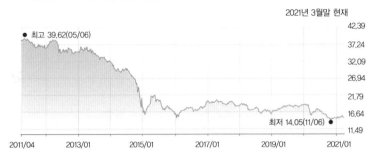

〈표2〉_ 과거 10년간 원/루블 환율 추이

2021년 3월말 현재

최고 39.62(05/06)

최저 14.05(11/06)

야말로 롤러코스터를 타는 느낌 그대로였다. 이제 그로부터 20년을 훌쩍 넘긴 세월이 흘러갔다. 러시아 루블화는 다른 신흥국에 비해서도 환율 변동성이 높았을 것 같은 느낌인데 과거 10년간 원/루블 환율은 어떤 모습이었을까? 〈표2〉를 통해 확인해 보자. 루블화는 2015년 초까지 하락세를 보이다가 이후 다른 신흥국 통화에 비해서는 비교적 안정적인 흐름을 보였다. 그러나 2020년 코로나19 여파로 재차 하락하는 모습이 이어지고 있다.

브라질과 마찬가지로 러시아는 에너지 가격에 대한 경제 의존도가 높은 편이다. 러시아는 에너지수출 비중이 70% 이상을 차지하므로 원유 가격 하락이 지속되면 러시아 경제가 어려움을 겪을 가능성이 높다. 2021년 3월말 현재 원유 가격은 60달러 전후에서 움직이고 있지만 2020년에는 코로나19 영향으로 한때 마이너스 유가를 기록하는 등 전대미문의 급락세를 보이기도 했다. 늘 유가 추이는 관심을 갖고 있어야 한다. 러시아국채 투자시 또 하나 주의해서 살펴봐야 할 점은 미국 및 유럽과의 역학 관계다. 2021년 취임한 바이든 미국 대통령은 2016년 러시아의 미대선 개입 의혹과 러시아 야권 지도자인 알렉세이 나발니의 독극물 중독 사건 등을 푸틴의 책임으로 돌리며 양국간 교착 상태를 이어가고 있다. 이에 반해 푸틴의 정치적 기반은 확고한 편이다. 2018년 대선에서도 재집권에 성공한 푸틴 대통령은 2020년 개헌을 통해 합법적으로 30년 이상의 장기 집권이 가능해졌다. 그러나 유가와 함께 러시아를 둘러싼 미국, EU, 중국 등의 국가간 역학 관계는 언제든지 급변할 수 있는 만큼 항상 관련 뉴스를 챙겨 보도록 하자.

러시아국채도 높은 수익률이 매력적이다. 연 4~6% 정도를 기대할수 있다. 그래서 유가가 50~60달러 정도를 유지하고 러시아 금리 인하 추세가 유지된다면 러시아국채 투자를 고려해 볼 만하다. 그러나 반복해서 언급하지만 잔존 만기가 긴 해외채권에 투자하는 경우 채권 가격 및 환율 변동 위험에 늘 대비는 해야 한다. 반드시 포트폴리오의 일부 자산으로만 편입하되 분할해서 매수하는 편이 좋다. 매년 들어오는 이자로 변동성을 낮춰가며 환율 및 채권 가격이 우호적인 환경이 되었을 때 차익 실현 기회를 노려 보자.

다음은 인도채권에 대해 알아보자. 인도도 브릭스(BRICs) 국가 중 하나로 면적 기준으로는 세계 7위이며, 인구는 14억 명에 달해 중국에 이어 세계 2위다. 인도는 2014년 모디 총리가 집권한 이후 외국인 투자를 통한 인프라 확충, 제조업 육성 및 일자리 창출 등의 경제정책을 펴왔다. 모디노믹스라 부르는 경제정책을 통해 외국 자본을 끌어들이

3장_ 다양한 글로벌 채권 투자 활용법

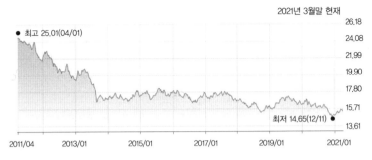

〈표3〉_ 과거 10년간 원/루피 환율 추이

2021년 3월말 현재

● 최고 25.01(04/01)

최저 14.65(12/11)

2011/04 2013/01 2015/01 2017/01 2019/01 2021/01

고 사회기반시설을 확충해 지속적인 성과를 거두고 있다. 이를 바탕
으로 인도 센섹스(SENSEX)지수는 2020년 3월 코로나19로 급락하기
도 했지만 꾸준히 상승하여 2021년 3월말 현재 5만선을 돌파하며 사
상 최고치를 경신했다. 원/루피 환율도 하락세이긴 하지만 비교적 안
정적인 모습을 보여 주고 있다. 10년간 환율 추이를 살펴보면 〈표3〉과
같다.

원/루피 환율은 2013년 중반 이후 안정적인 모습을 보이는데 반해
인도채권을 판매하는 증권회사는 많지 않다. 채권도 국채가 아닌 철
도금융공사나 수출입은행 등 공사가 발행한 채권을 주로 판매하고 있
다. 그러나 공사채의 신용등급은 인도 국가 신용등급과 동일한 수준
인 무디스 기준 'BBB−' 정도로 국채랑 별로 차이가 없다. 수익률은 연
4~5% 정도를 기대할 수 있다.

마지막으로 사우디아라비아국채에 대해 알아보자. 사우디아라비
아는 면적 기준 세계 12위이며 인구는 약 3,500만 명 수준인 국가다.

〈표4〉_ 과거 10년간 원/달러 환율 추이

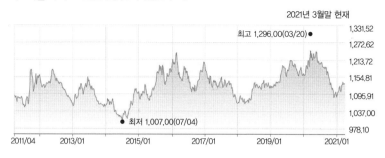

인구는 생각보다 작지만 아시아와 아프리카 중간에 위치한 아라비아 반도를 대부분 차지하고 있으며 러시아, 미국 등과 원유 생산량 1위를 다투는 국가다. 우리나라 투자자들에게 사우디아라비아 국채는 다른 신흥국 채권에 비해서 생소할 것이다. 수익률도 그리 높지 않아 관심도도 떨어진다. 그러나 달러 표시 국채라는 점을 고려하면 괜찮은 수준이다. 원/달러 환율은 대부분 익숙하겠지만 그래도 추이를 살펴 보도록 하자. 2008년 금융위기를 제외하면 원/달러 환율은 주로 1,000~1,250원 사이에서 움직여 왔다. 개인투자자는 환율이 1,100원에 근접하면 달러 관련 자산에 투자 비중을 높이는 경향이 있다. 물론 1,100원 아래로 하락할 수도 있지만 달러라는 기축통화가 주는 안정감이 있어서인지 추가적인 환율 하락에 대한 우려는 적은 편이다. 오히려 달러 추가 매수의 기회로 적극 활용하는 투자자가 많다.

달러 표시 사우디아라비아국채는 국제 유가 하락으로 인한 정부 재정난을 해소하기 위해 발행한 채권으로 수익률은 연 2~3% 수준이다.

87

3장_ 다양한 글로벌 채권 투자 활용법

다른 신흥국 채권에 비해서는 많이 낮은 편이다. 그러나 사우디아라비아는 여타 신흥국과 달리 신용등급이 높은 국가다. S&P가 'A-'등급을 매길 정도로 안정성이 높고 달러 표시 채권이라는 장점도 갖추고 있기 때문에 연 2~3% 수준도 매력적이다. 미국 국채보다 수익률이 높으므로 달러를 보유하고 있거나 통화 분산 차원에서 달러를 보유하고자 하는 투자자라면 안정적인 투자처로 좋은 대안이 될 수 있다. 채권을 보유하면서 채권가격이 상승하거나 달러가치가 강세가 되면 채권을 중도에 매도해 추가 수익을 올릴 수도 있다.

반드시 분산 투자하라

이 외에도 찾아보면 남아프리카공화국, 인도네시아, 중국, 터키 등 다양한 국가의 채권을 살 수 있다. 그러나 증권회사에 따라서 판매하는 채권의 종류가 다르고, 최저 가입금액에 제한이 있는 경우도 많으므로 매수를 원하는 경우엔 미리 확인해 볼 필요가 있다. 해외채권 직접투자는 고금리가 매력적이지만 채권가격 및 환율 변동성 리스크가 큰 편이다. 반드시 분산 투자 목적으로 접근하고 여유 자금으로만 투자해야 한다. 반복해서 말하지만 매년 받는 이자로 변동성을 낮추되 채권가격 및 환율이 우호적일 때를 기다릴 수 있어야 하기 때문이다.

세금 부분을 한번 더 짚고 넘어가면 브라질채권은 한국과 브라질간 체결한 조세협약에 따라 이자, 매매차익, 환차익이 모두 비과세지만 나머지 국가의 채권은 매매차익과 환차익만 비과세다. 해외채권을 보유하면서 받는 이자에 대해서는 이자소득세를 내야 한다. 현지의 원천징수세율이 한국의 이자소득세율인 15.4%(지방소득세 포함)보다 낮은 경우에는 차이가 나는 만큼 한국에서 추가 징수한다. 해외채권의 이자소득은 금융소득 종합과세 과표에 합산하는 소득이다. 외국에서 납부한 세금은 추후 종합소득을 신고할 때 외국납부세액공제를 받을 수 있다.

14
다양한 글로벌채권
투자 활용법

펀드와 ETF를 활용한 글로벌채권 투자

펀드와 ETF를 활용한 글로벌채권 투자

해외채권에 직접 투자하는 것이 어렵다면 펀드나 ETF 등을 활용해 간접 투자를 하면 된다. 해외채권형펀드는 글로벌, 신흥국, 미국, 유럽, 아시아, 남미 등으로 나눠져 있기 때문에 원하는 지역의 펀드를 골라서 투자하면 된다. 미국 등 선진국에 투자하는 펀드에 비해 아시아, 남미 등 신흥국에 투자하는 펀드가 기대수익률이 높은 편이다. 채권 종류에 따라서는 투자등급채권, 하이일드채권, 전환사채, 뱅크론, 물가채 등에 투자하는 펀드로 구분할 수 있는데 하이일드채권이나 전환사채에 투자하는 펀드가 보다 높은 수익을 기대할 수 있어 관심을 많이 끄는 편이다. 이처럼 해외채권형펀드는 지역별, 종류별로 상품이 다양하므로 수익률과 변동성이 천차만별이다. 가입 전에 충분히 살펴보고 본인에게 맞는 펀드를 고르도록 하자. 하이일드채권형펀드와 메자닌펀드는 뒤에서 따로 설명할 예정이므로 여기에서는 미국 금리 상승기에 투자하기 적당한 뱅크론펀드와 미국 국채 ETF 위주로 살펴보겠다.

미국이 금리를 올리는 시기에는 뱅크론펀드에 투자하면 좋다. 뱅크론이란 신용등급이 낮은 기업(BBB-미만)의 자금 조달로 발생한 금융회사의 대출채권을 유동화해 발행한 변동금리형 선순위 담보부대출채권이다. 시니어론이라고도 부른다. 뱅크론은 3개월 리보(LIBOR) 금리에 연동하는 변동금리부채권이기 때문에 금리 인상기에 투자하면 가격 변동성도 낮으며 이자 수익도 함께 늘어난다. 뱅크론은 담보를 보유하고 있어 채권이 부도나더라도 무담보채권에 비해 회수율이 높아 상대적으로 위험이 낮다. 그러나 반대로 금리가 하락하면 이자수익도 함께 줄어드는 점은 주의가 필요하다. 금리 변동에 따른 뱅크론과 고정금리채권의 차이를 정리해 보면 〈표1〉과 같다.

〈표1〉_ 금리 변동에 따른 뱅크론과 고정금리 채권 비교

금리	뱅크론(변동금리채권)	고정금리채권
상승	가격변동 낮음 이자수익 증가	채권 가격 하락 이자수익 변동 없음
하락	가격변동 낮음 이자수익 감소	채권 가격 상승 이자수익 변동 없음

뱅크론펀드는 금리 변동에 따른 가격 변동 폭이 낮기 때문에 장기적으로 보면 연 5~6% 수준의 꾸준한 수익을 기대할 수 있다. 요즘 같은 저금리 시기에 매력적인 펀드다. 다만 예상과 달리 금리가 내려가는 경우엔 기대하는 수익률에 못 미칠 가능성이 있다. 2008년 글로벌 금융위기처럼 기업의 신용 리스크가 급격히 변동하는 경우에도 채권 가격 하락으로 인한 손실 폭이 커질 수 있다. 그러나 꾸준히 나오는 이자 수익 및 담보 보유로 인한 상대적인 안정성 때문에 회복 속도는 빠른 편이다. 분할 매수로 대응하면 장기적으로 수익을 올릴 수 있다. 뱅크론펀드는 헤지형(Hedge)과 언헤지(Unhedge)형이 있는데 환율 변동 위험을 피하고자 하는 투자자는 헤지형 펀드를 선택하면 된다. 뱅크론펀드도 종류가 많지만 대표적인 펀드로는 '이스트스프링미국뱅크론특별자산펀드'와 '프랭클린미국금리연동특별자산펀드'가 있다.

미국 금리 상승기 유리한 투자

미국 금리가 오를 때 투자할 수 있는 또 다른 아이디어는 국내주식시장에 상장한 미국 국채 관련 ETF를 활용하는 것이다. 시중 금리가 상승하는 경우 채권 가격은 하락할 가능성이 높다. 따라서 미국 금리 인상을 예상한다면 'KBSTAR 미국장기국채선물인버스H'에 투자해 수익을 올릴 수 있다. 물론 반대로 금리가 하락해 채권 가격이 상승할 것으로 예상한다면 'KBSTAR 미국장기국채선물H'에 투자하면 된다. 금리 상승 및 하락을 강하게 확신하는 경우엔 2배씩 움직이는 레버리

〈표2〉_ 미국 금리 변동에 따른 추천 ETF

금리	ETF 종목
상승	KBSTAR 미국장기국채선물인버스H
강한 상승	KBSTAR 미국장기국채선물인버스2X합성H
하락	KBSTAR 미국장기국채선물H TIGER 미국채 10년 선물 KODEX 미국채울트라30년선물H
강한 하락	KBSTAR 미국장기국채선물레버리지합성H

지 및 인버스 ETF에 투자하면 된다. 참고로 ETF 종목에 붙어 있는 'H'는 원/달러 환율을 헤지(Hedge)한다는 의미다. 미국 금리 변동에 따른 추천 ETF는 〈표2〉와 같다.

물가가 올라가는 경우 중앙은행은 물가를 잡기 위해 금리를 인상하게 되는데, 이럴 때는 물가채도 좋은 투자 수단이 된다. 미국 물가연동국채(TIPS)는 원금과 이자를 소비자물가지수에 연동시켜 물가가 올라갈 때 원리금이 늘어나는 채권이라고 보면 된다. 아쉽게도 현재 국내에서는 미국 물가채에 투자하는 펀드나 ETF는 없다.

지금까지 국내에서 투자할 수 있는 상품 위주로 알아봤다. 이제 눈을 돌려 미국으로 가보자. 당연히 뱅크론 투자는 미국 상장 ETF를 통해서도 할 수 있다. 'Invesco Senior Loan(BKLN)'나 'SPDR Blackstone Senior Loan(SRLN)' ETF가 대표적이다. 앞서 소개한 뱅크론펀드와 동일한 개념으로 이해하면 된다. 다만 달러로 환전해서 미국에 상장돼 있는 ETF에 투자하는 것이므로 환율 및 세금 부분에 대해 추가적인 이해가 필요하다. 미국 물가채도 ETF로 투자가 가능한데 대표적인 ETF로는 'iShares TIPS Bond(TIP)' 'Schwab US TIPS(SCHP)와 'SPDR Portfolio TIPS(SPIP)' 등이 있다. 간단하게 소개했지만 미국 거래소에 상장된 국채 관련 ETF 중에는 2배의 변동성을 가지는 레버리지와 인버스 ETF 뿐만 아니라 3배의 변동성을 가지는 ETF도 있다. 이러한 ETF는 변동성이 높아 손실이 커질 수 있으므로 금융 지식을 충분히 쌓은 다음 단기적인 매매에 제한적으로만 활용하자.

국내에서 매수한 해외채권형펀드와 ETF는 매매차익에 대해 15.4%의 배당소득세가 있으며 금융소득 종합과세 과표에 포함한다. 반면에 미국에 상장한 ETF는 매매차익에 대해 22%의 양도소득세만 신고 및 납부하면 된다. 양도소득의 경우엔 분류과세하므로 금융소득 종합과세 과표에 합산하지 않는다. 다만 배당으로 받는 소득은 15.4%의 배당소득세를 부과하며 금융소득 종합과세 과표에 합산한다.

4 PART

똑똑하게 투자

나만의 ELS 투자 활용법

ELS의 기본 구조

ELS(주가연계증권, Equity-Linked Securities)는 한때 국민 재테크 상품으로 불릴 정도로 많은 투자자가 가입했고 지금도 은행이나 증권회사에서 주요 추천 상품으로 권유하고 있다.

우선 ELS가 무엇인지 알아보도록 하자. **ELS**란 기초자산으로 이용하는 개별 종목의 주가나 주가지수에 연계해 만기까지 일정 조건을 충족하면 사전에 정해진 수익률을 확정 금리로 받을 수 있는 상품이다. 기초자산인 개별 종목의 주가나 주가지수가 일정 수준 아래로 하락하지 않으면 대개 연 4~7% 정도의 수익을 얻을 수 있다. 은행 정기예금보다 몇 배나 많은 이자를 받을 수 있기 때문에 투자자에게 인기가 높은 편이다. 증권회사 직원에게도 다른 변동성이 높은 상품에 비해 설명하기가 쉽고 판매에 따른 수수료도 적지 않기 때문에 포트폴리오를 구성할 때 주로 추천하는 상품 중 하나다. 이처럼 ELS는 고객과 직원 모두에게 장점이 많다.

요즘 같은 저금리 시대에 연 4~7% 정도의 확정금리 수익을 얻을 수 있는 상품은 흔하지 않다. 그렇지만 ELS는 그리 만만하게 볼 상품은 아니다. 주식 시장이 급락하는 경우 투자한 원금 대부분을 손실 볼 가능성도 있기 때문이다. 경우에 따라서는 조기상환이 되지 않아 만기가 될 때까지 3년이란 시간을 기다려야 하기도 한다. 1~2억 원 정도만 투자해도 3년 뒤 만기에 한꺼번에 상환 받으면 금융소득 종합과세에 해당돼 뜻하지 않게 세금을 추가로 내야 할 수도 있다. 이처럼 ELS는 정확히 알고 가입하지 않으면 많은 변수에 노출될 수 있는 상품이다. 따라서 가입 전에 꼼꼼히 살펴봐야 한다. 특히 은행에서는 ELT나 ELF 형태로 많이 판매하는데 이에 대한 차이점도 정확하게 알고 있어야 한다.

우선 증권회사에서 판매하는 ELS에는 공모형과 사모형이 있다. 공모펀드, 사모펀드 개념과 비슷하게 생각하면 된다. **공모형 ELS**는 증권회사 홈페이지에서 발행 현황을 조회할 수 있으며 인터넷으로도 청약이 가능하다. 그러나 **사모형 ELS**는 49인 이하만 가입이 가능하고 최저 가입금액에도 제한이 있다. 홈페이지에서는 관련 정보를 얻을 수 없고 인터넷 가입도 불가능하다. 사모형 ELS는 증권회사 직원이 별도 고객에게만 따로 연락을 하며 고액 자산가나 법인의 경우엔 원하는 구조의 ELS를 사모 형태로 만들어 달라고 요청하기도 한다.

공모형 ELS는 대부분의 증권회사에서 매주 상품이 나오는데 며칠 정도 청약을 받는 기간에만 상품 가입이 가능하다. 최소 청약 단위는 100만 원이며 모집 금액은 50억~200억 원 등 발행 시기 및 종목에 따라 달라질 수 있다. 만약 100억 원을 모집하는데 청약기간 동안 200억이 모였다면 안분 배정한다. 즉 본인이 청약한 금액이 1억 원이라면 5,000만 원만 ELS에 가입이 되고 5,000만 원은 청약마감 다음 날 환불 받게 된다.

기초자산을 이해하라

ELS를 가입할 때는 기초자산에 대한 이해가 필수적이다. 요즘 발행하는 ELS는 대부분 한국의 KOSPI200, 홍콩의 HSI(항셍지수) 또는 HSCEI(H지수) 유럽의 EURO STOXX50, 미국의 S&P500, 일본의 NIKKEI225 등 글로벌 지수를 기초자산으로 한다. 글로벌 지수와 관련한 내용은 인터넷 포털 사이트 등에 검색하면 쉽게 찾아볼 수 있다. 예전에는 두산중공업, 삼성엔지니어링, 한진해운, 현대중공업, GS건설, LG이노텍처럼 개별 종목 주가를 기초자산으로 이용하는 ELS를 많이 발행했고, 높은 수익률로 큰 인기도 누렸다. 하지만 높은 변동성으로 손실을 보는 고객이 늘어나자 발행이 뜸해진 편이다. 그렇지만 여전히 삼성전자, 현대차, 포스코와 같은 국내 대형주나 아마존, 애플, 엔비디아 등 글로벌 우량주 주가를 기초로 한 ELS는 계속 나오고 있다. KOSPI200과 현대차, 삼성전자와 애플, S&P500과 스타벅스 등 국내외 지수와 개별종목을 섞은 다양한 구조의 ELS도 지속적으로 출시하고 있다.

ELS 중에는 기초자산을 단 1개만 이용하는 것도 있고 많게는 5개를 섞기도 하지만 2~3개의 주가지수나 개별종목 주가를 기초자산으로 이용하는 것이 일반적이다. 나중에 다시 설명하겠지만 기초자산 중 하나라도 조건을 충족하지 못하면 손실이 발생할 수 있기 때문에 다른 나머지 조건이 같다면 기초자산 개수가 적은 ELS를 골라야 안정성을 높일 수 있다.

이제 본격적으로 ELS 구조에 대해 알아보기로 하자. 증권회사마다 다양한 유형의 ELS를 발행하지만 구조는 거의 비슷하다. 따라서 한번만 정확히 이해를 하고 나면 ELS 구조를 해석하고 고르는데 어려움은 없을 것이다. 증권회사에 가장 많이 발행하는 ELS는 계단식 조기상환(Step down)형 구조다. 이해를 돕기 위해 3년 만기, 6개월 단위 자동조기상환, 수익률 연 7%인 ELS의 손익구조와 상환조건을 〈표1〉을 통해 살펴보자.

스텝다운형 ELS 구조에서 가장 먼저 주의 깊게 살펴 보아야 하는 것은 녹인(Knock-in) 조건이다. 녹인이 발생하게 되면 원금 손실 발생 가능성이 높아지고 이론상으로는 원금 전체를 손실 볼 수도 있기 때문이다. 물론 원금 100%를 손해 보는 경우는 아주 희박하다. 하지만 개별 종목을 기초자산으로 하는 ELS는 원금 대부분을 손실 본 사례도

〈표1〉_ 계단식 조기상환형 ELS 구조

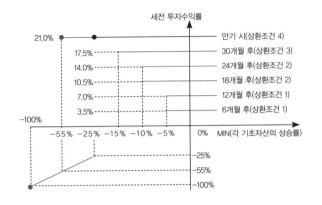

있기 때문에 주의해야 한다. 예로 든 손익구조 그래프를 보면 녹인은 45%이다. 즉, 기초자산인 중 하나라도 평가기간 중에 녹인 기준점인 최초기준가격의 45% 미만으로 하락한 적이 한번이라도 있으면 손실 가능성이 생긴다는 의미다. 만기 평가시점에 하락률이 제일 큰 기초자산의 하락률 만큼 원금 손실이 발생하게 된다. 예를 들어 녹인이 발생한 이후 만기평가일에 기초자산 중 하나는 70%, 다른 하나는 40% 하락했다면 원금의 70%를 손실 본다. 즉 1억을 투자했다면 7,000만 원이 손실인 것이다. 다행히 만기평가일에 기초자산 가격이 모두 만기상환조건인 최초기준가격의 75% 이상으로 회복한 경우엔 원금 손실을 피할 수 있다. 뿐만 아니라 원금과 3년치 이자를 모두 받을 수 있다. 그러나 한번 녹인이 발생하게 되면 만기상환조건을 충족하기란 쉽지 않다.

〈표2〉_ 〈표1〉 ELS의 상환조건

구분	상환조건	세전수익률
자동 조기 상환	1. 모든 기초자산의 6, 12개월 후 조기상환평가가격이 각 최초기준가격의 95% 이상일 경우	연 7%
	2. 모든 기초자산의 18, 24개월 후 조기상환평가가격이 각 최초기준가격의 90% 이상일 경우	
	3. 모든 기초자산의 30개월 후 조기상환평가가격이 각 최초기준가격의 85% 이상일 경우	
만기 상환	4. 만기평가일에 모든 기초자산의 만기평가가격이 각 최초기준가격의 75% 이상일 경우	연 7% (3년 21%)
	5. 위 4의 요건을 충족하지 못하였고, 만기평가일까지 모든 기초자산 중 어느 하나도 각 최초기준가격의 45% 미만으로 하락한 적이 없는 경우	
	6. 위 4의 요건을 충족하지 못하였고, 만기평가일까지 모든 기초자산 중 어느 하나라도 각 최초기준가격의 45% 미만으로 하락한 적이 있는 경우	원금손실 발생

　　스텝다운형 ELS는 만기 이전이라도 조기상환조건을 충족하면 중간이라도 원리금을 상환 받을 수 있다. 보통 ELS 만기는 3년이고 조기상환조건은 3개월, 4개월, 6개월 등으로 다양한 편이나 6개월 단위가 가장 일반적이다. 즉 6개월이 되는 시점마다 기초자산가격이 일정 가격 이상이면 원금과 이자를 받고 조기에 상환된다. 〈표2〉에서 예로 든 ELS의 손익구조에서는 6개월마다 95(6개월) – 95(12개월) – 90(18개월) – 90(24개월) – 85(30개월)의 조기상환조건을 충족하는지 관찰하게 되고 조건을 충족하는 경우 연 7%의 이자를 원금과 함께 상환 받는다. 조기상환조건은 이처럼 점진적으로 낮아지는 구조가 일반적이나 85-85-

85-85-85처럼 처음부터 끝까지 같은 구조도 있다. 조기상환조건을 충족하지 못하면 만기상환조건에 따라 원금과 3년치 이자를 한꺼번에 받는다. 앞에서 예로 든 구조에서는 만기에 연 7%의 3년치 이자인 21%의 이자를 받게 되는데 만약 1억 원을 투자했다면 원금과 2,100만 원의 이자를 받게 되는 것이다. 이처럼 1억 원만 투자해도 금융소득종합과세에 해당할 수 있으므로 1억이상 투자하는 경우엔 가입 전에 미리 절세 방안을 강구하는 것이 좋다.

ELS는 다른 조건이 같다면 기초자산 개수가 많아질수록, 기초자산 변동성이 높아질수록 녹인 가능성이 높아진다. 그러므로 안정성에 중점을 두어 녹인 조건이 낮고, 기초자산 개수가 적으며, 기초자산 변동성이 낮은 ELS를 골라야 한다. 기초자산이 개별종목으로 되어 있는 것 보다는 주가지수로 되어 있는 ELS를 고르는 것이 보다 안정적이다. 그리고 노녹인(No Knock-in) 조건의 ELS를 고르는 것도 좋은 방법이다. **노녹인 ELS**는 만기 이전에 기초자산 가격이 아무리 많이 떨어져도 6개월마다 돌아오는 조기상환조건 또는 만기상환조건만 충족하면 원금과 정해진 이자를 전부 받을 수 있다. 다만 만기상환조건을 충족하지 못하면 하락률이 큰 기초자산의 하락률 만큼 손실을 본다. 따라서 노녹인(No Knock-in) ELS에 가입할 때는 만기상환조건을 자세히 살펴보고 가능하면 만기 배리어가 낮은 구조를 선택해야 안정성을 높일 수 있다.

다음으로는 갑자기 돈이 필요해 ELS를 중도에 해지해야 하는 경우에 대해 알아보자. ELS에 투자한 고객은 만기가 되기 전에 중도 해지 요청을 할 수 있다. 그러나 이 경우 증권회사는 ELS 청산에 필요한 비용을 제한 후 나머지 금액만 상환해 준다. 즉 ELS 투자자는 해지 비용으로 인해 공정가액(평가금액)에서 많게는 5~10% 정도 줄어든 금액을 받게 된다. 특히 해지하는 과정에서 기초자산 가격이 급락하면 상환금액이 예상과 달리 크게 줄어들 수도 있다. 따라서 중도 해지는 신중히 결정해야 한다.

ELS는 일부 해지도 가능하므로 갑자기 자금이 필요하다면 필요한 만큼만 해지하도록 하자. 그러나 반대로 중도에 해지를 적극적으로 고려해야 하는 경우도 있다. 기초자산 가격이 하락해 녹인 가능성 있는 상황에서 향후 주가 전망도 밝지 않은데 반해 아직 공정가액은 기초자산에 비해 하락폭이 적은 경우가 있다. 이럴 때는 원금 손실이 일부 발생하더라도 중도 해지를 한 후 적극적인 자산운용을 통해 빠른 회복을 꾀해 보는 것도 방법이 될 수 있다.

참고로 ELS의 공정가액은 펀드의 기준가격과 비슷한 개념이다. 공정가액은 KIS채권평가와 같은 외부 평가기관에서 잔존 만기, 기초자산의 변동성, 제시 수익률 등을 고려하여 산출하기 때문에 기초자산 가격 움직임과 정확히 비례하지는 않는다. 예를 들어 기초자산 가격이 설정일의 최초기준가격보다 내려갔더라도 만기가 얼마 남지 않았고 녹인 가능성이 낮다면 공정가액이 플러스가 되기도 한다. ELS 공정가액은 2곳 이상의 평가기관에서 산출한 가격의 평균을 사용하며 증권회사 홈페이지에서 확인 가능하다.

ELS도 분산하여 투자

어느 상품이나 마찬가지지만 가입하기 전에는 손실 가능성에 대한 점검이 필요하다. 주식형펀드처럼 변동성이 높은 상품은 이미 투자 위험에 대해 잘 알기 때문에 투자 시기나 비중을 조절한다. 그러나 ELS는 기초자산 가격이 설마 반토막 나지는 않을 거라는 막연한 믿음으로 무턱대고 투자하는 경우가 흔하다.

ELS는 녹인이 발생하면 원금 손실이 커질 수 있는 점, 중도 해지 비용이 높은 점, 자동조기상환이 되지 않으면 만기까지 유동성 제약을 받는 점, ELS 발행 증권회사가 부실해지면 원리금 상환 지연이나 손실 발생 가능성이 있는 점, 만기에 일시 상환 받으면 금융소득 종합과세에 해당할 가능성이 높아 지는 점 등 챙겨야 할 것이 많다.

ELS도 손실 가능성이 있다는 점을 명심하여 다양한 구조의 ELS 중에서 본인의 투자 성향에 맞는 상품에 분산하여 투자하도록 하자.

16
나만의 ELS
투자 활용법

ELS, ELF, ELT, ELB 그리고 ELD

ELS 하나만 해도 워낙 구조가 다양한데 ELF, ELT, ELB, ELD 등 비슷한 상품도 하도 많아 투자자의 머릿속은 복잡할 수밖에 없을 듯하다. 그러나 ELF(Equity-Linked Fund)나 ELT(Equity-Linked Trust)처럼 영어로 풀어서 살펴 보면 이해하기에 그리 어렵지 않다. 우선 **ELF**는 증권회사가 발행한 ELS를 펀드의 주된 운용 자산으로 편입한 것인데 증권회사와 은행에서 판매한다. ELF를 가입할 때 반드시 살펴 봐야 하는 것은 펀드에 편입한 ELS를 발행한 증권회사다. 어느 은행이나 증권회사에서 판매하는지, 어느 운용회사에서 운용하는지는 사실 크게 중요하지 않다. ELS는 증권회사 신용으로 발행하기 때문에 ELS 발행 증권회사가 부도나면 판매회사나 운용회사와 상관없이 손실이 발생할 수 있기 때문이다. **ELT**도 마찬가지다. 증권회사에서 발행한 ELS를 특정금전신탁의 주된 운용 자산으로 편입하므로 판매회사의 신용도와는 전혀 상관이 없다. 예를 들어 KB국민은행에서 미래에셋증권이 발행한 ELS를 편입한 ELT에 가입했다면 KB국민은행이 아닌 미래에셋증권의 신용도를 체크해야 한다는 말이다. 물론 ELF나 ELT에 편입한 ELS의 구조도 앞서 설명한 대로 꼼꼼히 살펴봐야 한다. 은행에서 가입한 거니까 막연하게 안전한 상품이라 생각하고 아무런 신경도 쓰지 않으면 나중에 낭패를 겪을 수도 있다.

참고로 증권회사에서는 ELS, ELF, ELT 모두 가입이 가능하지만 은행에서는 ELS는 불가능하고 펀드 형태의 ELF와 특정금전신탁의 일종인 ELT만 가입 가능하다. 다시 한번 설명하면 ELS는 증권회사 자체 신용으로 발행하는 무담보, 무보증 증권이므로 해당 증권회사가 부도나면 ELS 구조와 상관없이 원금 손실을 볼 수 있다. 따라서 ELF나 ELT에 가입할 때 편입한 ELS 구조뿐만 아니라 어느 증권회사에서

〈표1〉_ ELS, ELF와 ELT 비교

구분	ELS	ELF	ELT
상품명(영어)	Equity-Linked Securities	Equity-Linked Fund	Equity-Linked Trust
상품명(한글)	주가연계증권	주가연계펀드	주가연계신탁
판매회사	증권회사	은행, 증권회사, 보험회사	
신용위험	ELS 발행 증권회사	ELF 또는 ELT에 편입한 ELS 발생 증권회사	
예금자 보호	불가능	불가능	불가능

발행한 ELS인지, 해당 증권회사의 신용도는 괜찮은지도 반드시 확인해야 한다.

　ELS에 가입할 때 가장 걱정되는 건 바로 **테일리스크**[*](Tail Risk)다.

　ELS는 기초자산 가격이 반토막 가까이 하락하지 않으면 은행 정기예금 이자보다 몇 배나 높은 수익을 볼 수 있지만 2008년 금융위기나 2020년 코로나19 사태처럼 예상하기 어려운 일이 벌어지면 원금 대부분을 손해 볼 수도 있다. 만약 이런 리스크가 우려되는 투자자라면 원금보장형 상품인 ELB(Equity-Linked Bond)와 ELD(Equity-Linked Deposit) 투자를 고려해 보자.

　ELB는 우리말로 주가연계파생결합사채라고 부른다. 원금보장형상품이므로 위험은 낮은 편이나 ELS에 비해 기대수익률은 낮다. ELB가 원금보장형이라는 표현을 쓰기는 했으나 증권회사가 자기 신용으로 발행한 무담보, 무보증 증권이므로 예금자보호가 되는 것은 아니다. 발행 증권회사가 부도나면 원금 손실 가능성이 생긴다. 채권에 투자할 때 발행회사 신용도를 체크하는 것처럼 ELB에 투자할 때도 발행 증권회사 신용등급을 살펴 봐야 한다. 그리고 ELB에 투자했다가 중간에 해지하면 해지 관련 비용 때문에 원금 손실이 발생할 수 있다. ELB도 만기까지 유지 가능한 자금으로만 투자하는 것이 좋다.

　가장 대표적인 ELB 구조는 녹아웃콜옵션 형태다. 〈표2〉에서 예

---

[*] 발생가능성이 낮고 예측하기 어렵지만 일단 발생하게 되면 큰 영향을 미치는 위험

로 든 ELB는 1년 만기 상품이다. 1년 동안 기초자산이 최초기준가격 대비 15%를 초과해 상승한 적이 없고 만기일에 최초기준가격의 100~115% 사이에 있으면 기초자산 상승률의 80% 해당하는 수익을 얻을 수 있다. 예를 들어 1억 원을 투자해서 1년 동안 기초자산이 15%를 초과해 오른 적이 없고 만기평가일에 10% 상승하고 마감하면 8%

⟨표2⟩_ 녹아웃 콜옵션형 ELB 구조

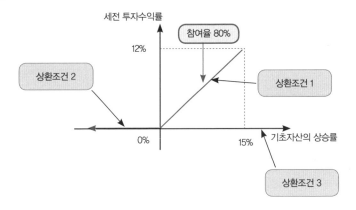

⟨표3⟩_ ⟨표2⟩ ELB의 상환조건

상환조건	세전수익률
1. 최종관찰일까지 기초자산이 최초기준가격의 115%를 초과하여 상승한 적이 없으며, 만기평가가격이 최초기준가격 이상인 경우	0%≤투자수익률≤12%
2. 최종관찰일까지 기초자산이 최초기준가격의 115%를 초과하여 상승한 적이 없으며, 만기평가가격이 최초기준가격 미만인 경우	0%
3. 최종관찰일까지 기초자산이 최초기준가격의 115%를 초과하여 상승한 적이 있는 경우	0%

인 800만 원의 수익을 얻을 수 있다. 그런데 기초자산이 한 번이라도 최초기준가격 대비 15%를 초과해 상승한 적이 있거나, 만기평가일에 최초기준가격보다 하락하면 이자 없이 원금만 지급 받는다. 즉 기초자산 움직임에 따라 최대 12%의 수익률이 가능하며, 지수가 아무리 하락하더라도 원금은 보장 받을 수 있는 구조다. 단점이라면 지수가 박스권에 머물러야 조금이라도 수익이 발생하는데 반해 15%를 초과해 올라간 적이 한번이라도 있으면 주가 상승에도 불구하고 오히려 원금만 받는다는 점이다. 다른 투자자는 주가가 올라 수익을 내고 있을 때 원금만 받으므로 억울한 기분이 들 수 밖에 없다. 따라서 녹아웃콜옵션 형태의 ELB는 기초자산 가격이 박스권에서 움직일 것으로 예상할 때 가입하는 것이 좋다.

〈표4〉_ 하이파이브형 ELB 구조

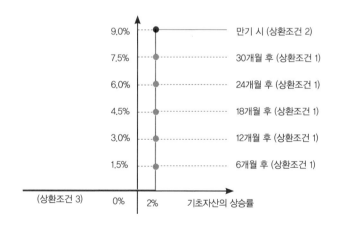

4장_ 나만의 ELS투자 활용법

〈표5〉_ 〈표4〉 ELB의 상환조건

구분	상환조건	세전수익률
자동 조기 상환	1. 기초자산의 6, 12, 18, 24, 30개월 후 조기상환평가가격이 최초기준가격의 102% 이상일 경우	연 3%
만기 상환	2. 만기평가일에 기초자산의 만기평가가격이 최초기준가격의 102% 이상일 경우	연 3% (3년 9%)
	3. 위 2의 요건을 충족하지 못하였을 경우	연 0%

또 다른 대표적인 ELB에는 하이파이브 구조가 있다. 〈표4〉에서 예로든 3년 만기 ELB의 경우엔 6개월마다 돌아오는 조기상환평가일 또는 만기상환평가일에 모든 기초자산의 종가가 최초기준가격 보다 2% 이상 오르면 연 3%로 상환한다. 그러나 조기상환 되지않고 만기상환 평가일에 모든 기초자산 중 하나라도 2% 이상 오르지 못하면 원금만 지급한다. 지금까지 두 가지 구조의 ELB만 간단히 소개했지만 녹아웃콜옵션 구조나 하이파이브 구조의 ELB도 기초자산, 만기, 수익률에 따라 종류가 다양하다. 대부분의 ELB는 원금이 보장되는 장점이 있지만 주가가 큰 폭으로 상승하는 경우에도 원금 또는 기대보다 낮은 수익만 받게되는 아쉬움이 있다.

ELD를 우리말로 풀어 보면 주가연계예금이다. 즉 예금 상품의 한 종류이므로 당연히 은행에서만 가입이 가능하다. 이 상품은 안정성을 중시하며 주가지수 움직임에 따라 추가 알파 수익을 노리는 고객에게 적당한 상품이다. ELD도 여러 구조로 상품을 만들 수 있으나 대

〈표6〉_ ELB와 ELD 비교

구분	ELB	ELD
상품명(영어)	Equity-Linked Bond	Equity-Linked Deposit
상품명(한글)	주가연계파생결합사채	주가연계예금
상품유형	녹아웃(Knock-out) 형 하이파이브(Hi-five) 형 디지털(Digital) 형	상승형 하락형 범위형 양방형
소득구분	배당소득	이자소득
판매회사	증권회사	은행
신용위험	ELB 발행 증권회사	ELD 판매 은행
예금자 보호	불가능	가능(5,000만 원 한도)

부분 KOSPI200 지수를 기초자산으로 한다. ELD는 원금이 보장되고 5,000만 원까지 예금자보호도 되므로 ELB와 비슷한 구조라면 ELB의 수익률이 약간 더 높다. 물론 ELD도 중간에 해지하면 수수료 때문에 원금 손실을 볼 수 있으니 주의하도록 하자. ELB와 ELD의 차이점은 〈표6〉을 참고하도록 하자.

다양한 구조의 ELS

ELS는 금융위기와 같은 폭락만 없다면 연 4~7% 정도의 비교적 높은 수익을 확정적으로 받을 수 있다. 그러나 주가가 급락하면 원금 손실을 볼 수 있다. 그래서 요즘엔 기대수익률을 약간 낮추는 대신 안정성을 높인 다양한 구조의 ELS가 나오고 있다. 노녹인, 리자드, 세이프티가드, 뉴스타트 등이 대표적인 구조다.

아마도 ELS에 투자해본 경험이 있다면 노녹인(No Knock-in) ELS는 익숙할 것이다. **노녹인 ELS**는 일반적인 스텝다운 형태에서 녹인 조건만 빠져 있다고 이해하면 된다. 스텝다운형 ELS 구조에서는 기초자산 가격이 하락해 녹인이 발생하게 되면 원금 손실 발생 가능성이 높아진다. 그런데 노녹인 ELS는 만기평가일 전에 기초자산이 아무리 많이 하락하더라도 자동조기상환조건 또는 만기상환조건만 충족하면 원리금을 상환 받는다. 그래서 일반적인 스텝다운 구조의 ELS보다 원금손실 가능성이 낮다. 물론 리스크가 전혀 없는 것은 아니다. 만기평가일에 기초자산 중 하나라도 일정 수준 아래로 하락하면, 제일 많이 하락한 기초자산의 하락률 만큼 원금 손실이 발생할 수 있다. 따라서 노녹인 ELS에 가입할 때는 기초자산이나 자동조기상환조건도 살펴봐야 하지만 만기상환 배리어가 낮게 설정된 ELS를 골라야 안정성을 높일 수 있다. 물론 수익률은 조금 양보해야겠지만 말이다.

리자드(Lizard) ELS는 위급한 상황에 직면하면 꼬리를 잘라 내고 도망치는 도마뱀과 비슷하다고 하여 이름을 리자드라 부르는데 노녹인 스텝다운 ELS 구조를 기반으로 한다. 6개월에 한 번씩 돌아오는 자동조기상환평가일에 기초자산 가격이 일정 수준 이상이면 조기상환된다. 또한 만기 이전에 기초자산 가격이 많이 하락하더라도 만기상환조건만 충족하면 원리금 상환을 받을 수 있다. 그런데 이 상품에는 한가지 조건이 더 추가돼 있다. 6개월 후 또는 12개월 후 자동조기상환조건을 충족하지 못했다 하더라도 모든 기초자산 가격이 일정 수준 아래로 하락하지 않았다면 추가로 조기상환 기회가 주어진다. ELS 중에는 리자드 조건으로 상환될 때 보다 높은 수익을 주는 것도 있다. 리자드 상환조건을 녹인(Knock-in) 조건으로 오해하는 경우가 있으나 녹인과는 전혀 상관이 없다. 노녹인에 리자드 조건을 추가한 ELS이므로 안전 장치를 하나 더 추가했다고 이해하면 된다. 증권회사에 따라서는 세이프티가드(Safetyguard) ELS라는 이름으로 판매하기도 하는데 리자드 ELS와 비슷한 구조다.

　요즘엔 잘 나오지 않지만 안정성에 중점을 둔 뉴스타트(New start) ELS도 있다. 말 그대로 새롭게 시작할 수 있는 ELS다. 1차 자동조기 상환평가일까지 모든 기초자산 중 하나라도 녹인 배리어 아래로 떨어진 적이 있으면 최초기준가격을 바꿔주고, 녹인 발생은 없던 걸로 해준다. 즉 녹인 배리어가 50이었는데 6개월 이내에 녹인이 됐다면 모든 기초자산의 최초기준가격을 녹인 가격으로 바꿔 준다는 의미다. 자동차 업계에서 신차 구입시 6개월 이내에 사고가 나면 새 차로 교환해 주는 프로그램과 비슷하다. 녹인 조건이 훨씬 낮아지게 돼 안정성이 강화된다. 그러나 다른 자동조기상환 조건이나 수익률은 변하지 않는다.

원금 일부 보장 ELS

원금을 일부 보장해 주는 ELS도 있다. 원금이 보장되는 ELB나 ELD도 있으나 이 경우에는 기대수익률이 낮거나 만기에 원금만 받게 될 확률이 꽤 높은 편이다. 그러나 원금부분보장형 ELS는 원금 손실 가능성이 일부 있으나 상대적으로 높은 수익을 기대할 수 있다. 기본적인 구조는 하이파이브 형태다. 자동조기상환평가일에 기초자산 가격이 최초기준가격보다 일정 수준 이상 올라 있으면 원금과 이자를 받고 자동조기상환된다. 다만 만기상환은 기초자산 중 상승률이 낮은 기초자산의 상승률만큼 이익이나 손실을 보도록 돼 있으나 아무리 하락하더라도 손실은 일정 수준으로 제한된다. 원금부분보장형 ELS는 삼성전자나 아마존처럼 국내외 개별 종목의 주가를 기초자산으로 하는 경우가 많다. 이러한 ELS는 개별 종목 투자로 높은 수익을 추구하고 싶으나 하락에 대한 리스크는 줄이고자 하는 투자자에게 적합하다.

이 외에도 수익성을 높이거나 안정성을 높인 다양한 구조의 ELS가 있다. **얼리버드**(Early bird) ELS는 첫 자동조기상환평가일에 상환조건을 충족하면 보다 높은 수익률로 조기상환된다. **세이프존**(Safe zone) ELS는 첫 자동조기상환일에 일정 수준 아래로 하락한 적이 없으면 원금보장형으로 전환되거나 녹인이 되더라도 만기상환평가일에 녹인 가격 이상으로 기초자산 가격을 회복하면 원금을 보장해 주는 구조다.

증권회사에서 판매하는 대부분의 ELS는 스텝다운(Step down) 구조가 기본이다. 그렇기 때문에 주가가 많이 올라 추가적인 상승 여력은 낮고 오히려 하락 가능성이 높을 때는 ELS 가입을 주저하게 된다. 그런데 이럴 때 적당한 ELS도 있다. 바로 스텝업(Step up) ELS다. 스텝다운 ELS와 정반대의 구조라고 생각하면 된다. 자동조기상환평가일에 모든 기초자산가격이 일정 수준 이상으로 상승한 적이 없으면 사전에 정해진 수익률로 조기상환 받을 수 있다. 또한 만기상환평가일에 모든 기초자산가격이 일정 수준 이상으로 오르지 않아 만기상환조건을 충족하면 이 경우에도 원금과 이자를 받을 수 있다. 다만 예상보다 큰 폭으로 기초자산가격이 추가로 상승해 녹인이 되는 경우 손실 가능성이 높아질 수 있다. 따라서 손익구조 그래프 등을 통해 손실 가능성에 대해 충분히 이해하고 가입해야 한다.

만약에 달러를 보유하고 있거나 통화 분산차원에서 달러로 환전한 경우 외화예금이나 달러 RP를 가입할 수도 있지만 더 높은 수익을 원한다면 달러 ELS 투자를 고려할 수 있다. 앞서 소개한 스텝다운 형태의 상품이 주로 나오므로 구조를 이해하는데 어려움은 없을 것이다. 단지 투자하는 통화만 달러로 바뀌었을 뿐이다. 조기상환이나 만기상환이 되면 달러로 수익을 지급 받는다. 다만 지급일의 환율로 환산한 원화 금액의 15.4%에 해당하는 금액을 배당소득세로 원천징수 한다.

지금까지 안정성을 강화한 다양한 구조의 ELS를 위주로 소개했다. 앞으로도 증권회사에서는 새롭게 진화한 다른 형태의 ELS를 지속 출시할 것이다. 그러므로 지속적으로 관심을 갖고 살펴보면 다양한 방식으로 안정성을 보강한 투자 성향에 맞는 ELS를 고를 수 있을 것이다.

18

나만의 ELS
투자 활용법

ELS인덱스펀드

매주 증권회사와 은행에서는 각종 ELS 관련 상품을 쏟아낸다. ELS에 이해도가 높은 투자자라도 매주 나오는 ELS를 일일이 체크하고 비교하는 건 매우 번거로운 일이다.

이럴 땐 **ELS인덱스펀드**에 가입하면 한결 수고로움을 덜 수 있다. 이 상품은 발행조건과 가입 날짜가 다른 여러 개의 ELS를 편입해 만든 지수를 추종하는 펀드다. 따라서 하나의 펀드만 가입하더라도 여러 ELS에 분산 투자하는 효과가 있다. 또한 개방형 펀드이므로 분할 매수가 가능하고 일정 기간이 지나면 수수료 없이 자유롭게 환매도 할 수 있다. 만기가 따로 없기 때문에 원하는 동안 펀드 유지가 가능하고 환매 시기와 금액을 조절해 과표에 포함되는 소득을 관리할 수 있다.

무엇보다도 ELS를 고르거나 상환될 때마다 재가입 하는 번거로움을 덜 수 있다. 이에 비해 개별 ELS는 미리 정해진 상환 조건에 따라 쿠폰 수익률을 받게 되므로 수익률 예측이 가능하고, 펀드 운용에 따른 추가적인 보수(수수료)가 없어 상대적으로 높은 수익률을 기대할 수 있다. 다만 조기상환이 되지 않으면 만기까지 유동성 제약이 있으며, 중간에 급히 자금이 필요하여 해지하면 비용이 발생한다.

현재 국내에 출시한 ELS인덱스펀드는 '삼성 ELS인덱스펀드'와 '한국투자ELS지수연계솔루션펀드'가 있으며 다양하지는 않다.

'삼성ELS인덱스펀드'는 HSCEI와 EUROSTOXX50을 기초자산으로 하고 잔여 만기가 다른 13개의 ELS로 구성한 'KAP H−E Structured Strategy Index'를 추종한다. 편입한 ELS가 조기상환 되거나 만기상환 되면 교체한다. '삼성ELS인덱스펀드'가 추종하는 'KAP H−E Structured Strategy Index'의 13개 ELS 구성은 한국자산평가 홈페이지에서 확인 가능하다.

삼성자산운용 홈페이지에 들어가 보면 '삼성ELS인덱스증권펀드'와 관련한 정보를 얻을 수 있다. 홈페이지에서 소개하고 있는 5가지 투자비결을 살펴보면 ELS인덱스펀드를 이해하는데 도움이 될 듯해 소개한다. 〈표1〉을 참고하도록 하자.

'한국투자ELS지수연계솔루션펀드'는 KOSPI200, HSCEI와 EUROSTOXX50 중에서 2개의 지수를 기초자산으로 하는 20개의 ELS로 구성한 'FNP2−Index 구조화지수'를 추종하며 편입한 ELS가

〈표1〉_ 삼성 ELS 인덱스펀드의 5가지 투자비결

1. 중용투자	수익과 위험 어느 한 쪽에 치우치지 않는 중위험, 중수익 상품. 1%대의 저금리 시대에 시중금리 +알파의 수익을 추구.
2. 편리투자	투자금을 13등분해 만기가 다른 13개의 ELS에 2주마다 새로 가입하는 효과. 이 중 하나가 상환조건을 달성하면 새로운 ELS를 편입.
3. 분산투자	이렇게 나누어 투자하면 단일 ELS에 투자하는 것보다 위험을 분산시킬 수 있음. 편입된 ELS 몇 개가 손실이 나도 나머지 상품들에서 수익을 추구할 수 있어 안전.
4. 자유투자	가입 후 1개월만 지나면 환매수수료 없이 환매가 가능. 시장상황에 따라 투자금을 더 넣거나, 만기 없이 계속 투자할 수도 있음.
5. 절세투자	환매시기를 원하는 대로 조정하여 절세효과(=과세이연효과)를 기대할 수 있음. 금융소득종합과세 대상자, 고액 투자자라면 이 부분을 고려해야 할 필요가 있음.

*단. 원천징수 15.4%는 동일하게 청구됨.

자료출처 : 삼성자산운용

조기상환 되거나 만기상환 되면 교체한다. '한국투자ELS지수연계솔루션펀드'가 추종하는 'FNP2-Index'의 구성은 에프앤자산평가 홈페이지에서 확인 가능하다.

아직 ELS인덱스펀드는 종류도 적고 관심도 높지 않지만 활용하기에 따라 ELS에 직접 가입하는 것보다 장점이 많다. 펀드 투자로 수익이 발생할 경우 15.4% 배당소득세가 있는 건 ELS에 직접 가입하는 것과 마찬가지다.

4장_ 나만의 ELS투자 활용법

19

ELS 절세 방법

지금까지 다양한 ELS 투자 방법에 대해 알아봤다. ELS는 장점이 많지만 만기에 한꺼번에 소득이 발생하면 1억 원 정도만 투자하더라도 금융소득 종합과세에 해당할 수 있는 점은 주의해야 한다. ELS의 장점을 살리면서 금융소득 종합과세를 피할 수 있는 방법엔 어떤 것이 있을까? 그 중 하나는 월지급식 ELS에 가입해 과표가 분산되도록 하는 것이다. 월지급식 ELS도 일반적인 구조는 스텝다운 형태다. 6개월 단위 자동 조기상환평가일 및 만기상환평가일에 상환조건을 충족하면 원금과 함께 상환되고 녹인이 발생하면 손실 볼 가능성이 있는 건 마찬가지다. 그러나 월지급식 ELS는 만기상환평가일까지 일정 조건을 충족하면 매월 지급되는 배당을 통해 과표를 분산할 수 있으며 중간에 녹인이 발생하더라도 이미 월지급으로 받은 배당은 유효하므로 손실 폭이 줄어든다는 장점도 있다. 다만 나머지 다른 조건이 동일한 스텝다운 형태의 ELS에 비해 월지급식 ELS가 수익률이 약간 낮은 점은 감수해야 한다.

ELS 투자도 비과세로

ELS, ELF, ELT 또는 ELS인덱스펀드에 가입하면서 세금 걱정을 피할 수 있는 또 다른 방법은 비과세종합저축 계좌를 활용하는 방법이다. 그러나 만 65세 이상 거주자 또는 장애인, 독립·국가유공자 등 일부에게만 가입 자격이 주어지고 금액도 5,000만 원까지만 가입할 수 있어 일반 개인투자자에게는 그림의 떡일 수밖에 없다. 이럴 경우에는 ISA계좌를 활용하여 ELS 투자를 해보자. 19세 이상 거주자라면 매년 2,000만 원씩 5년간 1억 원까지 납입이 가능하며 200만 원(서민형 : 400만 원) 한도 비과세 및 초과수익 9.9% 저율 분리과세 혜택을 받을 수 있다. 비과세종합저축 및 ISA 등 절세 계좌 관련 세부 내용은 'PART 10 절세 활용법'을 참고하면 된다.

개인투자자가 세금 없이 ELS에 투자할 수 있는 또 다른 방법은 바로 ELS 변액보험에 가입하는 것이다. ELS변액보험은 말 그대로 ELS에 투자하는 보험이다. ELS의 장점을 고스란히 살리면서 세금에 대한 부담은 덜 수 있다. 최근 공시이율을 적용하는 저축성 보험의 경우 금리가 많이 낮아져 있고 향후 고객 눈높이에 맞는 수준으로 올라갈 가능성도 낮다. 물론 변액보험에 가입해 해외주식형펀드 등으로 수익을 올릴 수도 있지만 이 경우엔 높은 변동성을 감내해야 한다. 낮은 금리는 성에 안 차고 높은 변동성은 두려운 투자자라면 ELS변액 보험이 대안이 될 수 있다. 물론 앞서 설명한 ELS처럼 주가 급락시 손실 위험에 노출되는 건 마찬가지이므로 보험에 편입하는 ELS 구조 등에 대한 사전 이해가 필수적이다. ELS변액보험은 KB생명, 카디프생명, 하나생명 등이 판매 중이다.

그러나 ELS변액보험도 비과세 혜택을 받기 위해서는 일정한 요건을 충족해야 한다. 일시납의 경우 1억 원, 적립식의 경우 월 150만 원 한도로 가입하고 10년 이상 계약을 유지해 한다. 사업비, 중도인출 및 추가납입 등 보험의 특성에 대해서도 잘 알고 있어야 장점을 극대화할 수 있다. 10년을 유지하지 못하고 중간에 해지하면 손실이 발생할 수 있으며, 이익이 발생하더라도 15.4%의 세금을 한꺼번에 이자소득세로 내야 하는 점도 주의해야 한다.

5 PART

홈런보다 안타

알파 수익을 노리는 투자 활용법

20

알파 수익을 노리는
투자 활용법

공모주펀드

공모주 투자는 계륵 같다는 생각이 종종 든다. 공모주에 투자해 본 경험이 있다면 비슷하게 느낄 것이다. 공모주에 청약한 투자자는 상장하는 날 대부분 매도를 한다. 간혹 손해를 보기도 하지만 첫날 매도하는 것이 경험상 수익을 보는 경우가 많았기 때문일 것이다.

공모주 투자는 시간과 노력을 들이면 수익이 쏠쏠한 편이어서 연세가 있는 보수적인 투자자도 많은 관심을 갖는다. 이런 장점 때문에 오히려 대기업 계열사나 평판이 좋은 우량 기업이 상장할 때면 투자자가 몰려 청약 경쟁률이 수백 대 일을 넘어가기 일쑤다. 경우에 따라서는 수천 대 일을 넘기도 한다. 이럴 경우 공모주 투자 수익률 자체는 높을 지 모르지만 청약한 금액 대비 배정받는 공모주가 적어 손에 쥐는 수익금은 생각보다 많지 않다. 반대로 경쟁률이 낮다면 청약한 금액 대부분을 배정 받지만 상장일 이후 주가가 오르지 않거나 하락할 가능성이 높아진다. 실제로 상장 1년 뒤 기업 주가가 공모 가격에 미치지 못 하는 경우도 많다. 이는 기업가치 대비 공모 가격이 부풀려졌거나 상장 이후 주요사업 전망이 하락했거나 또는 최대주주가 바뀌었기 때문일 수도 있다. 이렇듯 공모주 투자는 쉬운 듯 어렵다. 차근차근 더 알아보자.

상장하는 날 매도 가능

직접 공모주에 청약하기 위해서는 우선 증권회사에 계좌가 있어야 한다. 기업의 공모 일정은 주관 증권회사 홈페이지나 모바일 앱 등에서 확인할 수 있다. 그리고, 금융감독원 전자공시시스템 또는 네이버 등 포털 사이트에서도 정보를 얻을 수 있다.

개인이 청약할 때는 신청한 주수에 공모가격과 증거금율을 곱한 금액을 증거금으로 내야 한다. 보통 증거금율은 50% 수준이다. 청약 한도는 증권회사에 따라, 거래 실적에 따라, 온라인 여부에 따라 달라진다. 2020년 말까지는 청약한 금액에 비례하여 경쟁률에 따라 주식을 배정받았는데, 2021년부터는 균등배정 50%, 비례배정 50%로 청약제도가 바뀌었다. 게다가 일반 투자자의 공모주 배정 비중도 기존 20%에서 최대 30%로 늘었다. 이런 제도 변화로 인해 적은 돈으로 청약하더라도 공모주를 배정받을 확률이 높아졌다. 이렇게 배정받은 주식은 상장하는 날부터 매도 가능하다.

　우량한 기업이 공모를 할 때 배정만 많이 받을 수 있다면 안정적으로 꽤 높은 수익을 얻을 수 있지만 현실은 그리 녹록하지 않다. 개인 투자자가 일일이 기업공개(IPO, Initial Public Offering) 정보를 체크하고 기업을 골라 청약해 적정한 시기에 매도하는 것은 생각보다 그리 쉽지는 않다. 큰 금액으로 청약하지 않으면 좋은 기업이 상장하더라도 높은 경쟁률 때문에 배정 받는 주식이 적어 실익이 없는 경우가 많다. 그래서 오히려 공모주펀드가 속 편한 대안이 될 수 있다. 공모주펀드는 펀드매니저가 공모주 투자를 대신 해주기 때문이다. 다양한 채권 투자전략으로 안정적인 이자 수익을 확보하고, 공모주에 대한 적정가치 분석 및 투자를 통해 정기예금보다 높은 알파 수익을 추구한다. 이해를 돕기 위해 정기예금, 국내채권형펀드, 국내공모주펀드의 수익 구조를 살펴보면 〈표1〉과 같다.

　그러나 공모주펀드에 투자하더라도 늘 정기예금보다 높은 알파 수익을 올리지는 못한다. 은행이나 증권회사에서 공모주펀드를 추천할

〈표1〉_ 국내 공모주펀드의 수익 구조

정기예금	국내채권형펀드	국내공모주펀드
		공모주투자수익
	채권매매차익	채권매매차익
예금이자	채권이자	채권이자

때 과거 양호한 수익률을 근거로 하는 경우가 많은데 과거의 높은 수익률은 공모주 투자에서 발생한 것도 있지만 금리 하락에 따른 채권 매매(평가)차익 영향도 크기 때문이다. 대부분의 공모주펀드는 공모주 투자 비율이 10~30%에 불과하고 나머지는 국내채권에 투자하는데 여기서 나오는 채권이자 수익은 연 1~2% 수준이다. 공모주펀드 보수(수수료) 연 0.7~1% 정도를 차감하면 수익이 정기예금에도 미치지 못할 수도 있다. 즉, 채권 매매(평가)차익을 내거나 공모주 투자에서 좋은 성과를 거두지 못하면 정기예금보다 높은 알파 수익을 내는 건 불가능하다. 따라서 공모주펀드에 가입하려면 기업 공모가 상대적으로 활발한 5~7월과 10~1월을 포함하고 국내 금리가 하락 기조에 있을 때 하는 것이 좋다. 그리고 공모주 편입 비중이 높고 보수가 낮은 펀드를 골라야 기대수익률을 높일 수 있다. 반대로 금리가 상승할 때 가입하면 채권 매매(평가) 손실로 원금 손실이 발생하기 쉬운 점은 참고하자. 주요 공모형 공모주펀드로는 '멀티에셋PIONEER공모주IPO펀드' '미래에셋단기국공채공모주펀드' '브이아이공모주플러스10펀드' '신한공모주&밴드트레이딩30펀드' '알파시나브로공모주펀드' '에셋원베스트공모주10펀드' '우리배당플러스공모주10펀드' '유리블록딜공모주펀드' '유진챔피언공모주펀드' '트러스톤공모주알파펀드' '흥국멀티플레이30공모주펀드' 'BNK공모주플러스10펀드' 'DGB공모주플러스펀드' 'GB100년공모주펀드' 'KTB공모주10펀드' 등이 있다.

공모주펀드로 좀 더 높은 수익을 내고자 한다면 하이일드펀드를 고려해 볼 수 있다. 하이일드펀드는 국내 채권에 60% 이상을 투자하되 이 중에 신용등급 BBB+이하 채권에 45%이상 투자하고 코넥스 주식 비중을 2% 이상 유지하면 공모주 물량의 5%를 우선 배정받는 펀드다. 따라서 앞서 설명한 일반 공모주펀드에 비해 경쟁률이 높고 우량한 기업의 공모주 배정도 많이 받을 수 있으며 편입채권의 이자 수익도 상대적으로 높은 편이다. 그러나 편입한 채권의 신용등급이 낮은 만큼 경기가 어려워져 발행 기업이 부실해지는 경우 이로 인해 손실이 커질 수 있다. 대표적인 하이일드펀드로는 '교보악사공모주하이일드플러스펀드' '흥국공모주하이일드펀드' 'KTB공모주하이일드펀드' 'KTB블록딜공모주하이일드펀드' 등이 있다.

공격적인 투자자라면 코스닥벤처펀드로 적극적인 수익을 추구할 수 있다. 코스닥 벤처기업 신주(또는 전환사채 등)에 15%, 벤처기업 또는 벤처기업 해제 후 7년이 지나지 않은 기업의 주식 등에 35% 이상 비중으로 투자하는 코스닥벤처펀드는 코스닥 공모주 물량의 30%를 우선 배정받을 수 있다. 이 펀드에 가입한 투자자는 3년 이상 유지시 3,000만 원까지 투자금액의 10%인 300만 원 한도로 2022년말까지 소득공제 혜택을 받을 수 있다. 이러한 장점에도 불구하고 안정적인 공모주 수익이 투자 목적인 보수적인 투자자에게 코스닥벤처펀드는 투자하기 적합하지 않다. 이 펀드중에는 일부 주식 공매도를 통해 안정적인 수익을 추구하는 롱숏펀드 형태도 있지만 주식 편입 비중이 60% 이하인 주식혼합형 펀드는 기본적으로 주식 투자 비중이 높아 변동성 또한 심하기 때문이다. 주요 코스닥벤처펀드로는 '브레인코스닥벤처펀드' '에셋원공모주코스닥벤처펀드' '에셋원코스닥벤처공모주리츠펀드' '코레이트코스닥벤처플러스펀드' '하나UBS코스닥벤처기업&공모주펀드' 'KTB코스닥벤처펀드' 등이 있다.

만약 고액자산가라면 공모주 투자에 전문성을 가진 운용회사의 사모펀드에 투자를 고려할 수 있다. 운용회사는 대부분 채권이나 주식을 주력으로 운용하기 때문에 공모주펀드에 많은 노력을 기울이기 어려운 것이 현실이다. 공모주 편입 비중에 제약이 많고 배정받은 공모주도 별도 전략 없이 상장일에 전량 매도하는 방식으로 운용할 가능성도 있다. 이에 반해 사모형 공모주펀드는 운용상의 제약이 적어 우량하다고 판단하는 공모주는 의무보유확약(보호예수)을 하고 적극적으로 청약해 배정을 많이 받는다. 배정받은 공모주는 종목별로 선별해 일정 기간 보유하고 상장 이후에 주가 하락시에는 추가로 편입하기도 하는 등 탄력적으로 운용한다. 펀드에 따라서는 추가적으로 메자닌채권에 투자해 안정성을 높이거나 비상장주식에 투자해 수익률을 제고하기도 한다. 다만 투자자 수가 49인(일반투자자수 기준)이하로 제한되고 최소 가입금액도 3억 원 이상인 경우가 많아 일반 개인투자자에게는 가입 문턱이 높은 편이다.

5장_ 알파 수익을 노리는 투자 활용법

21

알파 수익을 노리는
투자 활용법

글로벌하이일드펀드

이번에는 글로벌하이일드펀드에 대해 알아보자. 앞서 공모주펀드를
설명할 때 잠깐 언급한 '하이일드펀드'는 국내 신용등급 BBB+ 이하
채권에 일정 비중 이상 투자하면 공모주 물량 배정을 우선적으로 받
을 수 있는 펀드다. 국내 기업이 발행한 BB+ 이하 하이일드채권 위
주로 운용하는 펀드는 없다. 그래서 여기에서는 글로벌하이일드펀드
에 대해서만 설명하고자 한다. 하이일드(High Yield)채권은 말 그대로
이자율이 높은 고위험, 고수익채권을 의미하며 신용평가등급은 BB+
이하인 투기등급*에 해당한다. 글로벌하이일드펀드는 투기등급 채권
에 주로 투자하지만 위험 분산을 위해 투자적격등급 채권을 일부 편
입하기도 한다.

글로벌하이일드펀드는 기대수익률이 높은 편이다. 수익은 이자수익과 매매(평가)차익에서 발생하는데 이자수익만 해도 연 5~7% 정도에 이른다. 비교적 높은 이자가 펀드로 꾸준히 들어오기 때문에 장기적으로 투자하면 누적으로 쌓이는 이자가 변동성을 낮춰 주는 효과를 낸다. 채권 매매(평가) 차익은 시중금리와 경기에 많은 영향을 받는다. 시중금리가 하락하면 채권가격은 상승하는 경향이 있다. 그리고 경기가 좋아지면 채권을 발행한 기업의 신용평가등급이 올라가므로 이 역시 채권가격 상승에 긍정적인 영향을 준다.

글로벌하이일드펀드 듀레이션(가중평균 만기)은 4~5년 정도로 비교적 긴 편이기 때문에 금리가 오르면 채권 가격 하락 폭이 커질 거라고 우려하는 투자자가 많다. 그러나 보통 경기가 상승하는 국면에 금리를 올리게 되는데, 이러한 경기 상승기에 기업들의 신용등급도 좋아지게 마련이다. 일반적으로 금리 인상에 따른 채권 가격 하락보다 신용등급 상향에 따른 채권 가격 상승이 더 큰 편이다. 따라서 글로벌하이일드펀드 투자는 글로벌 경기가 회복하는 국면 초기에 하는 것이 좋다. 또 하나 관심을 가지고 살펴봐야 하는 부분은 유가 흐름이다. 펀드에 에너지 섹터 하이일드채권 비중이 높은 편이기 때문이다. 유가가 급락하면 에너지 관련 기업의 신용등급이 하락하고 부도율이 높아져 채권 가격이 하락할 수 있으므로 주의를 요한다.

---

* S&P, FITCH 기준 BB+이하, Mood's 기준 Ba1이하

5장_ 알파 수익을 노리는 투자 활용법

오랜 경력의 펀드매니저가 선별해 매수

투기등급 채권에 투자하는 것이 우려가 된다면 투자적격등급 채권과 분산해 투자하는 펀드도 있다. 하지만 하이일드채권이라고 해서 우리가 막연하게 생각하는 것만큼 리스크가 아주 크지는 않다. 이러한 오해가 생기는 주된 이유는 국내 신용평가회사와 국제 신용평가회사가 기업의 신용등급을 매기는 잣대가 다르기 때문이다.

예를 들어 국내 신용평가회사는 코스피 시가총액 2위 기업인 SK하이닉스를 AA0의 투자등급으로 평가하는 반면에 S&P는 2017년 1월에서야 투기등급인 BB+에서 투자적격등급 중 맨 아래 등급인 BBB-로 올렸을 정도로 격차가 큰 편이다. 참고로 2020년에 S&P는 국내 투자자가 많이 매수한 테슬라의 신용등급을 BB-에서 BB0로 올렸지만 여전히 투기등급이고, 미국 제조업의 상징 포드는 적격투자등급인 BBB-에서 투기등급인 BB+로 내렸다. 이처럼 국제신용평가회사의 잣대가 훨씬 까다롭다. 따라서 글로벌 하이일드펀드에 편입한 채권이 투기등급이라 할지라도 이름을 들으면 알 만한 기업도 꽤 많다. 게다가 글로벌하이일드채권 발행 기업의 부도율은 연 2% 정도로 생각보다 그리 높지 않다.

특히 글로벌하이일드펀드는 오랜 경력의 펀드매니저가 채권을 분석하고 선별해 매수하므로 펀드 내 하이일드채권의 부도율은 더 낮다. 그리고 펀드 내에 수백 종목의 채권을 편입하므로 일부 기업이 부도가 나더라도 펀드 수익률에 미치는 영향은 분산 효과로 인해 크지 않다. 오히려 단기적으로는 4~5년에 달하는 듀레이션으로 인한 변동성이 수익률에 더 큰 영향을 미친다. 참고로 단기적인 변동성을 낮추고자 한다면 듀레이션을 2년 정도로 낮춘 펀드를 고르면 된다. 글로벌하이일드펀드는 자산의 70% 정도를 미국 하이일드채권에 투자하고 미국하이일드펀드는 80% 정도를 미국 하이일드채권에 투자하므로 두 종류의 펀드는 지역별 차이가 별로 나지 않는다. 만약 유럽이나 아시아 지역의 하이일드채권에 좀 더 높은 비중을 투자하고 싶다면 해당 지역에 집중적으로 투자하는 펀드가 따로 있으니 참고하도록 하자.

주요 공모형 하이일드채권형펀드로는 '미래에셋글로벌하이일드펀드' '블랙록미국달러하이일드펀드' '슈로더글로벌하이일드펀드' '프랭클린미국하이일드펀드' '피델리티아시아하이일드펀드' '피델리티유럽하이일드펀드' '한화단기하이일드펀드' 'AB글로벌고수익펀드' 등이 있다. 참고로 국내 상장 ETF는 'TIGER단기선진하이일드합성H' 한 종목이 상장돼 있다.

메자닌펀드

메자닌(Mezzanine)펀드*는 전환사채(CB), 신주인수권부사채(BW), 교환사채(EB)등 메자닌채권에 주로 투자한다. 메자닌채권은 기본적으로 채권의 성격을 가지고 있으므로 발행 회사가 부실해지지 않으면 원금에서 손해가 나는 경우가 드물다. 그리고 주식의 성격도 가지고 있어 주가가 상승하면 메자닌채권 가격도 따라 오르고 이때 채권을 팔거나 또는 주식으로 전환 후 매도하여 높은 수익을 내기도 한다. 이처럼 메자닌채권에 주로 투자하는 펀드는 안정적이면서 기대수익률도 비교적

---

* 위험성이 채권과 주식의 중간 단계에 있는 전환사채(CB), 신주인수권부사채(BW) 등에 투자하는 펀드를 뜻한다. 메자닌은 원래 건축용어로 건물 1층과 2층 사이에 있는 라운지 공간을 의미하는 이탈리아어다.

높은 편이기 때문에 자산가를 중심으로 지속적인 관심을 받고 있다.

개인이 직접 메자닌채권에 투자할 수도 있지만 대부분의 투자자는 펀드에 가입하는 방식으로 투자한다. 메자닌펀드는 대개 사모 방식으로 모집하고 최저 가입 금액도 3억 원 이상으로 높은 편이며 인원 수도 49인(일반투자자수 기준) 이내로 제한된다. 게다가 항상 모집하는 것도 아니기 때문에 가입을 원한다고 해서 아무 때나 가입할 수도 없다. 그래서 거래하는 증권회사 관리자에게 펀드를 모집할 때 별도로 연락을 해달라고 부탁해 놓는 편이 좋다.

메자닌펀드는 중간에 환매가 불가능한 3년 만기 폐쇄형 사모펀드 형태가 일반적이며 목표 수익률은 연 7~8% 수준이다. 펀드 설정 초기 6개월~1년 정도는 메자닌채권을 편입해 나가는 시기로 펀드 수익률은 거의 제자리 걸음을 한다. 오히려 채권을 편입해 가는 과정에서 중소형 기업의 메자닌채권은 액면보다 낮은 가격으로 시가평가를 받기도 하므로 펀드 수익률은 종종 마이너스가 난다. 그러나 이는 평가상 손실일 뿐이고 채권이 부도가 나지 않는 이상 실제 손실은 아니므로 우려하지 않아도 된다. 대개 2년차부터는 편입한 메자닌채권을 매각하거나 또는 주식 전환 등을 통해 본격적으로 수익을 내기 시작한다.

메자닌채권의 한 종류인 전환사채의 경우 발행한 기업의 주가가 하락하면 리픽싱(Refixing)*을 통해 전환 가격이 재조정 되기도 한다. 리

---

* 주가가 하락하면 전환가격을 함께 낮출 수 있도록 하는 계약.

픽싱을 통해 전환가격이 낮아지면 나중에 수익을 낼 가능성이 높아진다. 그래서 펀드매니저는 전환사채를 인수할 때 가능하면 리픽싱 조항이 포함된 것을 편입하려 한다. 운영과정에서 채권을 매도하거나 전환한 주식 매도를 통해 수익을 실현한 자금은 현금성 자산으로 운용하다 만기에 투자자에게 상환해 준다. 운용회사에 따라서는 만기 이전이라도 확보한 현금 일부를 중도에 상환해 주기도 한다.

수익이 없어도 세금은 낼 수 있다

메자닌펀드를 가입할 때 주의할 점은 세금이다. 위탁계좌에서 직접 투자해 얻게 되는 국내채권 매매차익은 비과세지만 펀드에서는 과세한다. 즉, 펀드에서는 주가 상승으로 메자닌채권 가격이 올라 높은 가격에 매도하더라도 매매차익을 고스란히 배당소득에 과표로 반영한다. 물론 주식으로 전환 청구하여 주식으로 매도할 수도 있다. 이 경우 주식 전환 이후 주가 상승으로 인한 매매(평가)차익은 비과세지만 전환하는 시점까지의 채권 가격 상승 분은 모두 과표에 포함한다. 주식으로 전환 청구한 후 실제 주식을 받기까지 2~3주 정도 걸리는데, 그 사이 주가가 하락하면 더 낭패다. 물론 펀드매니저는 주식을 수령하기 전에 공매도 등의 방법으로 가격 변동 리스크를 줄이려 하겠지만 시장 여건상 여의치 않을 수도 있다. 채권가격 상승분에 대한 과표는 이미 잡히지만 주가 하락으로 인한 손실은 과표에 반영되지 않기 때문에 그럴 가능성은 낮긴 하지만 수익이 없어도 세금은 내야 하는 억울한 상황이 벌어질 수도 있다.

　메자닌펀드 운용 성과는 대부분 펀드 가입 2년차와 3년차에 몰아서 실현되는데 발생 수익이 대부분 배당소득에 해당한다. 금융소득 종합과세가 우려되는 투자자라면 펀드 가입 전에 이 부분에 대한 검토가 필요하다. 다만 2023년 발생수익은 세제 개편안에 따라 금융투자소득세로 소득 구간에 따라 22% 또는 27.5%의 세금이 부과되며 금융소득 종합과세에 포함하지는 않아 유리해지는 면이 있다.

　최근 몇 년간 대부분의 메자닌펀드 성과가 좋았다. 다른 자산들도 마찬가지지만 이처럼 성과가 좋게 나오면 과열 양상을 보이기 마련이다. 메자닌펀드의 성과는 펀드 설정 초기에 우량 기업의 전환사채 (CB)나 신주인수권부사채 (BW)를 얼마나 잘 편입하는 지가 관건이다. 경쟁이 치열해지면 우량 기업의 메자닌채권은 한정돼 있는데 수요가 갑자기 늘어나면서 자격 미달 메자닌채권을 펀드에 편입할 가능성이 높아진다. 그래서 메자닌펀드에 가입할 때는 운용회사의 투자철학과 펀드매니저의 과거 운용 경력도 면밀히 살펴 봐야 한다. 메자닌 사모펀드를 출시하는 주요 운용회사로는 라이노스, 씨스퀘어, 안다, 에이원, 지브이에이, 타임폴리오 등이 있다.

　국내 메자닌채권은 시장 규모가 크지 않으므로 해외 기업이 발행하는 전화사채나 신주인수권부사채를 편입하는 메자닌펀드에 투자하는 것도 좋은 아이디어다. 국내는 중소 상장회사가 메자닌채권을 발행하는 경우가 많으나 해외는 규모가 큰 우량 기업도 자금 조달을 위한 주요 수단으로 메자닌채권을 발행한다. 해외 메자닌채권에 주로 투자하는 공모펀드는 대부분 재간접펀드 형태로 운용한다. 주요 공모형 해외메자닌펀드에는 '멀티에셋글로벌4차산업전환사채펀드' '신한유럽전환사채펀드' '우리차이나전환사채펀드' '한화글로벌전환사채펀드' 'KB글로벌전환사채펀드' 등이 있다.

롱숏펀드

롱숏 전략은 헤지펀드의 주요 운용 전략 중 하나다. 투자의 세계에서 롱(Long)은 매수를, 숏(Short)은 공매도를 의미한다. 상승을 예상하는 주식은 매수하고, 하락을 예상하는 주식은 미리 빌려서 파는 방식으로 운용해 주가 등락에 상관없이 안정적인 수익을 추구한다. 보다 정확히 설명하면 '주가가 상승하는 시기에는 더 많이 오를 것으로 예상하는 종목은 사고, 덜 오를 것으로 예상하는 종목은 미리 빌려서 팔고 주가가 하락하는 시기에는 덜 빠질 종목은 사고 더 많이 빠질 종목은 빌려서 판다'라고 하는 표현이 맞을 것이다. 하지만 실제 운용에 있어서는 그리 간단하지는 않다. 펀드매니저마다 운용 스타일에 따라 다양한 롱숏 전략을 사용한다. 하나씩 간단히 살펴 보도록 하자.

우선 **펀더멘털 롱숏 전략**이 있다. 시장 및 산업 환경을 고려해 양호할 것으로 예상하는 섹터 종목군을 중심으로 매수하고, 부진할 것으로 예상하는 섹터 종목군을 공매도하는 방식으로 운용한다. 롱(매수) 포트폴리오가 숏(공매도) 포트폴리오보다 수익률이 높으면 그 차익만큼 이익이 발생한다. 아직 우리나라에선 공매도가 원활하지 않은 경우가 많아 숏(공매도)의 경우 주가지수 선물 매도나 ETF를 활용하기도 한다.

다음으로는 **페어트레이딩 전략**이 있다. 동일 업종 내에서 보다 경쟁력이 있는 기업을 롱(매수)하고 그렇지 않은 기업을 숏(공매도)하는 방식이다. 예를 들어 음식료 업종 중에서 농심은 롱(매수)하고 오뚜기는 숏(공매도)하는 방식이다. 같은 업종에 속한 종목으로 롱숏 전략을 쓰는 경우 변동성을 낮추면서 안정적인 수익을 추구할 수 있다. 경우에 따라서는 매크로 이슈에 따라 다른 업종간 페어트레이딩을 하기도 한다. 예를 들면 반도체 업종인 삼성전자를 롱(매수)하고 자동차 업종의 현대차를 숏(공매도)하는 식이다. 이 전략은 코스피 지수 등락과 무관하게 큰 수익을 낼 수도 있지만 방향이 어긋나면 롱숏 펀드임에도 손실이 커지기도 한다. 다양한 롱숏 펀드 중에서 단기간 수익률 변동성이 큰 펀드는 다른 업종간 페어트레이딩 전략을 사용하는 비중이 높다고 볼 수 있다.

롱숏전략을 간단하게 그려보면 〈표1〉과 같다. 주가가 올라갈 때는 매수(롱)한 종목의 상승폭이 공매도(숏)한 종목의 상승폭보다 큰 만큼 순수익이 발생하고, 주가가 내려갈 때는 공매도(숏)한 종목의 하락

〈표1〉_ 롱숏 전략의 수익 구조

폭이 매수(롱)한 종목의 하락폭보다 큰 만큼 순수익이 발생하는 구조다. 그러나 주가가 올라갈 때 매수(롱)한 종목의 상승폭이 공매도(숏)한 종목의 상승폭보다 작거나, 주가가 떨어질 때 공매도(숏)한 종목의 하락폭이 매수(롱)한 종목의 하락폭보다 작으면 순손실이 발생하기도 한다.

주가가 상승하거나 하락하는 경우 롱숏 전략이 시장 상황과 잘 맞아떨어진다면 펀드 성과는 늘 우수하게 나올 것이다. 그러나 때때로 몇 개월씩 저조한 성과가 이어지는 경우도 흔하다. 주가가 떨어지는 경우는 그렇다 치고, 주가가 오르는 경우에도 롱숏펀드는 손실을 볼 수 있는데 이런 경우는 참 난감해진다. 그래서 롱숏펀드를 고를 때는 주가 등락에 관계없이 **낮은 변동성**을 유지하며 꾸준하게 성과를 내는 펀드인지 살펴봐야 한다. 매니저의 이동도 함께 체크 하면 좋다. 다른 펀드도 마찬가지지만 특히 롱숏펀드의 경우 매니저에 따라 운영하는

5장_ 알파 수익을 노리는 투자 활용법

스타일이 달라지는 경우가 많기 때문이다. 물론 이렇게 신경 써서 골라도 운용 성과는 좋은 구간과 나쁜 구간이 반복되는 경향이 있다. 따라서 롱숏펀드는 운용 성과가 저조한 구간을 지나 개선되기 시작하는 초입에 가입하면 좋다. 그리고 단기적인 목적으로 가입하려 한다면 **주가 상승기**에 가입하는 편이 낫다. 대부분의 롱숏 펀드는 숏 전략에 비해 롱 전략 비중이 약간 더 높으므로 주가 상승기에 펀드 성과가 좋게 나타나는 경향이 있기 때문이다. 롱숏펀드 이름 뒤에 30, 50, 70 등의 숫자가 붙어 있는 경우가 있는데, 숫자가 높아질수록 실제 주식에 순노출되는 비중이 높은 펀드다. 즉 숫자가 커질수록 숏(공매도)한 비중보다 롱(매수)한 비중이 커진다.

롱숏펀드는 발생 수익 대부분이 주식 매매(평가)차익으로부터 발생하므로 과표에 해당하는 소득이 작아 절세효과가 크다. 그래서 금융소득 종합과세에 해당하는 자산가에게는 선호도가 더욱 높은 편이다. 또한 공모형펀드도 여러 종류가 있기 때문에 적은 금액으로도 가입이 가능하다. 포트폴리오를 구성할 때 1~2개 정도의 롱숏펀드를 포함하면 좋을 듯하다. 이러한 롱숏펀드와 함께 다음에 소개할 한국형 헤지펀드를 비교해 이해하면 선택의 폭이 더 넓어질 것이다.

주요 공모형 롱숏펀드에는 '마이다스거북이펀드' '미래에셋밸런스롱숏펀드' '미래에셋스마트롱숏펀드' '미래에셋스마트알파펀드' '미래에셋AI스마트베타마켓헤지펀드' '신한코리아롱숏펀드' '유리트리플알파펀드' '트러스톤다이나믹코리아펀드' 'KB코리아롱숏펀드' 등이 있다.

24

알파 수익을 노리는
투자 활용법

한국형 헤지펀드

헤지(Hedge)는 사전적으로는 울타리, 대비책이라는 뜻이다. 즉, 위험 분산, 위험회피라는 의미가 있다. '헤지펀드'라면 흔히 고수익, 고위험을 추구하는 투기적 성향의 자본이라는 부정적인 이미지를 떠올리는 경향이 있지만 오히려 다양한 전략을 사용하여 절대수익을 추구한다. 헤지펀드는 롱온니(Long only), 롱숏(Long/Short), 기업공개(IPO), 글로벌 매크로, 메자닌, 이벤트드리븐 등 수익을 내기 위해 다양한 전략을 활용하고 펀드에 따라서는 영화, 미술품, 부동산 등 대체상품에 투자하기도 한다.

초기 사모펀드는 롱숏 전략을 사용하는 경우가 많았지만 지금은 공모주, 메자닌, 차익거래 등 다양한 전략을 쓴다. 미국, 중국 등 해외

147

자산으로 투자 대상을 확대한 사모펀드도 있으며 국내주식에 레버리지를 활용하여 적극적으로 운용하기도 한다. 펀드에 따라서는 200%를 초과해 400%까지 레버리지 투자가 가능하므로 높은 변동성에 노출되기도 한다.

전문투자형 사모펀드(한국형 헤지펀드)는 2011년 12월에 기존 사모펀드의 운용 관련 규제를 완화하면서 도입했다. 그러나 최저 투자금액은 5억 원, 헤지펀드 전문사모 운용회사 설립 자본금은 60억 원 이상으로 문턱이 높아 성장이 더딘 편이었다. 그런데 2015년 10월 최저 투자금액을 1억 원 이상(레버리지 200% 초과인 펀드는 3억 원 이상)으로 낮추고 전문사모 운용회사 설립 자본금도 20억 이상으로 완화하자 시장이 폭발적으로 확대되기 시작했다. 2015년말 한국형 헤지펀드 설정액은 3조원대에 불과했으나 2019년엔 34조원에 달할 정도로 급격하게 성장했다. 그러나 2019년 하반기부터 국내 최대 사모펀드 운용사였던 라임을 비롯하여 디스커버리, 알펜루트, 옵티머스 등이 운용하는 여러 사모펀드가 폰지사기, 수익률 조작, 불완전 판매, 펀드런 등의 문제로 줄줄이 환매가 중단되는 사태가 벌어졌다. 이로 인해 환매가 중단된 펀드 규모는 7조원에 육박했고, 투자자들의 신뢰를 잃은 사모펀드는 빠른 속도로 위축되었다.

결국 정부는 2021년 3월 자본시장법 개정을 통하여 투자자 보호를 대폭 강화하는 방향으로 사모펀드 제도를 개편하였다. 종전에는 운용 목적에 따라 전문투자형과 경영참여형으로 나눴는데, 이번엔 개인들

<표1>_ 사모펀드 적격투자자 개정사항

구분	기존 적격투자자		구분	개정 적격투자자

전문투자형 사모펀드	*전문투자자
	*일반투자자
	– 1억이상:
	  레버리지 200%이하
	– 3억이상:
	  레버리지 200%초과
			일반 사모펀드	*전문투자자
				*일반투자자
				– 3억이상 :
				  레버리지 200%이하
				– 5억이상 :
				  레버리지 200%초과

경영참여형 사모펀드	*전문투자자 *일반투자자: 3억 이상 *GP임원,운용역: 1억 이상		기관전용 사모펀드	*전문투자자중 일부 – 연기금, 금융회사 등

출처 : 금융위원회

이 참여할 수 있는 일반 사모펀드와 기관전용 사모펀드로 나눴다. 일반 사모펀드는 투자금액 3억 원 이상의 일반투자자와 전문투자자의 가입이 가능하다.

투자자 수는 기존 49인 이하에서 100인 이하로 확대했다. 다만, 이 경우에도 일반투자자 수는 여전히 49인 이하로 제한한다.

판매회사는 사모펀드 투자권유 및 판매시 상품설명서를 제공하고 펀드 운용 행위가 설명서에 부합하는지 여부를 사후 점검하여야 한다. 수탁회사(은행, PBS증권회사)의 사모펀드 감시의무도 보다 강화했고 500억 원 이상 사모펀드의 외부감사를 의무화했으며 비시장성 자산 비중이 50% 이상인 경우 수시 환매가 가능한 개방형 사모펀드 설정 또한 금지했다.

한편 사모펀드 관련해서는 분산투자 규제 및 경영권 참여의무를 없애고, 순자산 400% 이내 레버리지와 대출을 가능하게 하는 등 과거 전문투자형 사모펀드 수준으로 일원화 했다. 투자자보호 관련 개선된 제도를 정리하면 〈표1〉과 같다.

중간에 라임 사태 등 우여곡절을 겪고 제도가 또 다시 개편되었음에도 사모펀드 시장은 꾸준히 성장하는 모습을 보여 2021년 2월 현재 사모펀드 운용회사는 239곳, 펀드 개수는 2,691개, 설정액은 30조 4,355억에 달한다.

대표적인 사모펀드 운용회사로는 더블유, 디에스, 라이노스, 머스트, 비앤비, 스마일게이트, 씨앗, 씨스퀘어, 안다, 알펜루트, 에이원, 지브이에이, 타이거, 타임폴리오, 파인밸류, 포커스 등이 있다.

사모펀드는 49인(일반투자자수 기준) 이하만 가입이 가능하다. 그래서 펀드를 판매할 때 공개적으로 고객을 모집하지 않는다.

펀드를 여러 증권회사에 나눠서 판매하는 경우엔 증권회사마다 가입 고객을 5~10명 정도로 제한하기도 한다. 그렇기 때문에 사모펀드 가입을 희망하는 투자자가 접근할 수 있는 정보는 매우 제한적이다. 그래서 펀드 가입을 원하는 경우엔 거래 증권회사의 관리자를 통해 정보를 받는 것이 좋다. 사모펀드 세미나에 참석해 운용회사의 투자철학, 운용 전략, 성과보수에 대한 설명을 듣거나 경제신문 등으로 사모펀드 동향을 꾸준히 체크해 나가는 것도 도움이 된다.

사모펀드를 운용하는 금융회사 현황은 금융투자협회 홈페이지(www.

kofia.or.kr)에서 정회원과 준회원 메뉴로 들어가면 증권회사, 자산운용회사, 투자자문회사 현황이 나오는데 여기에서 원하는 증권회사나 운용회사의 홈페이지로 바로 연결할 수 있다.

사모펀드는 3억 이상이라는 최저 가입 금액 때문에 기관투자자나 고액자산가의 전유물로 여겨지던 상품이다. 소액 투자자에겐 접근이 어려워 아쉬움이 있었다.

이러한 이유 때문에 금융위원회는 자본시장법 개정을 통해 일반투자자도 사모펀드에 간접적으로 투자가 가능하도록 제도를 마련해 놓았다. 여러 개의 사모펀드에 투자하는 '사모재간접공모펀드' 도입으로 소액투자자에게도 사모펀드 기회가 확대된 것이다.

미래에셋자산운용이 2017년 9월 국내 최초로 '롱숏, 기업공개(IPO), 이벤트드리븐, 멀티전략, 채권' 등 다섯 가지 전략을 사용하는 사모재간접공모펀드인 '미래에셋스마트헤지펀드셀렉션혼합자산펀드'를 출시했다. 투자 대상 펀드는 설정한지 1년이 지난 300억 이상 운용 규모의 헤지펀드 중에서 선별한다.

뒤이어 삼성자산운용도 국내외 사모펀드 7~8개를 담은 '삼성솔루션코리아플러스알파혼합자산펀드'를 내놓았다.

타임폴리오자산운용은 롱숏, 메자닌, 비상장 등에 멀티전략으로 운용하는 동사의 사모펀드에 나눠서 투자하는 '타임폴리오위드타임펀드'를 운용하고 있다.

참고로 사모재간접 공모펀드는 일반 공모펀드에 비해 운용전략이 복잡하고 수수료가 높은 편이며 매수 및 환매 절차도 까다로워 불편할 수 있다.

운용전략 훼손을 방지하기 위해 펀드 매수 및 환매를 매월 특정일에만 가능하게 만든 펀드도 있고, 환매수수료 부과 기간이 6개월~3년으로 매우 긴 펀드도 있다. 그러므로 사모재간접펀드에 가입할 때에는 일반적인 공모펀드에 가입할 때보다 더 세심한 주의가 필요하다.

부동산펀드

정기예금 금리가 낮은 수준에 머물면서 상대적으로 부동산펀드에 대한 관심은 높아지고 있다. 높은 변동성으로 인해 주식 투자를 꺼리는 투자자도 부동산펀드엔 비교적 호의적이다. 부동산펀드에 투자하면 보통 연 5~6% 정도의 정기적인 배당을 기대할 수 있고, 만기 시점에 부동산 가격이 오르면 매매차익도 얻을 수 있기 때문이다. 대형 상업시설, 오피스 빌딩, 호텔에 투자를 하면서도 취득세, 등록세, 재산세 등 각종 세금과 임대관리 및 유지보수에 대한 부담도 없다. 게다가 부동산은 보유하고 있으면 언젠가 오른다는 심리적인 안정감도 주된 요인이다.

그동안 대형 오피스빌딩이나 물류센터, 호텔 등 상업용 시설에 투자하는 부동산펀드는 주로 국민연금이나 사학연금 같은 기관투자자가 투자하는 사모펀드가 대부분이었다. 사모펀드는 49인(일반투자자수 기준) 이하의 투자자만 모집하기 때문에 최소 투자금액이 큰 편이라 개인의 경우에도 '큰손'만 가입이 가능했다. 그러나 요즘엔 최소 투자금액을 500만 ~1,000만 원대로 낮춘 공모펀드로도 나오기 때문에 소액으로도 접근이 쉬워졌다. 다만, 부동산펀드는 공모펀드인 경우에도 일정 기간을 정해서 사전에 정한 목표 금액만 모집하므로 일찍 판매를 마감하는 경우가 많다. 일반 공모펀드처럼 원할 때 언제든지 매수가 가능한 건 아니다.

부동산펀드 투자 대상엔 해외 부동산도 예외일 수 없다. 과거에는 고수익을 노리고 신흥국 개발 사업에 투자하려는 경향이 있었으나 근래엔 미국, 호주, 유럽 등 선진국 위주의 공공기관, 오피스빌딩, 물류센터 등을 주요 투자 대상으로 삼고 있다. 특히 정부기관이나 대기업과 장기 임대차 계약을 체결해 안정적으로 임대 수익이 발생하는 곳을 선호한다. 해외부동산펀드도 해외주식형펀드처럼 환 헤지 여부에 따라 수익률 차이가 발생할 수 있다. 환 헤지를 하지 않는 경우가 더 일반적인데 이 경우엔 환율 변동에 따라 환차익 또는 환차손이 발생할 수 있음을 인지하고 투자해야 한다.

부동산펀드는 만기가 대부분 5년 이상으로 긴 편이고 중도 환매가 불가능한 폐쇄형 구조가 많기 때문에 중간에 갑자기 자금이 필요하면 곤란을 겪을 수 있다. 그래서 폐쇄형 공모 부동산펀드는 펀드 설정 후

90일 이내에 거래소에 상장하도록 돼 있다. 주식처럼 매매가 가능하므로 자금이 필요하면 주식시장에서 투자 자금을 회수할 수 있다. 그러나 부동산펀드는 일반 기업을 상장하는 것과는 달리 수익증권 상장이라는 별도의 방식으로 상장을 한다. 이 경우 일반 상장주식과 구분해서 거래를 하므로 불편하고 거래량도 많지 않은 편이다. 따라서 원하는 가격보다 낮게 매도하거나 원하는 수량을 전부 팔지 못하는 등 매도에 곤란을 겪을 수도 있음을 주의하자.

중간 매도보다 장기간 투자가 유리

부동산펀드는 대개 만기를 1~2년 정도 앞두고 부동산 매각 작업을 준비한다. 매각 결과에 따라 정기적으로 받아오던 배당 이외에 추가 수익을 기대할 수 있다. 하지만 경기가 급속히 냉각되는 경우 보유 부동산을 손실 보고 팔거나 매각자체가 지연되기도 한다. 부동산펀드를 가입하는 시점에는 장밋빛 전망 일색이지만 막상 부동산 매각을 추진하려 할 때 경기가 꺾여 있을 가능성을 배제할 수 없다. 이 경우 펀드 만기에 맞춰 손실을 보고 부동산을 매각하기도 하지만 수익자 총회를 통해 펀드 만기를 연장하고 부동산 매각 시점을 늦추기도 한다.

이처럼 부동산펀드에 가입할 때는 중간에 매도가 곤란할 수도 있고 부득이하게 만기가 연장될 수도 있다는 점을 늘 염두에 둬야 한다. 앞에서 설명한 것처럼 부동산펀드는 장기간 투자하는 상품으로 중간에 예상하지 못한 변수들이 발생할 수 있다. 따라서 가입 전에 투자설명서와 제안서를 통해 펀드 내용을 꼼꼼하게 살펴봐야 한다. 특히 임차인은 우량한지, 임대차 계약은 장기로 되어 있는지, 임대료는 꾸준히 상승하는 구조인지도 살펴보아야 한다. 임차인이 중요한 이유는 펀드 만기를 앞두고 부동산 매각을 진행하는 시점에 최소한 5년 정도 임대차 계약 기간이 남아 있어야 매각을 원활히 진행할 수 있기 때문이다. 그런데 현실적으로 개인투자자가 부동산 관련 분석을 스스로 해 가면서 투자하기는 어렵다. 과거 부동산펀드 운용 경험이 풍부한 운용회사의 펀드를 고르거나, 국민연금과 같은 기관투자가가 가입하는 펀드에 함께 투자하는 것도 좋은 방법이다.

부동산펀드 중에서 설정 금액이 가장 큰 '미래에셋맵스아시아퍼시픽부동산공모1호투자회사'는 앞서 설명한 투자신탁 형태의 펀드와는 다르다. 뮤추얼펀드라고 부르는 투자회사 형태의 펀드이기 때문에 일반 기업과 동일한 방식으로 거래소에 상장했다. '맵스리얼티1'이란 종목명으로 거래되고 다른 주식과 마찬가지로 매매차익에 대한 세금도 없다. 근거법은 다르지만 고속도로, 터널, 교량 등 인프라에 투자하는 '맥쿼리인프라'도 마찬가지다. 참고로 투자신탁 형태의 공모 부동산펀드는 수익증권 상장방식이라 일반 주식과 별도로 거래하며 매매차익에 대해서도 15.4%의 세금을 배당소득세로 내야 한다. '맵스리얼티1'과 '맥쿼리인프라'를 제외하면 부동산펀드 대부분은 투자신탁 형태다. '맵스미국9-2호' '맵스미국16호종류A' '맵스호주2호' '키움히어로즈미국물류부동산1호' '하나대체나사부동산1호' '하나대체미국부동산

1호' '한국투자벨기에코어오피스2호' 등 해외부동산에 투자하는 펀드와 '이지스코어부동산126호A' '하나대체티마크그랜드부동산1호A' '한국투자서울오피스' 'KB와이즈스타부동산1A' 등 국내부동산에 투자하는 펀드가 이에 해당한다.

부동산펀드와 개념상으로 비슷한 리츠(REITs, Real Estate Investment Trusts)라는 간접투자 상품이 있다. 다수의 투자자로부터 자금을 모아 부동산에 투자, 운용하여 수익을 나눠준다는 점에서 부동산펀드와 비슷하다. 부동산펀드는 2004년부터 판매한 반면 리츠는 그보다 빠른 2001년 4월 부동산투자회사법을 제정하면서 시작됐다. 그럼에도 불구하고 국내 리츠는 부동산펀드에 비해 느리게 성장하고 있다. 자본시장법의 적용을 받는 부동산펀드가 부동산실물, 파생상품, 대출 등 폭넓은 운용이 가능한 반면, 부동산투자회사법의 적용을 받는 리츠는 제약이 많고 상장 요건도 까다롭기 때문이다. 그러나 정부의 리츠 활성화 대책에 따라 2020년 초 7개에 불과하던 상장 리츠는 2021년 3월 현재 13개로 늘었다. 예전에는 오피스빌딩 위주였지만 지금은 아파트, 주유소, 마트, 백화점, 물류센터 등으로 점점 다양해지고 있다. 13개 리츠 현황은 〈표1〉과 같다.

리츠에 대한 정보는 국토교통부 리츠정보시스템 또는 각 해당 리츠의 홈페이지를 참고하면 되는데 회사소개, 운용현황, 투자보고서 등을 확인할 수 있다. 투자신탁 형태의 부동산펀드가 보통 하나의 부동산 물건에 투자하는 반면 상장돼 있는 공모 리츠의 경우 여러 부동산

〈표1〉_ 국내 상장 리츠 현황

2021년 6월 현재

번호	상장일	품목명
1	2011. 07. 14	에이리츠
2	2012. 01. 31	케이탑리츠
3	2016. 09. 22	모두투어리츠
4	2018. 06. 27	이리츠코크랩
5	2018. 08. 08	신한알파리츠
6	2019. 10. 30	롯데리츠
7	2019. 12. 05	NH프라임리츠
8	2020. 07. 16	이지스밸류리츠
9	2020. 08. 05	미래에셋맵스리츠
10	2020. 08. 05	이지스레지던스리츠
11	2020. 08. 07	제이알글로벌리츠
12	2020. 08. 31	코람코에너지리츠
13	2020. 12. 23	ESR켄달스퀘어리츠

에 투자하는 경우가 많다.

미국에서는 5명 중에 1명이 리츠에 투자하고 싱가포르에서는 정기예금보다 리츠를 선호할 만큼 미국, 싱가포르, 호주, 일본 등 선진국에서는 개인투자자들도 리츠를 통해 소액으로 부동산에 투자하는 문화가 성숙한 반면, 우리나라는 과거 부실 리츠를 막기 위해 상장 요건을 강화한 탓에 사모 리츠 위주로 성장해 왔다. 2021년 4월말 현재 리츠는 294개, 자산규모 65조원대 수준으로 성장했지만 상장 리츠 비중은 여전히 10%에도 못 미치는 실정이다. 다행스럽게도 2019년부터 정부의 상장 리츠 활성화 정책과 리츠 운용 업계의 노력으로 공모 상장 리츠시장은 점진적으로 확대되고 있다. 일부 리츠가 부동산 가격 상승 등으로 대박을 내는 경우도 있지만 기본적으로 리츠는 저금리 시대에 꾸준한 배당을 받기 위한 목적이 우선이다. 리츠도 배당금에 대해서 15.4%의 배당소득세가 있지만 상장 리츠를 매수하여 3년 이상 보유하면 9.9%의 저율 분리과세 혜택을 받을 수 있다. 이 경우 투자금액 기준 5,000만 원 한도 내에서 증권회사에 별도 신청해야 하며 소급 적용은 되지 않는다. 상장 리츠의 매매차익은 일반 주식과 동일하게 세금이 없다.

리츠 시장은 해외가 더욱 발달되어 있다. 국내에서 해외 리츠에 투자하는 가장 익숙한 방법은 펀드다. 주요 펀드로는 '미래에셋글로벌리츠부동산펀드' '삼성누버거버먼미국리츠부동산펀드' '하나UBS글로벌리츠부동산펀드' '하나USB아시안리츠부동산펀드' '한화 JapanREITs부동산1펀드' '한화글로벌리츠부동산펀드' 등이 있다. 펀드 이름에서 운용회사와 투자 지역은 유추해 볼 수 있고 자세한 정보는 운용회사 홈페이지를 참고하면 된다. 국내 상장 ETF로는 투자 가능한 종목이 많지 않다. 'KINDEX미국다우존스리츠합성H'와 'TIGER미국MSCI리츠합성H' 정도만 있다. 해외자산에 투자하는 펀드나 ETF는 모든 수익에 대해 15.4%의 배당소득세가 있다.

해외 상장 리츠 및 부동산 ETF

미국은 1960년부터 리츠*(REITs) 제도를 도입해 이미 성숙단계에 들어섰다. 캐나다, 독일, 영국, 호주, 뉴질랜드, 싱가폴, 홍콩 등도 미국식 리츠 제도를 받아들여 활성화돼 있다. 일본은 한국과 함께 2000년대 들어서야 리츠 제도를 도입했으나 한국과는 달리 빠른 속도로 정착했다.

이처럼 해외주식 시장에 상장된 리츠는 글로벌 투자가에겐 이미 익숙한 투자 방법이다. 가장 거래가 활발한 미국은 세계 리츠 시장의

---

* 부동산 투자를 전문으로 하는 뮤추얼 펀드를 말한다. 부동산투자신탁을 뜻하는 Real Estate Investment Trust의 약자다.

60~70% 정도 비중을 차지하는데 규모가 큰 만큼 종목도 다양하고 거래량도 풍부해서 포트폴리오를 구성하기에 좋다.

국가별로 차이는 있지만 다른 투자 종목에 비해 배당률도 높은 편이다. 캐나다나 싱가포르 리츠가 연 6~7% 수준으로 높은 편이고 미국 리츠는 연 5% 정도, 일본 리츠는 약간 더 낮은 수준이다. 배당금은 매 분기 또는 매월 받게 되는데 미국 리츠는 매 분기마다 배당금이 나오는 편이다. 리츠가 일반 기업보다 배당률이 높은 이유는 법적 요건을 유지하기 위해 이익의 90% 이상을 배당금으로 지급하기 때문이다.

해외 상장 리츠에 투자해 배당금을 받으면 해당 국가의 통화로 유지해도 되고 원화로 환전해도 된다. 물론 리츠 재투자를 통해 복리 효과를 누릴 수도 있다. 해외 상장 리츠는 정기적인 배당금이 변동성을 완화해 주기 때문에 장기적으로 투자하면 안정적인 수익을 기대할 수 있다. 배당금에 대해서는 15.4%의 **배당소득세**를 부과하며 금융소득 종합과세 과표에 합산한다는 점은 참고하자.

매매차익에 대한 세금 부담은 22%뿐

해외 상장 리츠에 투자하는 방법은 해외주식을 매매하는 것과 동일하다. 해외주식 매매 방법은 뒤에서 자세히 소개하도록 하겠다.

리츠 매매를 통한 차익이 생기면 연간 250만 원을 공제한 나머지 금액에 대해서 **양도소득세** 22%만 내면 된다. 또한 매매차익은 금융소득 종합과세 과표에 합산하지 않는다. 따라서 환율이 오르거나 리츠 가

5장_ 알파 수익을 노리는 투자 활용법

〈표1〉_ 미국 상장 주요 리츠

티커	종목명	주요 특징
AVB	AvalonBay Communities	주거용 부동산 섹터의 대표적인 리츠
BXP	Boston Properties	오피스 부동산에 투자하는 가장 큰 리츠
SPG	Simon Property Group	유통(쇼핑센터, 할인매장) 섹터의 대표적인 리츠
PLD	ProLogis	산업용 부동산(물류 등) 섹터의 대표적인 리츠
EQIX	Equinix	데이터 센터(기업 서버, 통신장비, 스토리지 설치 등) 섹터의 대표적인 리츠
DLR	Digital Realty Trust	데이터 센터에 투자하는 대표적인 리츠
AMT	American Tower Corporation	통신관련 타워 및 토지를 임대하는 대표적인 리츠
OHI	Omega Healthcare Investors	요양시설과 병원 등에 특화한 리츠
WELL	Welltower	고령자를 위한 주거 및 헬스케어 시설에 투자하는 리츠
PSA	Public Storage	셀프 스토리지(창고임대) 섹터의 대표적인 리츠
GLPI	Gaming and Leisure Properties	카지노에 특화한 리츠
GEO	Geo Group	민영 교도소 시설에 투자하는 리츠

격이 올라 매매차익이 아무리 많이 생겨도 세금 부담은 22%뿐이다. 금융소득 종합과세 대상자에게 유리한 부분이다.

미국에 상장돼 있는 주요 리츠는 〈표1〉과 같다. 섹터 별로는 리테일 부동산 비중이 높은 편이며, 주거용 부동산, 인프라, 헬스케어, 오피스 부동산 등 다양하게 있다. 특히 데이터센터나 기지국, 스토리지 등에 투자하는 특성화 리츠는 성장성도 함께 기대해 볼 수 있다.

개별 리츠를 고르는 것이 고민인 투자자라면 여러 글로벌 리츠에 분산투자하는 ETF를 고려할 수 있다. 규모가 큰 리츠 ETF 위주로 몇 개만 소개하면 〈표2〉와 같다.

미국에 상장된 리츠와 리츠에 투자하는 ETF에 간단히 소개했지만 개인투자자에게는 여전히 생소할 수 있다. 그래서 일부 증권회사에는

〈표2〉_ 미국 상장 주요 리츠 ETF

티커	종목명
VNQ	Vangard Real Estate
IYR	iShares US Real Estate
RWX	SPDR DJ Wilshire International Real Estate
RWR	SPDR DJ Wilshire REIT
SCHH	Schwab US REIT
XLRE	Real Estate Select Sector SPDR Fund

〈표3〉_ 부동산 간접투자 방식에 따른 세금

구분	형태	세금	
		매매(평가)차익	배당금
국내 상장	부동산펀드(투자신탁)	배당소득세15.4%	배당소득세 15.4%
	부동산 ETF / ETN		
	부동산펀드(투자회사)	비과세	
	리츠		
해외 상장	리츠	양도소득세 22%	배당소득세 15.4%
	ETF		

미국, 캐나다, 싱가포르 등 글로벌 상장 리츠에 직접 투자해 주는 랩 상품도 나와 있다. 직접 리츠를 고르기 어렵다면 랩 계약을 통해 전문가의 도움을 받을 수 있다.

부동산 간접투자 방식에 따른 상품별 세금은 앞 장의 〈표3〉에 정리했다.

6 PART

남다른 주식투자

색다른
국내주식
투자 활용법

ETF를 활용한 투자전략

국내주식 이야기를 풀어내려면 아마도 이 책 한 권으로도 부족할 지
모른다. 그리고 이미 주식 투자에 관한 책은 서점에 많이 나와 있다.
주식투자 기초를 다룬 책부터 워런 버핏(Warren Buffett) 같은 주식투
자 대가의 이야기를 다룬 책까지 무궁무진하다. 국내주식 투자에 대
해 공부하려면 본인에게 맞는 책도 추가로 구입해서 읽어 보기를 권
한다. 여기에서는 한국거래소에 상장한 상장지수펀드(ETF, Exchange
Traded Funds) 중에서 국내주식 관련 ETF를 위주로 소개하려 한다.

ETF는 KOSPI200, HSCEI, KRX자동차, KRX반도체, S&P GSCI
Gold Index(TR) 등 특정지수나 업종의 수익률을 추종하도록 만든 인
덱스펀드를 주식처럼 매매가 가능하도록 거래소에 상장한 것이다. 삼

성전자, 현대차, 포스코 같은 상장 주식을 매매하는 것과 동일하게 ETF를 사고 팔면 된다. ETF를 자세히 설명하기 전에 우선 인덱스펀드에 대해 잠시 살펴보자.

인덱스펀드 vs. 액티브펀드

인덱스펀드(Index Fund)는 액티브펀드(Active Fund)와 어떻게 다를까? 세계 최초의 인덱스펀드는 뱅가드 그룹의 창립자인 존 보글이 1975년에 내놓은 '뱅가드500 인덱스펀드'다. 시장을 초과해 수익을 내려고 노력하는 액티브펀드에 비해 패시브펀드(Passive fund)인 인덱스펀드는 수수료를 포함한 각종 비용을 최대한 줄이고 추종하는 지수에 해당하는 주식을 모두 보유한 것과 동일한 성과가 나올 수 있는 방식으로 운용한다. 존 보글이 자신의 저서 『모든 주식을 소유하라』에서 "지푸라기 더미에서 바늘을 찾으려 애쓰지 말고, 그냥 지푸라기 더미를 사라"고 말 한 전략 그대로다. 그러나 액티브펀드가 지배적이던 그 당시에는 월스트리트 펀드매니저로부터 펀드 운용 전략이 썩은 동물의 시체나 뜯어먹는 콘도르(독수리)와 비슷하다며 '독수리펀드'라는 조롱을 받아야만 했다. 하지만 이제 패시브 방식의 투자는 주요 운용 전략으로 자리매김했으며 존 보글(John Bogle)은 워런 버핏과 어깨를 나란히 견줄 만한 전설적인 인물 중 한 명이 됐다.

인덱스펀드의 장점을 정리해 보면 다음과 같다. 우선 수수료가 싸다. 액티브펀드의 절반도 되지 않을 정도로 싸다. 그리고 펀드 고르기가 쉽다. 액티브펀드는 같은 중소형주펀드, 가치주펀드, 배당주펀드의 이름이 붙어 있어도 운용회사나 펀드매니저에 따라 운용철학과 투자전략이 다르기도 하고, 이에 따라 수익률 격차도 꽤 벌어진다. 심지어 펀드에 따라서는 펀드 이름과 동떨어진 운용을 하기도 한다. 그러나 인덱스펀드는 추종하는 지수에 따라 성과가 엇비슷하다. 그렇기 때문에 본인이 투자하고자 하는 벤치마크에 맞는 적당한 펀드를 고르는 수고로움 정도만 필요할 뿐이다. 물론 추가적인 알파 수익을 내기 위해 별도의 전략을 사용하는 인덱스펀드도 있다.

ETF는 이런 인덱스펀드의 장점을 고스란히 가지고 있으면서 주식처럼 거래가 가능하도록 거래소에 상장한 펀드다. ETF는 인덱스펀드에 비해 수수료도 더 싸다. 펀드의 경우엔 매수하고 환매하는데 며칠씩 걸리지만 ETF는 실시간으로 매매를 할 수 있기 때문에 더욱 편리 하다. 일부 펀드는 매수 후 일정 기한 내에 환매하면 수수료가 있을 수 있으나 ETF는 환매수수료가 없어 투자 기간에 대한 제약도 전혀 없다. 게다가 주식을 매도할 때 내는 0.23%의 증권거래세도 면제된다. 이처럼 ETF는 단기간 매매를 할 때 펀드보다 장점이 많다. 또한 저렴한 보수(수수료) 때문에 장기 투자를 할 때도 유리하다. 보수가 낮은 만큼 일반 펀드에 비해 장기 투자를 할 때 수익률이 올라가는 효과가 있다.

본격적으로 ETF 종목에 대한 설명을 하기 전에 국내 상장 ETF 현황에 대해 잠시 살펴보자. 2021년 3월말 기준 한국거래소 자료에 따

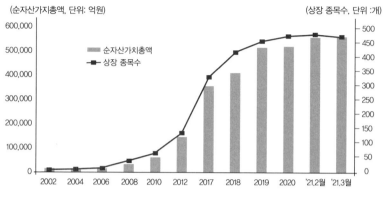

〈표1〉_ 국내 상장 ETF 순자산총액 및 상장 종목수 성장 추이

(순자산가지총액, 단위: 억원)　　　　　　　　　　　　　(상장 종목수, 단위 :개)

자료출처 : 한국거래소(KRX)

르면 우리나라 ETF 시장의 상장 종목 수는 467개며 순자산가치총액
은 56조원을 돌파하며 꾸준히 성장하고 있다. 연도별 성장 추이를 그
래프를 통해 살펴보면 〈표1〉과 같다. 참고로 상장 종목 수 기준 상
위 ETF 운용회사로는 미래에셋자산운용(127개), 삼성자산운용(117개),
KB자산운용(77개) 순이며, 순자산가치총액 기준으로는 삼성자산운용
(2,823억), 미래에셋자산운용(1,539억), KB자산운용(463억) 순이다. ETF
상장 종목 수가 400개를 넘어가면서 기초자산, 투자지역, 운용 전략이
다른 다양한 ETF 투자가 가능해졌다. 이제는 초과 수익을 추구하는
액티브 ETF도 다양하게 도입되고 있어 ETF만으로 포트폴리오를 구
성하는 자산관리가 가능한 시대가 열렸다고 해도 과언이 아니다.

　2021년 3월말 기준 국내 상장 ETF를 상품 유형별로 살펴 보면 국
내주식 관련 ETF 순자산가치총액 56.9%로 압도적으로 높다. 이 중

6장_ 색다른 국내 주식 투자 활용법

〈표2〉_ 상품 유형별 ETF 상장종목수 및 순자산가치총액 비중

구분		상장 종목수		순자산가치총액	
	국내주식	**228**	**48.8%**	**320,631**	**56.9%**
국내	시장대표	54	11.6%	193,690	34.4%
	업종섹터	77	16.5%	72,476	12.9%
	전략	80	17.1%	43,707	7.8%
	규모	17	3.6%	10,759	1.9%
	채권	27	5.8%	57,335	10.2%
	부동산	1	0.2%	698	0.1%
	통화	3	0.6%	986	0.2%
	혼합자산	9	1.9%	1,261	0.2%
	기타	1	0.2%	3,149	0.6%
	레버리지/인버스	53	11.3%	84,726	15.0%
	액티브	13	2.8%	20,473	3.6%
	소계	335	71.7%	489,259	86.9%
해외	**해외주식**	**74**	**15.8%**	**56,419**	**10.0%**
	시장대표	43	9.2%	33,014	5.9%
	업종섹터	25	5.4%	22,375	4.0%
	전략	6	1.3%	1,030	0.2%
	채권	7	1.5%	1,461	0.3%
	원자재	13	2.8%	8,928	1.6%
	부동산	6	1.3%	1,3096	0.2%
	혼합자산	7	1.5%	903	0.2%
	레버리지/인버스	24	5.1%	4,521	0.8%
	액티브	1	0.2%	480	0.1%
	소계	132	11.7%	74,021	13.1%
시장 전체		467	100.0%	563,280	100.0%

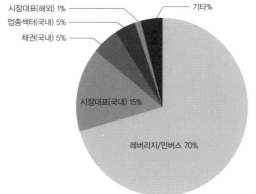

〈표3〉_ 일평균 ETF 거래대금 현황

- 시장대표(해외) 1%
- 업종섹터(국내) 5%
- 채권(국내) 5%
- 기타%
- 시장대표(국내) 15%
- 레버리지/인버스 70%

자료출처 : 한국거래소(KRX)

에 시장 대표 ETF 비중이 34.4%, 업종 섹터 ETF 비중이 12.9%를 차지하고 있다. 해외주식 관련 ETF 순자산가치총액 비중은 10%를 차지한다. 레버리지/인버스 비중은 15.8%인데 이중 국내가 15%로 대부분이다. 순자산가치총액이 가장 큰 종목은 'KODEX200'(4.8조)이며 'TIGER200'(2.5조), 'KODEX200선물인버스2X'(2.0조) 순이다. 2020년 3월 코로나19 사태로 주가가 급락한 이루 빠른 속도로 회복하여 코스피 지수가 3천 선을 돌파하자 주가 하락에 베팅하는 투자자 늘었고 이에 따라 2020년 6월부터 2배 인버스 ETF가 3위로 올라왔다. 상품 유형별 ETF 비중 현황을 그래프로 살펴 보면 〈표2〉와 같다.

거래대금 현황도 함께 살펴보자. 〈표3〉에서 보는 것처럼 국내 주식시장 대표지수 편중 현상은 더 심하다. 2021년 3월 일일 평균 거래대금의 약 90%가 국내 주식시장 대표지수 및 레버리지와 인버스 ETF 다. 특히 레버리지와 인버스 ETF 비중이 70%에 달할 정도로 쏠림 현상이 심한데 이는 공격적으로 투자하거나 주가 하락에 베팅할 때의 투자 수단으로 ETF를 활용하는 투자자가 많다는 뜻이다. 이에 반해 여전히 국내 상장한 해외 ETF(해외주식, 원자재, 부동산 등)는 거래가 미미한 편이다.

이제 가장 규모가 크고 거래도 활발한 국내주식시장 대표지수를 추종하는 ETF에 대해 먼저 알아보자. 한국거래소에는 미래에셋자산운용의 TIGER, 삼성자산운용의 KODEX, 키움자산운용의 KOSEF, 한국투자신탁운용의 KINDEX, 한화자산운용의 ARIRANG, KB자산운용의 KBSTAR 등 다양한 ETF가 상장돼 있다. 운용회사별로 ETF 관련한 홈페이지가 따로 있으니 자세한 정보는 홈페이지를 활용하면 좋다. 예를 들어 미래에셋자산운용의 TIGER ETF의 홈페이지(www.tigeretf.com)를 방문하면 다양한 ETF 투자정보는 물론이고 효율적인 자산관리를 위한 투자솔루션 및 리서치 자료도 찾아볼 수 있다. 여러 운용회사의 ETF 홈페이지를 참고하는 것만으로도 ETF에 관한 정보는 충분히 얻을 수 있다.

주식 투자를 할 때 매매 시점을 찾는 것도 쉽지 않지만 종목을 고르는 일도 만만치 않다. 지수가 오를 지, 내릴 지 맞히기도 어려운데 수많은 종목 중에서 주가 상승이 예상되는 종목을 골라내는 건 무척이나 어려운 일이다. 그런데 ETF 투자를 하면 그런 고민은 한결 덜 수 있다. 게다가 개별 종목은 주가가 오를 때만 수익을 얻을 수 있지만 ETF는 주가가 하락할 때도 수익을 낼 수 있는 종목이 있다. 강한 상승 장이나 하락 장을 예상할 때엔 주가 움직임의 2배씩 움직이는 ETF에 투자해 수익률을 높일 수도 있다. 이러한 장점 때문에 국내 주식 시장 대표지수를 추종하는 ETF의 순자산총액과 거래량이 빠른 속도

〈표4〉_ 국내 주식시장 대표지수 추종 주요 ETF 현황

주가지수	TIGER ETF	KODEX ETF
상 승	TIGER TOP10 TIGER TOP30 TIGER 200 TIGER 200TR TIGER 200동일가중 TIGER 코스닥150 TIGER KRX300 TIGER MSCI KOREA TR TIGER 코스피 TIGER 코스피대형주 TIGER 코스피중형주 TIGER 대형가치 TIGER 대형성장 TIGER 중소형가치 TIGER 중소형성장	KODEX TOP30 KODEX 코스피100 KODEX 200 KODEX 200TR KODEX 200exTOP KODEX 200중소형 KODEX 200ESG KODEX 동일가중 KODEX 코스닥150 KODEX KRX300 KODEX MSCI KOREA KODEX MSCI KOREA TR KODEX 코스피 KODEX 코스피TR KODEX 코스피대형주
강한 상승	TIGER 레버리지 TIGER 코스닥150 레버리지 TIGER 200선물 레버리지	KODEX 레버리지 KODEX 코스닥150 레버리지 KODEX KRX300 레버리지
하 락	TIGER 인버스 TIGER 코스닥150선물 인버스	KODEX 인버스 KODEX 코스닥150선물 인버스
강한 하락	TIGER 200선물 인버스2X	KODEX 200선물 인버스2X

로 늘어났다. 우선 다양한 ETF 중에서 규모도 크고 종목 수도 많은 TIGER와 KODEX ETF 위주로 국내 주식시장 대표지수를 추종하는 ETF에 대해 살펴보자.

대형주 중심의 주가 상승을 예상하면 'TIGER200'이나 'KODEX200' ETF 등을 매수하면 된다. 코스닥 기업이나 중소형주 주식에 투자하려면 'TIGER코스닥150'이나 'KODEX200중소형' 등의 ETF를 고르면 된다. 강한 지수 상승을 예상하면 'TIGER레버리지' 또는 'KODEX코스닥150레버리지' 등 레버리지 ETF를 활용하면 된다. 반면에 시장이 하락할 것으로 예상한다면 'TIGER인버스'나 'KODEX 코스닥150선물인버스' 등의 인버스 ETF로 수익을 낼 수 있다. 강한 하락을 예상하는 경우엔 2배씩 움직이는 인버스 ETF를 매수하면 된다. 주요 ETF 는 〈표4〉를 참고하도록 하자.

개별 ETF를 예로 들어 조금 더 자세히 살펴보자. 'TIGER200' ETF 는 대한민국을 대표하는 우량기업 200종목에 분산투자하는 ETF로 한

〈표5〉_ TIGER 200 ETF 주요 구성 종목

보유종목	비중(%)	보유종목	비중(%)
삼성전자	31.64	현대차	2.60
SK하이닉스	6.30	셀트리온	2.56
NAVER	3.75	카카오	2.47
LG화학	2.96	POSCO	13.82
삼성SDI	2.65	기아	1.69

국거래소가 발표하는 'KOSPI200' 지수를 추종한다. 이 지수는 주식시장에 상장된 전체 종목 중에서 시장대표성, 업종대표성 및 유동성을 감안하여 200개 종목을 선정해 구성하는데 국내주식시장에서 가장 대표성을 띠고 있는 지수다. 참고로 지수에 대한 정보는 한국거래소 정보데이터시스템(http://data.krx.co.kr)에서 확인 가능하다. 그리고 'TIGER200' ETF의 기초지수, 규모, 보수, 기준가격, 분배금, 구성종목(PDF, Portfolio Deposit File), 유동성공급자(LP) 등은 TIGER ETF 홈페이지에서 자세히 볼 수 있다. 2021년 4월 6일 현재 'TIGER200' ETF의 주요 구성 종목과 비중을 살펴보면 〈표5〉와 같다. 물론 전체 구성 종목에 대한 확인도 가능하다.

주가가 오를 거라는 확신이 있으면 레버리지 ETF를 사면 된다. 그

〈표6〉_ 지수 변동에 따른 레버리지 ETF 수익률 효과

구분	기초지수		레버리지ETF(2배)	
	기초지수	일간 수익률	NAV	일간 수익률
−	100.0		100.0	
1일차	110.0	+ 10.0%	120.0	+ 20.0%
2일차	99.0	− 10.0%	96.0	− 20.0%
3일차	108.9	+ 10.0%	115.2	+ 20.0%
4일차	98.01	− 10.0%	92.2	− 20.0%
5일차	107.8	+ 10.0%	110.1	+ 20.0%
6일차	97.0	− 10.0%	88.5	− 20.0%
누적수익률		− 3.0%		− 11.5%

177

러나 이 경우엔 반드시 여유 자금으로 단기 투자 목적으로만 접근해야 한다. 지수가 예상과 반대로 움직이면 손실 규모가 걷잡을 수 없이 커지기 때문이기도 하지만 지수가 박스권에서 오르락내리락하는 경우에도 나중에 낭패를 볼 수 있기 때문이다. 즉 지수가 제자리로 돌아와도 ETF 투자자는 손실을 볼 수 있다. 이런 현상은 레버리지 ETF가 지수의 기간 수익률이 아니고 일간 수익률을 추종하기 때문에 나타난다. 지수가 매일 10%씩 반복해서 오르고 내리면 레버리지 ETF의 일간 수익률은 2배인 20%씩 움직이는 것은 맞지만 〈표6〉에서 보는 것처럼 일정 기간이 지나면 누적 수익률은 지수의 하락 폭에 비해 점점 더 커진다. 물론 예로 든 지수의 변동폭은 현실에서 발생하기엔 과장된 면이 있다. 하지만 이는 레버리지 ETF에 장기간 투자하면 지수가 제자리로 돌아오더라도 손실이 확대될 수 있음을 보여주기 위함이다. 레버리지 ETF는 강한 상승장을 예상할 때 단기적으로만 매매하는 것이 바람직하다.

　다음으로 업종별 ETF에 대해 살펴보다. 예를 들어 반도체 시장이 호황을 누릴 것으로 예상해 관련 주식에 투자하고 싶지만 개별 종목을 분석하고 고르는데 어려움을 있다면 반도체 ETF를 매수하면 된다. 구성 종목 및 비중은 해당 ETF의 홈페이지를 참고하면 된다. 우선 업종별로 어떤 ETF가 있는지 TIGER와 KODEX ETF를 중심으로 정리해 보면 〈표7〉과 같다.

　모든 ETF에 대해 설명을 곁들이고 싶지만 지면 관계상 이번에도

〈표7〉_ 업종별 주요 ETF 현황

구분	TIGER ETF	KODEX ETF
IT / 반도체	TIGER 반도체 TIGER 200IT TIGER 200IT레버리지 TIGER 코스닥150IT	KODEX IT KODEX 2002T TR KODEX 반도체
소비	TIGER 200경기소비재 TIGER 200생활소비재 TIGER 경기방어	KODEX 필수소비재 KODEX 경기소비재
에너지화학	TIGER 200에너지화학 TIGER 200에너지화학레버리지	KODEX 에너지화학
제약 / 바이오	TIGER 헬스케어 TIGER 200헬스케어 TIGER 150바이오테크	KODEX 헬스케어 KODEX 바이오
금융	TIGER 200금융 TIGER 은행 TIGER 증권	KODEX 보험 KODEX 은행 KODEX 증권
자동차		KODEX 자동차
건설 / 철강	TIGER 200건설 TIGER 200철강소재	KODEX 건설 KODEX 철강
방송통신	TIGER 방송통신 TIGER 미디어컨텐츠	KODEX 미디어&엔터테인먼트
산업재 / 운송	TIGER 200산업재	KODEX 운송
화장품	TIGER 화장품	
여행레저	TIGER 여행레저	
중공업	TIGER 200중공업	KODEX 기계장비
인터넷	TIGER 200커뮤니케이션서비스 TIGER 소프트웨어	

6장_ 색다른 국내 주식 투자 활용법

〈표8〉_ KODEX 반도체 ETF 주요 구성 종목

보유종목	비중(%)	보유종목	비중(%)
SK하이닉스	22.88	고영	4.42
DB하이텍	6.95	이오테크닉스	3.87
원익IPS	6.57	실리콘웍스	3.19
리노공업	5.42	서울반도체	2.44
티씨케이	4.42	유진테크	2.31

'KODEX반도체' ETF 하나만 살펴보겠다. 'KODEX반도체' ETF는 'KRX Semicon' 지수를 추종한다. 이 지수는 한국거래소에서 국내 반도체 산업을 대표하는 기업을 시가총액 가중방식으로 구성한 지수다. 앞서 설명한 바와 같이 한국거래소 정보데이터시스템에서 지수 관련 내용을 확인할 수 있다. 또한 'KODEX ETF' 홈페이지에 가면 ETF 편입 종목에 대한 정보를 얻을 수 있다. 이곳에서는 2021년 4월 6일 현재 상위 10개 종목만 옮겨 왔다. 〈표8〉에서 보는 것처럼 SK하이닉스가 약 23% 비중을 차지하고 있고 뒤를 이어 DB하이텍이 7% 정도 비중이다. 반도체 ETF이기 때문에 삼성전자가 제일 큰 비중을 차지할 거라 막연하게 생각할 수 있지만 실제로는 그렇지 않다. 삼성전자는 IT섹터로 분류하며 'TIGER200IT'나 'KODEXIT' ETF 등에 편입되어 있다. 이처럼 편입 종목이나 비중이 생각과 다를 수 있으므로 ETF에 투자하기 전에는 미리 확인해 보는 것이 좋다. 'TIGER반도체' ETF도 같은 지수를 추종하므로 종목별 비중은 'KODEX반도체' ETF

와 거의 비슷하다.

테마형 ETF를 주목하자

SPY(SPDR S&P 500 ETF Trust) ETF가 최초로 금융시장에 나온 지 30년이 다 되어간다. 정해진 지수를 추종하는 ETF로 시작해서 지금은 적극적인 수익을 추구하는 액티브 형태의 ETF까지 지속적으로 진화하고 있다. 그런데 그 진화의 중심엔 테마형 ETF가 있다. 2020년 미국 시장에서도 ARK investment의 혁신 테마 ETF 들이 높은 수익률로 세간의 주목을 받았다. 우리나라 상황도 별반 다르지 않다. 테마형 ETF는 향후 장기적인 트렌드를 형성할 것으로 예상하는 사회, 경제적 테마에 해당하는 종목들로 이루어진 주가지수를 추종하는 방식으로 운용한다. 기존 ETF 중에서도 'TIGER2차전지테마' 'TIGERK게임' 'TIGER중국소비테마' 등이 있었는데 한국거래소가 정부의 뉴딜정책에 발맞춰 2020년 7월 배터리, 바이오, 인터넷, 게임 등 이른바 'BBIG' 종목들로 구성한 K-뉴딜지수를 발표하면서 이를 기폭제로 시장이 더욱 확대되었다.

'BBIG K-뉴딜지수'는 배터리 관련 LG화학, 삼성SDI, SK이노베이션, 바이오 관련 삼성바이오로직스, 셀트리온, SK바이오팜, 인터넷 관련 네이버, 카카오, 더존비즈온, 게임 관련 엔씨소프트, 넷마블, 펄어비스 등 4개 산업군에서 시가총액이 큰 3종목씩 12종목을 편입하였으며 각 종목의 비중은 12분의 1씩 동일가중방식으로 구성했다. 이와

<표9>_ KRX BBIG K-뉴딜지수 구성종목

❶ KRX BBIG K-뉴딜지수

Battery		Bio		Internet		Game	
시총 상위	비중	시총 상위	비중	시총 상위	비중	시총 상위	비중
LG화학	$\frac{1}{12}$	삼성바이오로직스	$\frac{1}{12}$	NAVER	$\frac{1}{12}$	엔씨소프트	$\frac{1}{12}$
삼성SDI	$\frac{1}{12}$	셀트리온	$\frac{1}{12}$	카카오	$\frac{1}{12}$	넷마블	$\frac{1}{12}$
SK이노베이션	$\frac{1}{12}$	SK바이오팜	$\frac{1}{12}$	더존비즈온	$\frac{1}{12}$	펄어비스	$\frac{1}{12}$

❷ KRX 2차전지 K-뉴딜지수	❸ KRX 바이오 K-뉴딜지수	❹ KRX 인터넷 K-뉴딜지수	❺ KRX 게임 K-뉴딜지수
1. LG화학 2. 삼성SDI 3. SK이노베이션 4. 포스코케미칼 5. SKC 6. 에코프로비엠 7. 일진머티리얼즈 8. 두산솔루스 9. 후성 10. 천보	1. 삼성바이오로직스 2. 셀트리온 3. SK바이오팜 4. 셀트리온헬스케어 5. 유한양행 6. 씨젠 7. 알테오젠 8. 셀트리온제약 9. 한미약품 10. 한비사이언스	1. NAVER 2. 카카오 3. 더존비즈온 4. 케이엠더블유 5. NHN한국사이버결제 6. 아프리카TV 7. KG이니시스 8. 서진시스템 9. 인렙 10. 유비쿼스홀딩스	1. 엔씨소프트 2. 넷마블 3. 펄어비스 4. 컴투스 5. NHN 6. 더블유게임즈 7. 웹젠 8. 네오위즈 9. 위메이드 10. 골프존

자료출처 : 한국거래소

함께 4개 산업군 별로 각각 10개 종목으로 구성한 K-뉴딜지수도 발표하였다. 세부 내용은 <표9>를 참고하면 된다.

미래에셋자산운용은 2020년 10월 K-뉴딜지수를 추종하는 5개의 ETF를 출시했으며 2021년 4월 6일 현재 'TIGER KRX BBIG K-뉴딜' ETF 한 종목의 순자산가치총액이 4,500억이 넘어갈 정도로 빠르

〈표10〉_ 주요 테마/그룹/스마트베타 ETF 현황

구분	TIGER ETF	KODEX ETF
테마	TIGER KRX BBIG K-뉴딜 TIGER KRX 인터넷 K-뉴딜 TIGER KRX 바이오 K-뉴딜 TIGER KRX 2차전지 K-뉴딜 TIGER KRX 게임 K-뉴딜 TIGER 2차전지테마 TIGER K게임 TIGER 중국소비테마 TIGER 의료기기 TIGER Fn신재생에너지 TIGER 탄소효율그린뉴딜 TIGER MSCI KOREA ESG 리더스 TIGER MSCIKOREA ESG 유니버셜	KODEX 이차전지산업 KODEX 게임산업 KODEX 탄소효율그린뉴딜 KODEX 혁신기술테마액티브 KODEX K-이노베이션액티브 KODEX Fn K-뉴딜디지털플러스 KODEX 200 ESG KODEX MSCIKOREA ESG 유니버셜
그룹	TIGER 삼성그룹펀더멘털 TIGER 현대차그룹+펀더멘털 TIGER LG그룹+펀더멘털	KODEX 삼성그룹주 KODEX 삼성그룹주밸류
스마트베타	TIGER 로우볼 TIGER 모멘텀 TIGER 우선주 TIGER 가격조정 TIGER 우량가치 TIGER 베타플러스 TIGER 배당성장 TIGER 코스피고배당 TIGER 200 커버드콜 5% OTM TIGER 200 커버드콜 ATM	KODEX 밸류 PLUS KODEX 모멘텀 PLUS KODEX 퀄리티 PLUS KODEX 배당가치 KODEX 배당성장 KODEX MSCI 모멘텀 KODEX MSCI 퀄리티 KODEX Fn멀티팩터 KODEX 200 가치저변동 KODEX 150 롱 코스피 200 숏선물 KODEX 200롱 코스닥 150 숏선물

게 성장했다. 이 외에도 메가 트렌드를 형성할 것으로 예상하는 테마인 ESG, 클린에너지 관련 ETF 들도 속속들이 등장하고 있다.

다음으로 그룹주 ETF 에 대해 살펴보자. 우선 그룹주 ETF는 우리나라를 대표하는 삼성그룹, 현대차그룹, LG그룹 관련 종목에 투자한다. 삼성그룹 관련 ETF는 삼성전자, 삼성SDI, 삼성바이오로직스 등 반도체와 이차전지 업종 비중이 높고 현대차그룹 관련 ETF는 현대차, 기아, 현대모비스 등 자동차 업종 비중이 높다. LG그룹 ETF는 LG전자, LG화학, LG디스플레이 등 전기전자와 IT 비중이 높다. 이 점 참고해서 투자하면 좋을 듯하다.

스마트베타 ETF는 주가지수를 추종해 시장 수익률을 추종하되 배당수익률이 높거나, 주가 변동성이 낮거나, 저평가되어 있거나, 재무구조가 우량하거나, 모멘텀이 있는 주식에 투자한다. 이러한 투자를 통해 장기적으로 시가총액이나 업종 중심의 지수 상승률보다 높은 수익을 목표로 한다. 이처럼 액티브펀드 성격을 가미하여 장기적으로 주가지수보다 높은 수익을 추구하는 스마트베타 ETF는 근래 점점 늘어나고 있는 추세다. 지금까지 설명한 테마 ETF, 그룹주 ETF와 스마트베타 ETF도 TIGER와 KODEX 종목 위주로 정리해 봤다. 〈표10〉을 참고하자.

스마트베타 ETF중에서 'TIGER가격조정' ETF 하나만 마지막으로 살펴보도록 하겠다. 'TIGER가격조정' ETF는 에프앤가이드가 발표하는 '에프앤가이드 컨트레리안 지수'를 추종한다. 이 지수는 유가증권

〈표11〉_ TIGER 가격조정 ETF 주요 구성 종목

보유종목	비중(%)	보유종목	비중(%)
효성화학	5.46	하나금융지주	3.58
화승	4.64	LG상사	3.48
POSCO	3.99	SK하이닉스	3.46
한샘	3.76	더블유게임즈	3.44
NAVER	3.72	코오롱글로벌	3.44

시장 및 코스닥시장 시가총액 상위 300위 이내 종목 중, 정기변경 시점 기준으로 최근 2년 간 수익률 상위 60종목 중에서 최근 1개월 수익률 하락폭이 큰 30종목으로 구성하고 있다. 즉, 최근 조정 폭이 큰 종목에 투자하는 ETF다. 2021년 4월 6일 현재 상위 10개 종목을 살펴보면 〈표11〉과 같다.

지금까지 국내주식을 기초로 하는 ETF 중에서 TIGER와 KODEX ETF를 중심으로 살펴봤다. 이제 앞에서 설명한 내용을 기초로 직접 ETF를 골라 보자. 만약 'KOSPI200' 지수를 추종하는 ETF에 투자하고 싶다면 'ARIRANG200' 'KBSTAR200' 'KINDEX200' 'KODEX200' 'KOSEF200' 'TIGER200' 중에서 고르면 된다. 그런데 이처럼 비슷한 ETF가 여러 종목이라면 과연 어떤 ETF에 투자하는 것이 좋을까?

이럴 때는 ETF의 수수료, 괴리율, 거래량 등을 살펴봐야 한다. 우선 당연히 보수(수수료)가 싼 ETF가 좋다. 주식형펀드는 연 1~2% 정도의

6장_ 색다른 국내 주식 투자 활용법

보수가 있지만 ETF는 0.5% 정도에 불과하므로 펀드에 비해 전반적으로 저렴한 편이다. 잘 찾아보면 보수가 연 0.1%도 되지 않는 ETF도 있다. 투자 전에 꼭 확인해 보는 것이 좋다. 물론 단기간에 ETF 투자를 하는 경우라면 보수로 인한 수익률 차이는 크지 않다. 그렇지만 장기간 투자하는 경우라면 수수료가 수익률에 미치는 영향을 무시하기 힘들다. 다음으로는 괴리율이 낮은 ETF가 좋다. 괴리율은 ETF의 시장가격과 순자산가치의 차이를 나타내는데, 괴리율이 작다는 것은 지수를 더 잘 추종한다는 의미다. 마지막으로 규모가 크고 거래량이 충분한 ETF를 고르는 것이 좋다. 물론 유동성공급자(LP)라는 제도를 통해 거래가 원활하게 되도록 하고 있지만, 거래량이 충분한 종목일수록 투자자가 원하는 시점에 원하는 가격으로 매매하기가 더 쉽기 때문이다.

이 책만 참고하면 ETF를 활용한 자산관리가 가능하도록 모든 ETF에 대한 내용을 담으면 좋겠다는 생각이 든다. 하지만 앞으로도 지속적으로 새로운 ETF를 상장할 것이고, 기존 ETF도 투자종목과 비중이 계속 바뀔 것이다. 따라서 이 책에서는 ETF에 대한 기본 이해를 하는 정도로 마무리하고자 한다. 보다 자세한 내용은 수시로 해당 ETF의 홈페이지를 참고하는 것이 좋겠다. 그곳에서는 채권, 해외지수, 원자재 등에 투자하는 ETF에 관한 정보도 함께 얻을 수 있다.

ETN을 활용한 투자전략

ETN(상장지수증권: Exchange Traded Notes)은 기초지수의 변동폭만큼 수익률이 연동하도록 증권회사가 발행하는 파생결합증권이다. 거래소에 상장하기 때문에 ETF와 마찬가지로 주식처럼 자유롭게 사고 팔 수 있다. 그러나 ETF와 달리 1~20년으로 만기가 정해져 있어 만기까지만 상장이 유지된다. ETF는 주가지수를 추종하는 종목이 많은 반면 ETN은 증권회사 재량에 따라 운용이 가능해 국내주식, 해외주식, 채권, 상품, 부동산, 변동성, 전략 등 더욱 다양한 기초지수를 활용한다. 또한 기초지수를 추종하는 ETF는 추적오차가 생길 수 있으나 ETN의 경우엔 이러한 추적오차가 발생하지 않아 만기가 되었을 때 사전에 정해진 수익을 정확히 얻을 수 있다. ETF는 펀드의 일종으로 운용

자산이 외부 수탁기관에 보관돼 있어 발행회사인 운용회사의 신용리스크는 없으나 ETN은 발행회사인 증권회사의 신용위험에 노출된다. 즉, 운용성과와 상관없이 발행회사인 증권회사의 재무상태가 악화돼 부도가 나면 투자금액 전부를 손해 볼 수도 있다. 그렇기 때문에 증권회사의 신용등급이나 영업용순자본비율(NCR, Net Capital Ratio) 같은 재무건전성 지표를 주기적으로 체크해 보는 것이 좋다. 금융 당국에서는 증권회사의 NCR을 100% 이상으로 유지하도록 하고 있다.

ETN은 ETF와 마찬가지로 매도대금의 0.23%에 해당하는 증권거래세가 없다. 또한 국내주식이나 지수를 기초로 하는 ETN은 매매차익에 비과세 혜택이 있고 당연히 금융소득 종합과세 과표에도 포함하지 않는다.

해외펀드는 환매를 하면 보통 3~4영업일 기준가로 6~9영업일에 결제가 되나 해외지수나 원자재를 기초로 하는 ETN은 국내주식과 동일하게 이틀 뒤면 결제가 된다. 물론 해외주식 관련 ETN은 매매차익과 보유기간 동안의 과표 증가분 중 적은 금액에 대하여 15.4%를 배당소득세로 과세하며 금융소득 종합과세 과표에 포함한다. 세금 관련 내용은 ETF와 똑같다. 지금까지 설명한 내용을 중심으로 ETN을 ETF와 비교해 보면 〈표1〉과 같다.

ETN 종목은 계속 늘어나고 있으나 아직까지 ETF에 비해서 숫자가 적은 편이다. 2021년 3월말 현재 ETN 지표가치총액은 7조원 수준이며 상장 종목 수는 175개다. ETF는 주가지수를 추종하는 종목이 많지

〈표1〉_ETN과 ETF 비교

구분	ETN	ETF
형태	파생결합증권	펀드
발행주체	증권회사	자산운용사
신용위험	증권회사 파산	펀드 보유자산(별도보관)
만기	만기존재(1~20년)	없음
수익구조	기초지수 수익률 비례	좌동
추적오차	지수 수익률 보장	추적오차 발생
거래	거래소 상장(T+2일 결제)	좌동
세금	국내주식 관련 : 없음 기타 : 15.4% 배당소득세	좌동

〈표2〉_ 주요 업종 및 테마 ETN 현황

구분	미래에셋증권	NH투자증권
테마	미래에셋미디어엔터Core5 미래에셋인버스미디어엔터Core5 미래에셋에너지화학Core5 미래에셋인버스에너지화학Core5 미래에셋전기전자Core5 미래에셋인버스전기전자Core5	QV건설TOP5 QV내수소비TOP5 QV바이오TOP5 QV소프트웨어TOP5 QV에너지TOP5 QV운송TOP5 QV의료TOP5 QV자동차TOP5 QV제약TOP5 QV조선TOP5 QV하드웨어TOP5 QV화학TOP5 QV대체에너지테마 QV방위산업테마 QV사물인터넷테마 QV수자원테마

만 ETN은 테마나 손실제한형 위주로 종목을 상장하고 있다. 우선 비교적 활발히 ETN을 발행하는 미래에셋증권과 NH투자증권에서 상장한 국내주식 관련 테마형 ETN 종목을 살펴보면 〈표2〉와 같다.

다음으로 손실제한형 ETN을 살펴보도록 하자. 손실제한형 ETN은 ETF에는 없는 구조다. 손실제한형 ETN은 주가지수가 일정 수준 아래로 하락하거나 상승하지 않으면 만기에 약정한 수익을 얻을 수 있다는 점에서 ELS의 수익 구조와 비슷하다. 여기서 손실제한이라는 의미는 만기에 상환해 주는 가격이 정해져 있다는 의미다. 즉 발행시점이 아닌 중간에 주식시장을 통해 ETN을 매수하면 투자자마다 매수가격이 제각각 다르기 때문에 손실 규모는 투자 시점에 따라 달라질 수 있다. 따라서 손실제한 ETN을 매수할 때는 적정가치를 확인 후 만기시점의 최저보장금액에 가깝게 매수하는 것이 좋다. 손실제한형 ETN은 종목마다 구조가 다양하다. 기초지수가 올라갈 때 원금손실이 발생하는 구조도 있으므로 주의가 필요하다. 또한 손실이 제한되는 장점이 있는 반면 수익도 일정 수준으로 제한될 수 있으므로 ETN 매수 이전에 상품에 대한 이해가 필수적이다. 2021년 4월 현재는 지수가 일정구간 횡보시 수익이 발생하는 콘도르(양매도) 형태 위주로 발행되어 있다. 주요 종목으로는 미래에셋 코스피 양매도 5% OTM, 삼성 코스피 양매도 5%, 신한 코스피 월별 양매도 3% OTM, 신한 코스피 콘도르 4/10%, 신한 코스피 콘도르 6/10%, TRUE 코스피 양매도 ATM, TRUE 코스피 양매도 3% OTM, TRUE 코스피 양매도 5% OTM 등이 있다.

　지수 상승을 예상하는 경우에는 '콜형' 또는 '콜스프레드형' ETN에
투자하면 된다. 두 가지 상품 모두 손실은 제한적이다. '콜형'은 주가
지수가 상승한 만큼 수익을 모두 챙길 수 있다. 그러나 일반 ETN에
비해 비용이 많이 드는 형태여서 지수 상승 분에 정확히 비례해 수익
이 나는 건 아니다. '콜스프레드형'은 수익률과 손실률이 모두 제한되
는 형태다. 손실이 제한되는 장점은 있지만 큰 폭의 주가 상승을 예상
하는 경우엔 적합하지 않다. 이해를 돕기 위해 과거에 상장했던 '미래
에셋 코스피200 콜스프레드 180301 ETN'의 만기상환 손익구조를 그
래프로 표시해 보면 〈표3〉와 같다.

　주가지수가 하락을 예상하면 '풋스프레드형' ETN을 매수하면 된다.

〈표3〉_ 미래에셋 코스피200 콜스프레드 180301 ETN 만기상환 손익구조

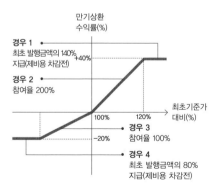

- 만기상환평가일에 기초자산이 최초기준가격의
  120% 이상으로 상승한 경우(종가기준)
  만기에 40.00%(제비용 차감전) 수익지급(최대이익
  률 +40%)

- 만기상환평가일에 기초자산이 최초기준가격의
  100% 이상 120% 미만으로 상승한 경우(종가기준)
  만기에 기초자산 성과에 참여율 200%의 수익 지급

- 만기상환평가일에 기초자산이 최초기준가격의
  80% 이상 100% 미만으로 하락한 경우(종가기준)
  만기에 기초자산 성과에 참여율 100%의 원금손실

- 만기상환평가일에 기초자산이 최초기준가격의
  80%미만으로 하락한 경우(종가기준)
  만기에 원금의 80% 지급(최대손실률 −20%)

자료출처 : 미래에셋증권

6장_ 색다른 국내 주식 투자 활용법

〈표4〉_ 미래에셋 코스피200 풋스프레드 180301 ETN 만기상환 손익구조

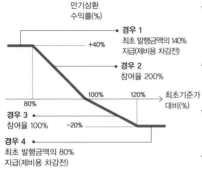

- 만기상환평가일에 기초자산이 최초기준가격의 80% 미만으로 하락한 경우(종가기준) 만기에 40.00%(제비용 차감전) 수익지급(최대이익률 +40%)

- 만기상환평가일에 기초자산이 최초기준가격의 80% 이상 100% 미만으로 하락한 경우(종가기준) 만기에 기초자산 성과에 참여율 200%의 수익 지급

- 만기상환평가일에 기초자산이 최초기준가격의 100% 이상 120% 미만으로 하락한 경우(종가기준) 만기에 기초자산 성과에 참여율 100%의 원금손실

- 만기상환평가일에 기초자산이 최초기준가격의 120% 이상으로 상승한 경우(종가기준) 만기에 원금의 80% 지급(최대손실률 −20%)

자료출처 : 미래에셋증권

'콜스프레드형'과 반대 구조다. 지수가 내려갈 때 수익을 얻을 수 있고 지수가 올라가면 손실을 본다. 다만 '콜스프레드형'과 마찬가지로 상승과 하락이 모두 제한되는 구조다. 손익구조는 〈표4〉와 같다. 마지막으로 지수가 박스권에서 움직일 때 투자하기 적당한 ETN에는 '콘도르형'이나 '버터플라이형' ETN이 있다. 그래프는 NH투자증권에서 발행한 'QV K200 Condor 180401 ETN'과 'QV K200 Butterfly 180401 ETN'의 구조를 예로 들었다. 손익 구조는 〈표5〉과 〈표6〉 그래프를 참고하면 된다.

앞에서 살펴본 것처럼 손실제한형 ETN은 손실을 제한하고 이익은 확보할 수 있는 중위험 중수익 상품이다. 최악의 경우에도 손실이 일정 범위 이내로 제한되므로 보수적인 투자자에게 적합한 상품이다.

〈표5〉_ QV K200 Condor 180401 ETN 만기상환 손익구조

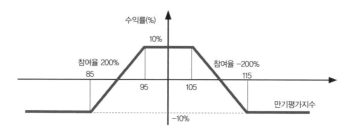

자료출처 : NH투자증권

〈표6〉_ QV K200 Butterfly 180401 ETN 만기상환 손익구조

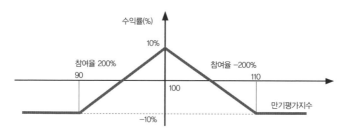

자료출처 : NH투자증권

그런데 아쉽게도 손실제한형 ETN은 만기가 1년인 경우가 많고 만기
가 되면 상환되고 사라진다. 새로운 종목이 꾸준히 상장하면 좋겠지
만 2020년 3월 이후 지속적인 주가 상승으로 현재는 신규 ETN 상장
이 드물다. 그러나 향후 박스권 장세가 지속되는 구간이 나타나면 다
시 상장이 활발해질 것으로 기대해 본다. 이 책을 통해서는 기본적인
내용만 이해하고 실제 투자를 할 때 ETN 발행 증권회사 홈페이지에
서 관련 정보를 확인하면 된다.

6장_ 색다른 국내 주식 투자 활용법

비상장주식과
Pre IPO펀드

2016년 9월엔 '청담동 주식부자'로 유명세를 타던 이씨 형제 때문에 비상장주식에 대한 온 국민의 관심이 집중된 적이 있었다. 이씨 형제는 금융투자업 인가를 받지 않고 투자회사를 세운 뒤 증권방송을 통한 허위, 과장된 내용으로 1,700억 상당의 비상장주식을 매매해 130억 정도의 시세 차익을 남긴 것으로 알려졌다. 피해를 본 투자자만 200명이 넘는다. 그리고 2017년엔 고위공직자 후보들이 이름도 생소한 비상장주식 투자로 높은 수익을 올려 구설수에 오르내리는 일이 유독 많았다.

과연 **비상장주식**이 무엇이길래 이리도 말도 많고 탈도 많은 것일까? 비상장주식이란 한국거래소에 아직 상장하지 않은 주식을 말한다. 한국거래소 주식시장 이외에서 거래하기 때문에 장외주식이라 부르기도 한다. 그런데 이러한 비상장주식은 발굴만 잘하면 흔히 말하는 대박을 낼 수도 있다. 물론 진주 같은 주식을 미리 알아보고 적정한 가격에 매수해서 상장할 때까지 기다린다는 건 생각처럼 쉬운 일이 아니다. 그러하기 때문에 고위공직자 후보들이 미공개 정보를 활용해 비상장주식을 취득해 큰 시세 차익을 낼 수 있었던 건 아닌지 의심을 받는 것이다. 이름도 생소한 기업의 주식에 수억 원씩 투자를 할 정도면 아마도 인맥을 활용한 정보가 있었을 거라는 추측이 난무하는 것도 무리는 아니다. 비상장주식은 다른 투자 수단에 비해 정보의 비대칭성이 매우 심하다. 그렇기 때문에 정보에 목말라 있던 개인투자자가 '청담동 주식부자'와 같은 사람의 말에 쉽게 귀가 솔깃해 질 수밖에 없었던 것이다. 그래서 심심찮게 사기 피해도 많이 발생한다. 그만큼 비상장주식 투자는 어렵고 상당한 주의를 필요로 한다.

결과는 천차만별

이제 찬찬히 비상장주식에 대해 살펴보자. 다시 한번 설명하면 비상장주식이란 유가증권시장(KOSPI)이나 코스닥시장(KOSDAQ) 등 정규 증권시장에 아직 상장하지 않은 주식을 말한다. 기업이 상장을 하는 이유는 원활한 자금조달, 기업 인지도 상승, 기존 주주의 이익실현 등 여러 가지 이유가 있다. 그러나 상장을 하려면 기업규모, 지분분산, 이익, 매출, 자본상태, 감사의견 등 여러 가지 상장에 필요한 요건을 충족해야 한다. 그런 다음 대표 주관회사(증권회사) 선정을 하고 예비 심사를 진행한 후 공모 절차를 거쳐 상장을 한다. 그런데 상장을 하면 지분이 분산돼 지배력이 약화되고, 소액주주의 경영권 간섭이 있을 수 있으며 공시 의무가 강화되는 단점도 생긴다. 이러한 이유 때문에 일부 기업은 상장 요건을 충족했음에도 불구하고 일부러 상장을 하지 않기도 한다.

비상장주식 투자는 상장이 예상되는 우량 기업의 주식을 미리 사놓고, 그 주식이 상장한 이후에 매도를 통해 수익을 내는 경우가 일반적이다. 물론 어떤 주식을 매수하느냐에 따라 결과는 천차만별이다. 높은 수익을 얻을 수도 있지만 상장이 오랫동안 지연되거나 상장 자체가 무산되기도 한다. 이익은 고사하고 원금 대부분의 손실을 감수해야 할 수도 있다. 그래서 상장주식보다 더 주의해서 투자해야 한다. 이제 비상장주식 매매방법에 대해 알아보자.

비상장주식에 투자하는 방법은 크게 두 가지다. 우선 개인 간에 직접 거래하거나 사설 장외주식 거래사이트를 이용하는 경우다. 개인 간 거래는 경영진 가족이나 지인과 매매하는 경우가 많은 편이다. 일반 개인투자자는 사설 사이트를 통해 많이 매매하는데 증권플러스비상장(www.ustockplus.com), 38커뮤니케이션(www.38.co.kr), JSTOCK(www.jstock.com), PSTOCK(www.pstock.co.kr), 리치인베스트(www.385.co.kr) 등이 대표적이다. 개인투자자가 사설 사이트에 접속해 사고자 하거나 팔고자 하는 비상장주식의 종목명, 수량, 가격, 연락처를 게시하고 거래

〈표1〉_ K-OTC시장과 코스닥시장 비교

구분	K-OTC시장	코스닥시장
매매방식	상대매매	경쟁매매
매매거래시간	09:00 ~ 15:30(시간외시장 없음)	좌동(시간외시장 운영)
호가수량단위	1주	1주
가격제한폭	±30%	±30%
기세적용 여부	적용	좌동
위탁증거금	현금 또는 유가증권 100%	금융투자회사 자율
결제전 매매	가능	좌동
수도결제	T+2	좌동
위탁수수료	금융투자회사 자율	좌동

자료출처 : K-OTC

상대방을 찾아 매매를 하게 된다. 그런데 한국거래소의 유가증권시장
이나 코스닥시장과 달리 사설사이트에서 주고 받는 호가는 시장 가격
을 제대로 반영한다고 보기 힘들다. 거래가 많지 않아 시장 가격 형성
이 원활하지 않을 수도 있고, 청담동 주식부자 사례처럼 인위적으로
시세를 만들어 전문적으로 부당이득을 취하는 경우도 많기 때문이다.

또 다른 투자 방법은 **금융투자협회**가 운영하는 'K-OTC(Korea over-
the-counter)' 시장에서 매매를 하는 것이다. K-OTC 시장은 2014년 8
월에 비상장주식을 투명하고 원활하게 거래할 수 있도록 기존에 운영
중이던 '프리보드'를 확대 개장한 장외시장이다. K-OTC 시장도 장외
시장의 하나이므로 개인투자자는 스스로 판단해 투자해야 하는 건 마
찬가지다. 다만 사설 사이트에 비해 거래가 편리하고, 호가나 시세 정

6장_ 색다른 국내 주식 투자 활용법

보 또한 비교적 투명하게 공개된다는 장점이 있다. 물론 매매를 할 때 결제에 대한 안정성도 우려할 필요가 없다. 그러므로 비상장주식 투자를 원한다면 사설 사이트보다는 제도화된 K-OTC 시장을 이용하는 것이 좋다. K-OTC 시장에서 비상장주식을 거래하는 것은 코스닥 시장에 상장돼 있는 주식을 거래하는 것과 거의 비슷하다. 증권회사나 은행에서 개설한 위탁계좌가 있다면 지점 방문, 전화, HTS(인터넷), MTS(모바일)로 주식을 매매하면 된다. 매매시간이나 호가수량단위, 일일 가격제한폭은 코스닥시장과 대부분 같다. 차이점은 〈표1〉을 참고하도록 하자.

K-OTC 시장에서 매매할 때 매매수수료는 증권회사나 온라인 여부에 따라 달라지며 매도금액에 대해 0.23%의 증권거래세가 부과되는 건 상장주식과 같다. K-OTC 시장을 통해 발생한 양도차익에 대해서는 양도소득세가 있었지만 다행히 2017년말 세법 개정으로 소액주주의 중소중견기업 주식 양도소득에 대해서는 비과세 혜택이 생겼다. 그러므로 되도록이면 장외주식 매매시 양도소득세 부담을 덜 수 있는 K-OTC 시장을 이용하도록 하자.

그렇다면 K-OTC 시장에서 비상장주식 투자를 할 때 어디에서 종목 관련 정보를 얻으면 좋을까? 기본적인 정보는 K-OTC 홈페이지(www.k-otc.co.kr)를 활용하면 된다. 기업분석, 공시자료, 각종통계, 관련제도 및 규정 등 생각보다 많은 정보가 있다. 그러나 정보가 있다고 해서 투자가 쉬운 건 아니다. 상장주식은 훨씬 많은 정보가 있어도 주식 투자를 통해 꾸준하게 수익을 내기 어려운 것처럼 말이다. 비상장주식에 직접 투자하는 것이 어렵다고 느껴진다면 Pre-IPO(비상장주식) 펀드 투자를 고려해 볼 수 있다. 이미 '강남의 큰손들' 사이에서는 **Pre-IPO 펀드**는 중요한 포트폴리오 편입 상품 중 하나다.

Pre-IPO 펀드는 일부 자금을 전환사채나 신주인수권부사채 등 메자닌채권에 투자하기도 하지만 상장을 1~2년 앞둔 기술력과 성장성 등이 뛰어난 기업들의 지분 투자를 주로 한다. 그리고 나서 해당 기업이 상장하면 매도를 통해 투자자금을 회수한다. 물론 상장 전이라도 가격이 상승하면 장외시장에서 수익을 실현하기도 한다. 비상장주식에 투자할 때 구주를 매수하기도 있지만 신주를 인수하는 사례도 많다. 이는 신주를 인수할 때 풋옵션과 같은 조건을 붙일 수도 있기 때문이다. 이러한 비상장주식에 대한 투자는 상대적으로 낮은 가격에 보다 많은 지분 확보가 용이하며 상장한 이후 높은 수익을 기대할 수 있다. 그런데 대부분의 Pre-IPO 펀드는 블라인드 방식*으로 모집한다. 따라서 투자자는 펀드에 가입하기 전에 어떤 종목에 투자할 것인지 전혀 알 도리가 없다. 그래서 과거에는 기관투자자를 중심으로 투자가 이루어져 왔으나 몇 년 전부터는 고액자산가를 중심으로 개인투자자의 투자도 많이 늘어났다.

---

* 투자 대상을 미리 정하지 않은 상태에서 자금을 모집하는 것

펀드매니저의 경험과 전문성이 중요

Pre-IPO 펀드는 사모 형태로 모집한다. 따라서 펀드 모집과 관련한 정보는 대부분 증권회사나 은행의 관리자를 통해서만 확인할 수 있다. Pre-IPO 펀드 투자는 리스크가 높은 투자 중 하나이므로 펀드를 고를 때 운용회사의 철학과 펀드매니저의 이력을 꼭 살펴보는 것이 좋다. 비상장주식 투자는 펀드매니저의 경험과 전문성에 따라 성과가 크게 좌우되기 때문이다. 블라인드 방식이므로 투자할 기업을 미리 알 수는 없어도 어떤 기준에 부합하는 주식에 투자할 것인지에 대해서는 제안서를 통해서 확인이 가능하다.

그러면 Pre-IPO 펀드에 투자할 때 추가로 주의해야 할 점은 무엇일까? Pre-IPO펀드는 **기대수익률**이 연 20% 전후 정도로 높은 대신 변동성이 매우 크다. 그리고 펀드에 편입한 비상장주식의 상장이 지연되거나 상장이 무산되는 경우 유동성에도 문제가 생길 수 있다. 그러므로 Pre-IPO펀드에 투자하려면 원금손실 및 투자자금 회수지연 가능성을 염두에 두고 반드시 여유자금으로 투자해야 한다. 위험성에 대한 충분한 이해가 필수적이다.

7 PART

드넓은 세계

알고 보면 쉬운 해외주식 투자 활용법

해외주식 직구

이제는 미국, 유럽, 중국 등 해외에서 판매하는 가방, 신발, 건강 식품 등을 온라인으로 구매하는 사람이 많이 늘어났다. 요즘 말로 '해외직구족'이 늘어난 것이다. 사람들이 해외직구를 하는 이유는 국내에 없는 물건을 사거나, 국내에서 판매는 하지만 조금이라도 더 싼 가격으로 구입하기 위해서다. 해외주식도 예외는 아니다. 홈트레이딩시스템(HTS)과 모바일트레이딩시스템(MTS)으로 해외주식 투자가 편리해 지면서 직접 매매하는 개인투자자도 크게 늘어났다. 삼성전자, SK하이닉스, 네이버 같은 국내주식뿐만 아니라 미국, 홍콩, 중국, 독일, 영국, 프랑스처럼 다양한 국가에 상장돼 있는 해외주식 직접투자에 적극 나서고 있고 이들을 서학개미라 부르기도 한다. 한국예탁결제원에 따르면 2021년 3월말 기준으로 해외주식 직접투자 보관금액은 약 64조 7,000억 원(577억2,000만 달러)이며 이중 미국이 52조 원으로 전체 보관 규모의 80.3%를 차지하고 있다. 국내 투자자가 많이 보유하고 있는 상위 10개 종목은 테슬라, 애플, 아마존, 엔비디아, 알파벳(구글), 마이크로소프트, INVESCO QQQ TRUST ETF, 항서제약, 팔란티어, 하스브로 등이다. 이미 익숙한 4차 산업혁명 관련 미국 종목이 대부분을 차지하고 있다. 그리고 해외에 상장돼 있는 글로벌 ETF에 대한 직접투자 비중도 지속적으로 늘고 있다. 주로 미국 S&P500이나 나스닥100, 중국 CSI300처럼 해외지수를 추종하는 ETF가 많은 편이지만 근래엔 게놈, 로봇, 메타버스, 블록체인, 빅데이터, 사이버보안, 이차전지, 인공지능, 자율주행, 클라우드, 클린에너지 등 테마형 ETF 투자가 급격히 확대되고 있다.

현재 전 세계 시가총액에서 국내주식 시장이 차지하는 비중은 2% 정도에 불과하다. 그렇기 때문에 국내주식 시장 전망이 좋지 않을 때는 98%에 해당하는 해외주식 시장을 활용하면 폭넓은 투자 기회를 찾을 수 있다. 초우량 글로벌 기업, 4차 산업혁명 선두 기업, 다국적 제약회사, 럭셔리 브랜드 기업처럼 국내 기업에만 투자할 때에 비해 보다 다양한 선택을 할 수 있다. 이제 해외주식 투자는 선택이 아니라 필수다.

해외주식 매매를 하려면 주식 거래가 가능한 증권회사 위탁계좌만 있으면 된다. 외화증권 거래약정 및 해외주식 매매신청을 하고 나면 해외주식 직구를 위한 준비는 끝난다. 그 다음 매매하고자 하는 국가의 통화로 환전을 한다. 환전은 전화 또는 지점에 방문하거나 온라인으로도 가능하다. 환전할 때는 수수료가 발생한다. 은행이나 증권회사에 따라 환전 수수료(스프레드)가 다른데 VIP 고객이거나 온라인으로 환전하면 우대가 가능하다. 은행 외화계좌에 달러 등 외국통화가 있는 경우 그 자금을 거래 증권회사 계좌로 이체하면 환전 수수료를 아낄 수 있다. 다만 증권회사 계좌로 외화를 받으려면 사전에 가상 외화 연계계좌를 발급받아야 한다.

환전을 하고 나면 지점방문, 전화통화, HTS, MTS로 해외주식 매수 및 매도 주문을 내면 된다. 온라인 주문이 가능한 국가는 증권회사마다 다르나 미국, 일본, 홍콩, 중국 등은 대부분 증권회사에서 가능하다. 증권회사에 따라 환전 및 해외주식 매매와 관련한 제도가 약간씩 다를 가능성이 있으니 세부 사항은 해당 증권회사 홈페이지에서 확인하도록 하자. 온라인 주문이 불가능한 국가는 전화나 지점에 방문하여 주문을 내야 한다.

미국처럼 우리나라와 낮과 밤이 바뀌는 국가는 낮에 예약 주문을 해놓거나 밤에 실시간으로 주문을 내야 한다. 그런데 일부 증권회사는 미국 정규 장이 열리기 전에 프리마켓(장전 시간외거래)에서 오후 5시면 주식 매매가 가능하도록 서비스를 확대했다. 이로써 글로벌 변동성 및 개별 종목 이슈에 발빠른 대응이 가능하게 되었다. 참고로 야간에 오프라인 주문을 받기 위해 증권회사에는 24시간 직원이 근무하는 부서를 따로 두기도 한다.

국가에 따라 거래시간, 주문방식이 다른데 우선 온라인 거래 가능 국가의 주요 내용을 살펴보자. 증권회사에 따라 온라인이 가능한 국가에 차이가 있는데 참고로 미래에셋증권은 2021년 3월말 10개 나라

〈표1〉_ 온라인 거래 가능 국가 현황

국가	거래시간(국내기준)	통화	거래단위	결제일	재매매
미국	23:30~익일06:00 (서머타임 22:30~익일05:00)	USD	1주	T+3	가능
캐나다	23:30~익일06:00 (서머타임 22:30~익일05:00)	CAD	종목별 다름	T+3	가능
독일	17:00~익일 01:30 (서머타임 16:00~익일00:30)	EUR	1주	T+3	가능
영국	17:00~익일 01:30 (서머타임 16:00~익일00:30)	GBP/ GBX	1주	T+3	가능
중국 (상해A,심천A)	오전장 10:30~12:30 오후장 14:00~16:00	CNY	100주	T	부분 가능
홍콩	오전장 10:30~13:00 오후장 14:00~17:00	HKD	종목별 다름	T+2	가능
일본	오전장 09:30~11:30 오후장 12:30~15:00	JPY	종목별 다름	T+3	가능
베트남	오전장 11:15~13:30(호치민) 오전장 11:00~13:30(하노이) 오후장 15:00~16:45	VND	10주(호치민) 100주(하노이)	T+2	불가능
싱가포르	10:00~18:00	SGD	종목별 다름	T+3	불가능
인도네시아	오전장 10:30~12:30 오후장 14:00~16:00	IDR	1Lot = 100주	T+3	불가능

7장_ 알고 보면 쉬운 해외주식 투자 활용법

〈표2〉_ 오프라인 거래 가능 국가 현황

구분	개수	국가
미주지역	2	멕시코, 브라질
유럽	15	그리스, 네덜란드, 노르웨이, 덴마크, 벨기에, 스웨덴, 스위스, 스페인, 아일랜드, 오스트리아, 이스라엘, 이탈리아, 포르투갈, 프랑스, 핀란드
아태지역	6	뉴질랜드, 대만, 중국(상해B, 심천B), 태국, 필리핀, 호주
아프리카	1	남아프리카공화국
합계	24	

의 온라인 매매가 가능하다. 물론 오프라인 주문도 낼 수 있다. 미래에셋증권을 기준으로 정리해 보면 〈표1〉과 같다. 온라인 주문은 불가능하고 오프라인만 가능한 나라도 함께 정리해 보았다. 현재 24개 나라가 오프라인 주문만 가능한데 해당 국가는 〈표2〉를 참고하자.

지금까지 온라인과 오프라인 주문이 가능한 국가에 대해 살펴보았다. 온라인 주문 가능 국가는 시간이 지나면서 점점 확대될 것이다. 앞의 표에서 자세한 내용을 담지 못했지만 나라에 따라서 거래시간, 거래단위, 결제일 등 제도상 다른 점이 많다. 실제 투자를 하게 되면 증권회사 홈페이지를 참고하여 자세한 내용을 확인하도록 하자.

이제 해외주식을 매매할 때 들어가는 비용과 세금에 대해 살펴보자. 해외주식을 매매할 때 발생하는 수수료는 국내주식보다 높다. 증권회사마다 차이는 있지만 온라인의 경우 0.25~0.3%, 오프라인의 경우 0.5% 수준이다. 국내주식 수수료 부과방식과 달리 나라에 따라 최소

〈표3〉_ 주요 국가별 최소수수료 현황

국가	최소수수료
미국, 일본, 중국, 홍콩	없음
캐나다	40 CAD / 33 USD
그리스, 네덜란드, 독일, 벨기에, 스페인, 아일랜드, 오스트리아, 이탈리아, 포르투갈, 프랑스, 핀란드	30 EUR
영국	25 GBP / 35 USD
베트남	700,000 VND
인도네시아	450,000 IDR

수수료를 받기도 한다. 예를 들어 오프라인으로 주문할 때 매매금액의 0.5%로 계산한 수수료가 최소수수료보다 낮으면 최소수수료를 부과하고, 그 이외엔 0.5%로 계산한 수수료를 부과하는 방식이다. 소액으로 해외주식 주문을 내면 최소수수료가 적용되어 배보다 배꼽이 커질 수도 있으니 주의가 필요하다. 독일, 영국, 캐나다, 싱가포르, 베트남, 인도네시아 등과 온라인 주문이 불가능한 국가는 대부분 최소수수료가 있다. 최소수수료 기준도 증권회사마다 차이가 있는데 미래에셋증권 기준으로 주요 국가만 살펴보면 〈표3〉과 같다

국내주식을 매도하면 매도 금액에 대해 0.23%(코스피는 농어촌특별세 포함) 증권거래세를 낸다. 2021년 3월말 현재 미국주식을 매도하면 SEC FEE로 0.00051%를 내나 이는 수시로 변한다. 홍콩의 경우엔 매수하고 매도할 때 모두 0.1077%의 세금과 유관 비용이 있다. 이처럼 제세금은 국가별로 다르며 수시로 변경될 수 있어 표로 정리하지는 않았

7장_ 알고 보면 쉬운 해외주식 투자 활용법

다. 필요할 때마다 거래 증권회사 홈페이지를 통해 체크하도록 하자.

　해외주식에 투자할 때 가장 큰 비중을 차지하는 비용은 양도소득세다. 국내 거주자가 해외주식 매매로 소득이 발생하면 250만 원을 공제한 나머지 금액의 22%(지방소득세 포함)를 양도소득세로 신고 납부해야 한다. 연간 발생한 양도소득이 250만 원에 미치지 않으면 납부할 세금은 없다. 그래서 양도소득이 많이 발생하면 연말에 손실을 보고 있는 종목을 매매해 양도소득 금액을 낮추기도 한다. 매년 1월 1일부터 12월 31일까지 해외주식에서 발생한 이익과 손실을 통산하여 실제 순수익에 대해서만 세금을 내면 되기 때문이다. 해외주식 양도소득을 계산할 때는 해외 증시에 상장돼 있는 ETF나 ETN에서 발생한 소득도 포함한다. 그러나 국내에 상장한 해외주식 관련 ETF와 ETN은 포함하지 않는다. 이 소득은 배당소득에 해당하기 때문이다. 여러 증권 회사에서 해외주식을 거래하고 있다면 모두 합산해 계산해야 한다. 양도소득세는 양도소득이 발생한 연도의 다음해 5월말까지 자진 신고 및 납부를 해야 한다. 일부 증권회사는 양도소득세 신고대행 서비스를 해주기도 한다.

　해외주식은 특히 고액자산가가 많은 관심을 갖는 투자 대상이다. 그 이유는 주식투자 수익이 분류과세 되어 22%의 세금만 내면 되기 때문이다. 일반 개인투자자는 22%의 세금이 높다고 생각할 수 있지만 금융소득 종합과세에 해당하는 자산가는 최고 49.5%까지 세금을 내야 하므로 22%의 양도소득세만 내고 종결할 수 있는 해외주식 직접투자는 매우 매력적인 투자 수단인 것이다. 한 가지 주의할 점은 건강보험 피부양자로 등록된 가족이 해외주식 직접투자로 100만 원 이상 수익이 발생하면 연말정산을 할 때 기본공제(부양가족) 대상자에서 제외된다. 기본공제 대상자에서 제외되면 보험료, 신용카드 등의 공제도 제외 된다. 따라서 피부양자 가족 명의로 해외주식 투자를 할 때는 이 점을 조심하도록 하자. 2021년 6월 현재 기준으로는 건강보험 피부양자 자격은 유지된다.

마지막으로 해외주식을 보유하면서 받게 되는 배당 관련 세금을 살펴보자. 배당은 현금배당과 주식배당이 있는데 수령하는 날의 환율을 적용한 금액을 기준으로 하여 배당소득세를 원천징수한다. 해외에서 원천징수하는 배당소득세가 국내주식의 배당소득세율인 15.4%(지방소득세 포함)보다 낮은 경우엔 차이가 나는 만큼 국내에서 추가로 과세한다. 그러나 해외의 원천징수 세율이 15.4%보다 높으면 국내에서 징수하는 세금은 없다. 그렇다고 외국에서 초과 원천징수한 세금에 대한 환급도 되지 않는다. 다만 종합소득세를 신고할 때 외국납부세액 공제를 받을 수 있을 뿐이다. 해외주식 양도소득에 대한 세금은 22% 분류과세로 끝나지만 배당소득은 금융소득 종합과세 과표에 포함한다. 해외주식 중엔 배당률이 6~8% 이상인 종목도 있어 3억 정도만 투자하더라도 금융소득 종합과세에 해당할 수 있으니 주의가 필요하다.

31

알고 보면 쉬운
해외주식 투자 활용법

해외 상장 글로벌 ETF

국내주식도 마찬가지지만 외국기업에 대한 정보가 있다 하더라도 해외주식을 직접 골라 투자하는 건 쉬운 일이 아니다. 물론 해외주식형 펀드나 국내 상장 해외 ETF를 통해 간접투자 방식으로 해외주식 투자를 할 수도 있다. 펀드를 매수하면 펀드매니저가 여러 종목에 분산해 투자를 대신 해주고 ETF를 매수하면 원하는 국가나 업종의 지수를 추종할 수 있어 편리하다.

하지만 4차 산업혁명 관련 해외주식 등 개별 종목에 직접 투자를 원하거나 금융소득 종합과세 부담없이 투자를 하고자 하는 경우라면 해외주식에 직접투자를 하는 것과 동일한 효과를 보면서 전문가에게 맡길 수 있는 증권회사의 랩어카운트(Wrap Account)를 활용하면 좋다. 랩어카운트는 운용회사의 자문을 받거나 증권회사의 전문가가 고객의 일임을 받아 대신 투자를 해 주는 계약이다. 랩어카운트도 채권, 펀드, ETF, 국내주식 등 자산에 따라 다양한 상품이 있지만 여기에서는 해외주식 직접투자에 국한해서 설명하려 한다. 증권회사에는 글로벌, 아시아, 중국, 베트남 등 지역에 따른 해외주식 투자 상품도 있고 4차 산업혁명, 소비섹터, 해외상장 ETF 등 특정 섹터나 테마에 투자하는 상품도 있다. 랩어카운트 계약을 통해 해외주식에 직접 투자하는 경우 세금 관련 내용은 똑같다. 양도소득 250만 원까지는 비과세, 초과한 소득에 대해서 22%의 양도소득세로 분류과세 하며 배당금에 대해서는 15.4%의 배당소득세가 있다. 증권회사마다 차이는 있지만 랩어카운트 최저가입 금액은 3,000만 원 정도 수준이다. 이밖에도 은행이나 증권회사와 해외주식 투자관련 신탁계약을 하거나 해외주식 투자를 전문으로 하는 자문회사와 계약을 맺어 투자를 맡길 수도 있다.

이처럼 전문가에게 투자를 맡길 수도 있지만 요즘엔 해외주식 직접 투자에 대한 관심이 높아지고 MTS나 HTS 등을 통한 온라인 거래도 손쉬워져서 직접 투자하는 개인투자자가 빠르게 늘어나고 있다. 그러나 개인투자자의 경우 국내주식에 비해 해외주식에 대한 정보를 얻기가 쉽지는 않다. 물론 시간이 충분하고 영어에 익숙하다면 마켓워치 (www.marketwatch.com), 야후파이낸스(https://finance.yahoo.com), 인베스팅 닷컴(https://kr.investing.com), CNBC(www.cnbc.com) 등에 수시로 접속해 정보를 얻을 수 있다. 하지만 대부분의 개인투자자는 그렇게 하기엔 현실적으로 상당한 시간과 노력이 필요하다. 따라서 해외주식은 단타매매를 하기보다는 큰 흐름을 보고 초우량 글로벌기업에 분산투자를 하는 것이 바람직하다. 이런 기업에 관한 보고서는 국내 증권회사 홈페이지에서도 무료로 볼 수 있다. 참고로 미래에셋증권 홈페이지에 접속해 투자정보 메뉴로 들어가면 기업분석, 산업분석, 해외상장 ETF 등에 관한 다양한 보고서를 참고할 수 있다.

국내주식 투자도 마찬가지지만 개별 종목 투자에 어려움을 느낀다면 해외 상장 글로벌 ETF를 활용하는 것이 좋다. 해외주식도 해외 상장 글로벌 ETF를 통해 주가지수, 업종, 테마에 따라 다양하게 투자를 할 수 있다. 물론 국내 상장 해외 ETF를 통해서도 미국, 일본, 홍콩 등 다양한 지역에 투자하는 ETF를 매매할 수 있지만 아직까지는 상장 종목 수나 거래량이 많지 않다. 그래도 우선 국내 상장 해외 ETF를 잠깐 소개하고 넘어가겠다. 국내주식 관련 ETF와 마찬가지로 TIGER와 KODEX ETF 종목만 지역별로 구분, 정리해 보면 〈표1〉과 같다. ARIRANG, KBSTAR, KINDEX ETF 등은 해당 홈페이지를 참고하면 된다

해외상장 글로벌 ETF는 미국만 해도 수천 개나 있기 때문에 ETF만으로도 원하는 지역이나 업종별로 투자가 가능하다고 봐도 된다. 물론 글로벌 ETF에 투자하려면 환전을 하고 해당 국가의 통화로 투자를 해야 하므로 환율 변동성에 노출될 뿐만 아니라 세금에도 신경써야 한다. 그럼에도 불구하고 선택의 폭이 넓고 통화 및 자산배분 효

〈표1〉_ 국내 상장 해외 ETF

구분	TIGER ETF	KODEX ETF
글로벌	TIGER S&P글로벌헬스케어합성 TIGER S&P글로벌인프라합성 TIGER 글로벌4차산업혁신기술합성H TIGER 글로벌자원생산기업합성H TIGER 글로벌클라우드컴퓨팅INDXX	KODEX S&P글로벌인프라합성 KODEX 선진국MSCI WORLD KODEX 글로벌4차산업로보틱스합성
미국	TIGER 미국S&P500 TIGER 미국S&P500선물H TIGER 미국나스닥100 TIGER 미국나스닥바이오 TIGER 미국다우존스30 TIGER 미국MSCI리츠합성H TIGER 미국Top10INDXX	KODEX 미국S&P500선물H KODEX 미국나스닥100선물H KODEX 미국러셀2000H KODEX 미국FANG플러스H KODEX 미국S&P바이오합성 KODEX 미국S&P산업재합성 KODEX 미국S&P에너지합성 KODEX 미국S&P고배당커버드콜합성H
유럽	TIGER 유로스탁스배당30 TIGER 유로스탁스50합성H	KODEX 독일MSCI합성
중국	TIGER 차이나CSI300 TIGER 차이나HSCEI TIGER 차이나항셍25 TIGER 차이나바이오테크SOLACTIVE TIGER 차이나전기차SOLACTIVE TIGER 차이나항셍테크	KODEX 중국본토CSI300 KODEX 중국본토A0 KODEX China H KODEX 심천ChiNext합성 KODEX 차이나항셍테크 KODEX 한국대만IT프리미어
이머징		KODEX MSCI EM선물H
일본	TIGER 일본TOPIX합성H TIGER 일본니케이225 TIGER 일본TOPIX헬스케어합성	KODEX 일본TOPIX100
레버리지	TIGER 미국S&P500레버리지합성H TIGER 유로스탁스레버리지합성H TIGER 차이나CSI300레버리지합성H TIGER 이머징마켓MSCI레버리지합성H TIGER 인도니프티50레버리지합성	KODEX China H레버리지H
인버스	TIGER 미국S&P500선물인버스H TIGER 차이나CSI300인버스합성	KODEX China H선물인버스H

7장_ 알고 보면 쉬운 해외주식 투자 활용법

〈표2〉_ 국내 상장 해외 ETF VS 해외 상장 글로벌 ETF

구분		국내 상장 해외 ETF	해외 상장 글로벌 ETF
거래통화		원화	달러 등 해당 국가 현지 통화
환헤지		환노출형과 환헤지형이 있어 선택하여 매매 가능	환노출, 필요시 개인적으로 환 헤지
거래시간		한국거래소 개장 시간	해당 국가 거래소 개장 시간(예약 주문 가능)
특징		상장 종목 및 거래량이 상대적으로 적음	다양한 종목과 충분한 거래량
세금	양도차익	배당소득세(15.4%)	양도소득세(22.0%) 분류과세 • 기본공제 250만 원
	배당금	배당소득세(15.4%)	배당소득세(15.4%) / 국가별 상이

과도 있으므로 국내주식과 함께 분산하여 투자하는 것이 좋다. 해외 상장 글로벌 ETF를 설명하기 전에 우선 국내 상장 해외 ETF와의 차이점에 대해 정리하고 넘어가자. 〈표2〉에서 보는 것처럼 해외상장 글로벌 ETF는 미국, 일본, 홍콩 등 외국의 거래소에 상장한 ETF를 말한다. 이미 해외주식 직접투자를 하고 있다면 거래 방식이 동일하기 때문에 어려움은 없을 것이다.

본격적인 투자에 앞서 글로벌 ETF에 투자하면 어떤 점이 좋은지 좀 더 자세히 살펴 보자. 우선 다양한 ETF가 존재한다는 점이다. ETF의 본고장이라고 할 수 있는 미국 시장에 상장된 ETF만 활용하더라도 원하는 거의 모든 포트폴리오를 구성할 수 있을 정도다. 다우지수나 S&P500 지수를 추종하는 기본적인 ETF부터 자산별(주식, 채권, 원자재, 통화 등), **지역별**(미국, 유럽, 일본, 중국, 브라질, 러시아 등), **업종별**(금융, IT, 소비재, 에너지 등)로 정말 다양하다. 2배 레버리지뿐만 아니라 3~4배 레버리지 ETF도 상장돼 있으므로 공격적인 투자를 원하는 경우에 활용할 수 있다. 반대 방향으로 움직이는 인버스도 2배, 3배씩 움직이는 ETF가 다양하여 투자하고자 하는 자산 가격이 떨어질 거라 예상하는 경우에도 수익을 낼 수 있다. 또한 글로벌 투자 트렌드를 반영한 새로운 ETF가 지속적으로 상장하고 있어 투자 방향을 참고하는데도 도움을 받을 수 있다.

글로벌 ETF는 해외주식에 직접 투자하는 것보다는 한결 수월하다. 국내 ETF에 투자하는 이유와 마찬가지다. 해외주식에 직접 투자할 때 나이키, 마이크로소프트, 스타벅스, 아마존, 알리바바, 애플, 테슬라 등 잘 알려진 글로벌 기업에 투자하려 해도 투자정보를 일일이 검토하는 건 쉽지 않다. 더구나 알려 지지 않은 기업에 투자하려면 정보가 부족하기 때문에 더욱 어렵다. 이럴 때 글로벌 ETF가 유용한 투자 수단을 제공해 준다. 투자하고자 하는 국가나 업종을 선택한 후 해당 ETF를 고르면 되기 때문이다. 포트폴리오 변경도 손쉽게 할 수 있고 레버리지나 인버스 ETF를 활용하여 투자 비중도 자유롭게 조절이 가능하다. 게다가 글로벌 ETF도 1주 단위로 거래 할 수 있어 소액으로도 투자가 가능하다.

글로벌 ETF의 보수(수수료)는 펀드에 비해 훨씬 낮다. 물론 매매를 자주 하면 매매수수료가 부담이 되겠지만 ETF를 매수하여 일정기간 보유하는 경우 해외주식형펀드에 비해 보수가 낮아 유리하다. 또한 ETF는 매수할 때 선취수수료가 없고 매매할 때 결제 기간도 훨씬 짧아 편리하다. 그리고 세금 구조 단순하다. 글로벌 ETF의 양도차익에 대한 세금은 해외주식과 동일하게 양도소득세 22%로 종결되므로 금융소득 종합과세에 해당하는 투자자에게는 세율 면에서 훨씬 유리하다. 1년 동안 매매한 해외주식과 서로 통산이 가능하므로 이익과 손실을 상계한 실제 양도차익에 대해서만 세금을 내면 된다. 일반 개인투자자는 연금저축계좌, IRP, ISA, 비과세종합저축 등 가입 가능한 절세계좌를 활용해 국내 상장 해외 ETF나 해외주식형펀드에 투자하는 편이 유리할 수 있지만 고액자산가라면 해외상장 글로벌 ETF가 절세효과가 크다. 어느 쪽에 투자하든 환율이 투자에 미치는 영향에 대해선 충분히 인지하고 있어야 한다.

마지막으로 미국 상장 주요 ETF를 정리해 보자. 워낙 종목 수가 많기 때문에 규모가 크고 거래량이 많은 ETF 위주로 살펴보았다. 우선 글로벌, 미국 및 유럽 지역에 투자하는 주요 ETF는 〈표3〉과 같다.

〈표4〉에서는 신흥국, 아시아 및 중남미 지역에 투자하는 주요 ETF를 정리해 보았다.

개인투자자가 주로 관심을 갖는 지역만 간단히 정리했기 때문에 북미와 유럽 지역 중에서 캐나다, 프랑스, 독일, 이탈리아, 영국 등은 빠져 있고 신흥국 및 아시아 지역에서도 싱가포르, 인도네시아, 필리핀 등이 빠져 있다. 당연히 미국 주식시장에는 이런 지역의 주가지수

〈표3〉_ 미국 상장 주요 ETF (글로벌 · 미국 · 유럽)

지역	티커	레버리지	종목명
글로벌	VT		Vanguard Total World Stock
	VXUS		Vanguard Total International Stock
	IXUS		iShares Core MSCI Total International Stock
미국	SPY		SPDR S&P500
	IVV		iShares Core S&P 500
	VOO		Vanguard S&P 500
	QQQ		Invesco QQQ
	DIA		SPDR Dow Jones Industrial Average
	IWB		Ishares Russell 1000
	IWM		Ishares Russell 2000
	SSO	2X	ProShares Ultra S&P 500
	UPRO	3X	ProShares UltraPro S&P 500
	SH	−1X	ProShares Short S&P 500
	SDS	−2X	ProShares UltraShort S&P 500
	SPXU	−3X	ProShares UltraPro Short S&P 500
	QLD	2X	ProShares Ultra QQQ
	TQQQ	3X	ProShares UltraPro QQQ
	PSQ	−1X	ProShares Short QQQ
	QID	−2X	ProShares UltraShort QQQ
	SQQQ	−3X	ProShares UltraPro Short QQQ
	DDM	2X	ProShares Ultra Dow 30
	UDOW	3X	ProShares UltraPro Dow 30
	DOG	−1X	ProShares Short Dow 30
	DXD	−2X	ProShares UltraShort Dow 30
	SDOW	−3X	ProShares UltraPro Short Dow 30
유럽	EXU		iShares MSCI Eurozone
	IEUR		iShares Core MSCI Europe
	IEV		iShares Europe
	FEZ		SPDR DJ Euro STOXX 50
	VGK		Vanguard FTSE European
	UPV	2X	ProShares Ultra FTSE Europe
	EPV	−2X	ProShares UltraShort FTSE Europe

〈표4〉_ 미국 상장 주요 ETF(신흥국, 아시아, 중남미)

지역	티커	레버리지	종목명
신흥국	VWO		Vanguard FTSE Emerging Markets
	EEM		iShares MSCI Emerging Index Fund
	IEMG		iShares Core MSCI Emerging Markets
	FM		iShares Core Frontier 100
	EDC	3X	Direxion Daily MSCI Emerging Markets Bull 3X
	EDZ	−3X	Direxion Daily MSCI Emerging Markets Bear 3X
아시아	IPAC		iShares Core MSCI Pacific 100
	VPL		Vanguard FTSE Pacific
일본	DXJ		WisdomTree Japan Hedged Equity Fund
	EWJ		iShares MSCI Japan Index Fund
	HEWJ		iShares Currency Hedged Japan
	EZJ	2X	ProShares Ultra MSCI Japan
	EWV	−2X	ProShares UltraShort MSCI Japan
중국	FXI		iShares China Large Cap
	GXC		SPDR S&P China
	MCHI		iShares MSCI China
	CHAU	2X	Direxion Daily CSI300 China A Bull 2X Shares
	YINN	3X	Direxion Daily FTSE China Bull 3X Shares
	FXP	−2X	ProShares UltraShort FTSE China 50
	YANG	−3X	Direxion Daily FTSE China Bear 3X Shares
홍콩	EWH		iShares MSCI Hong Kong
대만	EWT		iShares MSCI Taiwan
브라질	EWZ		iShares MSCI Brazil
	FLBR		Franklin FTSE Brazil
	BRZU	2X	Direxion Daily MSCI Brazil Bull 2X Shares
	BZQ	−2X	ProShares UltraShort MSCI Brazil
러시아	RSX		VanEck Vectors Russia
	ERUS		iShares MSCI Russia
	RUSL	2X	Direxion Daily Russia Bull 2X Shares

	EPI		WisdomTree India Earning Fund
인도	INDA		iShares MSCI India
	INDY		iShares India 50
	PIN		iShares India
	INDL	2X	Direxion Daily MSCI India Bull 2X Shares
베트남	VNM		VanEck Vectors Vietnam

를 추종하는 ETF가 상장되어 있다. 투자하고자 하는 지역의 ETF는 개별적으로 찾아보거나 거래하는 증권회사에 문의하면 된다. 업종별 ETF나 스마트베타 ETF도 많이 있지만 이번에는 지면상 함께 다루지 못했다. 금, 원유, 농산물 등 다양한 원자재 관련 ETF는 뒤에서 별도로 소개할 예정이다.

4차 산업혁명과
글로벌 슈퍼테마

4차 산업혁명에 대한 투자자의 관심이 점점 높아지고 있다. '4차 산업 혁명'이라는 용어는 2016년 세계 경제 포럼(WEF, World Economic Forum) 에서 '클라우스 슈밥'이 제일 처음 언급했다. 컴퓨터와 인터넷 기반의 지식정보 혁명인 3차 산업혁명에서 한 단계 더 진화한 혁명을 뜻한다. 1차 산업혁명은 18세기 제임스 와트가 증기기관을 발명하면서 촉발됐다. 증기 및 수력기관을 이용한 기계적 혁명은 물류의 혁신을 가져왔으며, 이로 인해 영국이 최대 공업국으로 부상하면서 세계의 주도권을 잡는 계기가 됐다. 2차 산업혁명은 19세기 전기의 발명으로부터 시작됐다. 컨베이어 시스템과 전기는 공장의 작업환경과 가정생활에 획기적인 변화를 가져왔으며 분업과 대량생산을 통해 미국을 세계 최대

강국의 지위에 올려 놓았다. 3차 산업혁명은 20세기 들어 컴퓨터와 인터넷의 발명과 함께 시작되었는데 기존 산업사회가 지식정보화 사회로 변모하면서 정보기술시대가 활짝 열렸다. 세상을 획기적으로 변하게 만든 산업혁명은 사회와 경제에 엄청난 영향을 미쳤다. 주식 시장도 마찬가지였다. 1차 산업혁명에서는 철도 버블을, 2차 산업 혁명에서는 자동차 버블을, 3차 산업혁명에서는 닷컴 버블을 야기했고 큰 후유증을 남겼다.

그렇다면 4차 산업혁명은 어떻게 정의 내릴 수 있을까? 5G, 가상현실(Virtual Reality), 증강현실(Augmented Reality), 메타버스(Metaverse), 드론(Drone), 딥러닝(Deep Lerarning), 머신러닝(Machine Learning), 블록체인(Block Chain), 빅데이터(Big Data), 사물인터넷(Internet of Things), 인공지능(Artificial Intelligence), 자율주행(Autonomous Driving), 핀테크(Fin Tech), 클라우드 컴퓨팅(Cloud Computing) 등은 4차 산업혁명을 설명할 때 사용하는 단어들이다. 4차 산업혁명은 디지털, 물리적, 생물학적 경계가 사라지면서 기술이 융합되는 새로운 시대라고 정의 내리지만 아직까지 학술적 근거가 부족하고 정의가 모호해서 학자들 간에도 이견이 존재한다. 하지만 그렇다 할지라도 우리는 누구나 거대한 변화의 소용돌이 속에 있다는 사실을 뼛속 깊이 느끼고 있을 것이다. 4차 산업혁명은 메가 트렌드를 형성할 슈퍼테마의 중심이다.

투자의 세계도 마찬가지다. 4차 산업혁명과 관련한 주식, 펀드, ETF에 많은 자금이 몰리고 있다. 물론 국내에서도 삼성전자(IT), 만도(자율주행), 로보스타(산업용 로봇), 오이솔루션(5G), 고영테크놀로지(의료용 로봇) 등 4차 산업혁명 관련 개별 주식에도 자금이 몰린다. 그러나 글로벌 시장으로 눈을 돌리면 훨씬 많은 투자 기회를 찾을 수 있다. 우선 익숙한 국내 설정 펀드부터 살펴보자.

주요 4차 산업혁명 펀드로는 '교보악사로보테크펀드' '멀티에셋글로벌클린에너지펀드' '미래에셋글로벌혁신기업ESG펀드' '미래에셋G2이노베이터펀드' '삼성글로벌클린에너지펀드' '삼성픽테로보틱스펀드' '키움글로벌5G차세대네트워크펀드' '피델리티글로벌테크놀로지펀드' '한국투자글로벌전기차&배터리펀드' '한국투자한국의제4차산업혁명펀드' '한화코리아레전드4차산업혁명펀드' 'KB다이나믹4차산업EMP펀드', 'KB통중국4차산업펀드' 'NH-Amundi글로벌혁신기업펀드' 등이 있다. 이러한 펀드가 투자하는 주요 종목은 펀드마다 차이가 있지만 넷플릭스, 서비스나우, 알리바바, 알파벳, 애플, 엔비디아, 인텔, 키엔스, 테슬라, 텐센트, 페이스북, 페이팔, 플러그파워, AMD 등 혁신기업이 대부분이다. 다만 '한국투자한국의제4차산업혁명펀드'와 '한화코리아레전드4차산업혁명펀드'는 글로벌기업이 아닌 한국기업에만 투자하는 펀드라 차이가 있음에 유의하자.

국내 운용회사들도 속속들이 4차 산업혁명 관련 ETF를 선보이고 있다. 해외펀드는 환매할 때 2주일 가까이 걸리는 반면 국내 상장 해외 ETF는 주식과 동일하게 이틀 만에 결제가 가능하여 매매가 편리하다. 국내 주식시장에 처음 상장한 4차 산업혁명 관련 ETF는

'TIGER 글로벌4차산업혁신기술합성H'로 모닝스타의 기하급수적 성장기술 지수(Morningstar Exponential Technologies Index)를 추종한다. 이 지수는 빅데이터 및 분석, 나노기술, 의학 및 신경과학, 네트워크 및 컴퓨터 시스템, 에너지 및 환경 시스템, 로봇공학, 3D 프린팅, 생물정보학, 금융 서비스 혁신 등 9개의 글로벌 혁신 테마 기술과 관련한 2백 개의 주식에 투자한다. 9개의 테마는 매년 재검토한다. 이 밖에도 'S&P글로벌1200IT' 지수를 추종하는 'KBSTAR 글로벌4차산업IT합성H'는 IT 관련 주식에, 로보글로벌(ROBO Global)이 발표하는 'ROBO Global Robotics & automation UCITS Price Return Index'를 추종하는 'KODEX 글로벌4차산업로보틱스합성'은 로봇 관련 주식에 주로 투자하는 4차 산업혁명 관련 ETF다.

앞서 소개한 해외주식형펀드나 해외 ETF는 앞에서 여러 번 언급한 것처럼 매매(평가)차익에 대해서 15.4%의 배당소득세가 있고 금융소득종합과세에도 합산한다. 그렇기 때문에 ISA, IRP, 연금저축계좌 등 절세계좌를 활용하여 투자하면 좋다. 고액자산가의 경우에는 증권회사 전문가가 대신 해서 해외주식에 직접 투자해주는 랩어카운트(Wrap account) 가입을 고려해 볼 만하다. 주요 증권회사는 4차 산업혁명 관련 주식에 집중 투자하는 랩어카운트 상품을 내놓고 있다. 주요 상품으로는 '미래에셋글로벌이노베이션랩' '미래에셋GlobalX혁신성장ETF랩' '미래에셋슈퍼테마ETF랩' '하나글로벌4차산업1등주랩' '한국투자글로벌우주탐사혁신랩' '한화China5Go랩' 'DB글로벌4차산업랩' 등이

〈표1〉_ 4차 산업혁명 관련 펀드, 해외 ETF, 랩어카운트

구분	상품명	비고
펀드	교보악사로보테크펀드	교보악사자산운용
	멀티에셋글로벌클린에너지펀드	멀티에셋자산운용
	미래에셋글로벌혁신기업ESG펀드	미래에셋자산운용
	미래에셋G2이노베이터펀드	미래에셋자산운용
	삼성글로벌클린에너지펀드	삼성자산운용
	삼성픽테로보틱스펀드	삼성자산운용
	키움글로벌5G차세대네트워크펀드	키움자산운용
	피델리티글로벌테크놀로지펀드	피델리티자산운용
	한국투자글로벌전기차&배터리펀드	한국투자신탁운용
	KB다이나믹4차산업EMP펀드	KB자산운용
	KB통중국4차산업펀드	KB자산운용
	NH-Amundi글로벌혁신기업펀드	NH-Amundi자산운용
ETF	TIGER 글로벌4차산업혁신기술합성H	미래에셋자산운용
	TIGER 글로벌클라우드컴퓨팅INDXX	미래에셋자산운용
	TIGER 미국테크TOP10	미래에셋자산운용
	TIGER 미국필라델피아반도체나스닥	미래에셋자산운용
	TIGER 차이나전기차SOLACTIVE	미래에셋자산운용
	TIGER 차이나항셍테크	미래에셋자산운용
	KODEX 글로벌4차산업로보틱스합성	삼성자산운용
	KODEX 미국FANG플러스H	삼성자산운용
	KODEX 심천ChiNext합성	삼성자산운용
	KODEX 차이나항셍테크	삼성자산운용
	KBSTAR 글로벌4차산업IT합성H	KB자산운용
	KBSTAR 차이나항셍테크	KB자산운용
	KINDEX 차이나항셍테크	한국투자신탁운용
랩어카운트	글로벌이노베이션랩	미래에셋증권
	글로벌슈퍼테마ETF랩	미래에셋증권
	Global X 혁신성장 ETF랩	미래에셋증권
	글로벌4차산업1등주랩	하나금융투자
	China 5Go랩	한화투자증권
	글로벌4차산업랩	DB금융투자

있다. 증권회사마다 투자하는 종목에 차이는 있지만 로보틱스, 반도체, 사물인터넷, 이차전지, 인공지능, 자율주행, 전기차, 핀테크 등 4차 산업혁명 관련 주식에 집중 투자하는 컨셉이다. 3,000만 원 전후의 최저가입금액이 있으니 가입을 원하는 경우 해당 증권회사에 미리 문의를 해보면 된다. 지금까지 설명한 4차 산업혁명 관련 펀드, ETF, 랩어카운트를 정리해 보면 〈표1〉과 같다.

이제 본격적으로 미국 주식시장으로 눈을 돌려 보자. 아마도 해외주식 직접투자를 하고 있는 투자자라면 이미 넷플릭스, 마이크로소프트, 바이두, 아마존, 알리바바, 애플, 엔비디아, 퀄컴, 테슬라, 팔란티어, 페이스북, 페이팔 같은 종목은 익숙할 것이다. 물론 이러한 개별 종목 투자를 통해 4차 산업혁명 주식에 투자가 가능하지만 분산 투자 효과까지 누리기에는 어려운 점이 있다. 앞에서도 설명한 것처럼 이럴 때 유용한 투자 수단이 바로 ETF다. 그래서 4차 산업혁명을 중심으로 메가 트렌드를 형성할 가능성이 높은 주요 테마 ETF를 〈표2〉에 정리해 보았다.

〈표2〉에서 소개한 ETF 중에서 IT섹터 전반을 아우르는 'Technology Select Sector SPDR Fund(XLK)'는 애플, 알파벳, 마이크로소프트, 비자, 마스타카드, 엔비디아, 페이팔, 인텔, 시스코시스템즈, 애도비, 세일즈포스, 브로드컴, 액센추어 등 미국 대형 IT 기업 위주로 투자한다. 이처럼 ETF를 활용하면 다양한 종목에 분산 투자하는 효과를 볼 수 있다. 물론 〈표2〉에서 소개한 것 외에도 훨씬 많은 ETF가 있고 트

렌드에 맞춘 새로운 ETF도 지속 출시되니 꾸준히 관심을 갖도록 하자. ETF 구성종목 등은 'etfdb.com' 홈페이지에서 확인이 가능하다.

개인적으로 생각할 때는 ETF 만으로도 충분히 4차 산업혁명 관련 투자가 가능하다고 생각하지만 개인투자자 중에는 개별 종목을 선호하는 투자자도 있을 것이다. 그런 투자자를 위해 주요 종목을 〈표3〉에서 정리하는 것으로 마무리하고자 한다. 4차 산업혁명으로 인해 우리의 미래가 어떻게 바뀔 지는 예측 불가능하지만 많은 투자 기회가 존재하는 것만은 분명하다. 4차 산업혁명이란 큰 변화의 물줄기 속에서 독자 여러분들도 성공 투자 기회를 발견하기 바란다.

〈표3〉에서 미국에 상장되어 있는 4차 산업혁명 관련 기업을 항목별로 구분하여 정리는 했지만, 이러한 구분에 큰 의미를 부여할 필요는 없다. 4차 산업혁명 기업은 여러 분야의 사업에 동시에 진출해 있는 경우가 많기 때문이다. 구글만 하더라도 글로벌 검색 광고를 기반으로 하는 기업이지만 전자상거래, 클라우드, 자율주행 등 진출하지 않은 분야가 없을 정도다. 그러므로 실제 투자할 때는 항목별 구분에 얽매이지 말고 투자하려는 기업과 관련한 보고서나 책을 통해 전반적인 이해를 먼저 하는 것이 좋다.

미국 외 국가에서도 4차 산업혁명 관련 주식 투자가 가능하다. 특히 중국은 다양한 분야에서 미국과 경쟁 관계에 있다. 인터넷 검색 광고에서 알파벳과 쌍벽을 이루는 바이두, 전자상거래에서 아마존과 경쟁하는 알리바바는 중국 기업이지만 미국에 상장돼 있다. 페이스북에 대응할 만한 기업으로서 위챗을 기반으로 게임 및 광고 사업을 함께 영위하는 텐센트는 홍콩 주식시장에서 매수할 수 있다. 이 외에도 테슬라와 견줄 수 있는 전기자동차 제조 기업 비야디, 민간용 드론 세계 1위 기업 DJI(비상장), 5G 통신장비 기업 화웨이(비상장), 파운드리 기업 SMIC 등도 중국의 대표적인 기업이다.

일본은 로봇에 강점을 가지고 있다. 대표적인 기업으로는 로봇 분야 글로벌 기업 야스카와, 로봇 및 공작기계 콘트롤러 생산 기업 화낙, 공장자동화 관련 산업용 센서 및 계측기기 제조 기업 키엔스가 대표적이다. 통신과 인터넷 사업을 주로 영위하는 소프트뱅크와 가상현실 하드웨어 기기에서 강점을 보이는 소니도 빼놓을 수 없다.

지금까지 간단하게 설명했지만 4차 산업혁명 관련 주식 투자는 2~3개월 목표로 하는 것이 아니다. 어쩌면 독자들이 살아가는 동안 지속적으로 보유하며 동행해야 할 지도 모른다. 그러므로 성공투자를 위해서는 항상 관심을 갖고 트렌드를 살펴야 한다.

〈표2〉_ 4차 산업혁명 관련 미국 상장 ETF

구분	티커	종목명
ESG	ESGU	IShares ESG MSCI USA
	SUSL	IShares ESG MSCI USA Leaders
	USSG	MSCI USA ESGLeaders Equity
IT	IGV	iShares Expanded Tech-Software Sector
	IYW	iShares U.S. Technology
	VGT	Vanguard Information Technology
	XLK	Industrial Select Sector SPDR Fund
플랫폼	PLAT	WisdomTree Growth Leaders
혁신	ARKK	ARK Innovation
	GINN	Goldman Sachs Innovate Equity
	MOON	Direxion Moonshot Innovators
	XITK	SPDR FactSet Innovative Technology
5G	FIVG	Defiance Next Gen Connectivity
	NXTG	First Trust Indxx NxtG
	SNSR	Global X Internet of Things Thematic
클라우드	CLOU	Global X Cloud Computing
	SKYY	First Trust ISE Cloud Computing Index Fund
	WCLD	WisdomTree Cloud Computing Fund
로봇	AIQ	Global X Future Analytics Tech
	ARKQ	ARK Industrial Innovation
	BOTZ	Global X Robotics & Artificial Intelligence Thematic
	IRBO	iShares Robotics & Artificial Intelligence
	ROBO	ROBO Global Robotics and Automation Index
핀테크	ARKF	ARK Fintech Innovation
	FINX	Global X FinTech Thematic
사이버보안	BUG	Global X Cybersecurity
	CIBR	First Trust NASDAQ CEA Cybersecurity
	HACK	ETFMG Prime Cyber Security
	IHAK	iShares Cybersecurity and Tech

구분	티커	종목명
블록체인	BLOK	Amplify Transformation Data Sharing
	BLCN	Reality Shares Nasdaq NextGen Economy
	KOIN	Innovation Shares NextGen Protocol
	LEGR	First Trust Index Innovative Transaction & Process
이커머스	EBIZ	Global X E-commerce
	IBUY	Amplify Online Retail
	IPAY	ETFMG Prime Mobile Paments
	ONLN	Proshares Online Retail
소셜미디어	SOCL	Global X Social Media Index
	XLC	Cmmunication Service Select Sector SPDR Fund
자율주행	DRIV	Global X Autonomous & Electric Vehicles
	EKAR	Innovation Shares NextGen Vehicles & Technology
	IDRV	iShares Self-Driving EV and Tech
	KARS	KraneShares Electric Vehicles and Future Mobility Index
2차전지	BATT	Amplify Lithium & Battery Technology
	LIT	Global X Lithium
클린에너지	CTEC	Global X CleanTech
	FAN	First Trust ISE Global Wind Energy Index Fund
	HDRO	Defiance Next Gen H2
	ICLN	iShares Global Clean Energy
	PBW	Invesco WilderHill Clean Energy
	QCLN	First Trust NASDAQ Clean Edge Green Energy Index Fund
	RNRG	Global X Renewable Energy producers
	TAN	Invesco Solar
메타버스	BETZ	Roundhill Sports Betting & iGaming
	BJK	VanEck Vectors Gaming
	ESPO	VanEck Vectors Video Gaming and eSports
	GAMR	ETFMG Video Game Tech
	HERO	Global X Video Games & Esports

구분	티커	종목명
우주항공	ARKX	ARK Space Exploration
	ITA	iShares US Aerospace & Defense
	PPA	Invesco Aerospace & Defense
	ROKT	SPDR S&P Kensho Final Frontiers
	UFO	Procure space
	XAR	SPDR S&P Aerospace & Defense
헬스케어	IBB	iShares Nasdaq Biotechnology
	IHI	iShares U.S. Medical Device
	VHT	Vanguard Healthcar
	XBI	SPDR S&P Biorech
	XLV	Health care Select Sector SPDR Fund
원격의료	EDOC	Global X Telemedicine & Digital Health
게놈	ARKG	ARK Genomic Revolution
	GNOM	Global X Genomics & Biotechnology
IPO	IPO	Renaissance IPO
	SPAK	Defiance Next Gen SPAC Derived
	SPCX	The SPAC and New Issue
	SPXZ	Morgan Creek − Exos SPAC Originated

〈표3〉_ 미국 상장 4차 산업혁명 관련 주요 종목

구분	티커	종목명	주요특징
플랫폼	TWOU	2U	미국 1등 대학 에듀테크 플랫폼 기업
	DASH	도어대시	미국 1등 음식 배달 기업
	DOCU	도큐사인	미국 1등 전자서명 기업
	LYFT	리프트	미국 2위 차량공유 기업
	BIDU	바이두	중국 1등 인터넷, 검색엔진 기업,
	TEAM	아틀라시안	IT 개발 협업 플랫폼 솔루션 기업
	GOOGL	알파벳A	글로벌 1등 인터넷, 검색엔진 기업
	BABA	알리바바	중국 1등 전자상거래 기업
	AAPL	애플	글로벌 1등 스마트폰 제조 및 AR플랫폼
	UBER	우버	글로벌 1등 차량공유 및 기업
	ZM	줌비디오	온라인 화상회의 플랫폼 대표 기업
	ZG	질로우	미국 1등 부동산 중개 플랫폼 기업
	PTON	펠로톤	쌍방향 트레이닝 플랫폼 기업
IT	AMD	AMD	글로벌 2등 CPU / GPU 기업
	ASML	ASML Holdings	글로벌 1등 극자외선 노광장비 기업
	NXPI	NXP반도체	글로벌 1등 차량용 반도체 기업
	TSMC	TSMC	글로벌 1등 반도체 파운드리 기업
	LRCX	램리서치	글로벌 1등 식각장비 거업
	NVDA	엔비디아	글로벌 1등 GPU 기업
	MSFT	마이크로소프트	컴퓨터 하드웨dj, 소프트웨어 대표 기업
	INTC	인텔	반도체 제품 개발, 제조 판매 대표 기업
	XLNX	자일링스	글로벌 1등 FPGA(직접회로) 기업
	TXN	텍사스 인스트루먼트	글로벌 1등 아날로그 반도체 기업
이커머스	SHOP	쇼피파이	글로벌 1등 전자상거래 솔루션 기업
	AMZN	아마존	글로벌 1등 전자상거래 기업
	ETSY	엣시	핸드메이드 수공예품 전자상거래 기업
	CHWY	츄이	반려동물 전문 전자상거래 대표 기업

구분	티커	종목명	주요특징
5G	T	AT&T	미국 1등 통신 기업
	AVGO	브로드컴	글로벌 1등 통신 네트워크 반도체 기업
	QCOM	퀄컴	글로벌 1등 모바일 반도체 기업
	IIVI	투식스	글로벌 1등 광모듈 기업
클라우드	MDB	몽고DB	빅데이터 데이터베이스 대표 기업
	DDOG	데이터독	IT 모니터링 대표 기업
	NOW	서비스나우	IT 워크플로우 컴퓨팅 솔루션 기업
	CRM	세일즈포스	글로벌 1등 CRM 기업
	SNOW	스노우플레이크	데이터 웨어하우스 전문 기업
	ADSK	오토데스크	건축 관련 솔루션 기업
	WDAY	워크데이	HR 솔루션 대표 기업
	TWLO	트윌리오	커뮤니케이션 플랫폼 기업
	PLTR	팔란티어	빅데이터 분석 대표 기업
핀테크	MA	마스터카드	미국 결제 네트워크 대표 기업
	V	비자	미국 결제 네트워크 대표 기업
	SQ	스퀘어	온라인 결제 시스템 대표 기업
	PYPL	페이팔	온라인 결제 시스템 대표 기업
사이버 보안	SPLK	스플렁크	빅데이터 분석 소프트웨어 기업
	ZS	지스케일러	클라우드 보안 솔루션 혁신 기업
	CRWD	크라우드스트라이크	해킹 공격 전문 보안 기업
	FSLY	패스틀리	CDN 및 웹보안 솔루션 기업
소셜 미디어	MTCH	매치 그룹	글로벌 1등 데이팅 앱 기업
	SNAP	스냅	미국 모바일 메신저 대표 기업, 스냅챗
	FB	페이스북	글로벌 1등 소셜미디어 기업
	PINS	핀터레스트	글로벌 이미지 수집 플랫폼 대표 기업
콘텐츠	NFLX	넷플릭스	글로벌 1등 OTT(Over The Top) 기업
	DIS	디즈니	글로벌 콘텐츠 대표 기업
전기차	NIO	니오	중국 스타트업 전기차 대표 기업
	XPEV	샤오펑	중국 스타트업 전기차 대표 기업
	TSLA	테슬라	글로벌 1등 전기차 기업

구분	티커	종목명	주요특징
자율주행	LAZR	루미나	자율주행 라이다 대표 기업
	MVIS	마이크로비전	자율주행 라이다 스캐닝 대표 기업
	VLDR	벨로다인	글로벌 1등 자율주행 라이다 기업
클린 에너지	NEE	넥스트에라 에너지	미국 1등 신재생에너지 발전회사
	BLDP	빌라드파워	모빌리티용 수소 연료전지 선두 기업
	SEDG	솔라에지	글로벌 1등 태양광 인버터 생산 기업
	ENPH	인페이즈에너지	미국 태양광 인버터 생산 대표 기업
	PLUG	플러그파워	수소 연료전지시스템 대표 기업
메타버스	RBLX	로블록스	글로벌 게임제작 및 유통 플랫폼
	U	유니티소프트웨어	글로벌 1위 게임 개발 엔진 기업
우주항공	LHX	L3해리스	미국 항공우주, 방위산업 대표 기업
	NOC	노스럽그루먼	미국 항공우주, 방위산업 대표 기업
	LMT	록히드마틴	미국 최대 항공우주, 방위산업 기업
	SPCE	버진 갤럭틱 홀딩스	민간 우주여행 및 우주탐사 대표 기업
	BA	보잉	미국 항공기, 방위산업, 대표 기업
	IRDM	이리듐 커뮤니케이션	글로벌 1등 모바일 위성 통신 기업
	TRMB	트림블	첨단 위치 기반 솔루션 제공 선두 기업
헬스케어	DXCM	덱스컴	글로벌 1등 연속혈당측정기 생산 기업
	SDGR	슈뢰딩거	AI와 머신러닝 기반 신약개발 플랫폼 기업
	ALGN	얼라인 테크놀로지	글로벌 1등 맞춤형 투명 교정장치 기업
	NVTA	인바이테	유전자 분석 대표 기업
	PODO	인슐렛	인슐린 패치 생산 및 판매 대표 기업
	ISRG	인튜이티브 서지컬	글로벌 1등 의료용 수술 로봇 기업
	ILMN	일루미나	글로벌 1등 유전자 분석 기업
	CRSP	크리스퍼 테라퓨틱스	유전자 가위 기술 대표 기업
	TDOC	텔라독	미국 1등 원격의료 플랫폼 기업
3D 프린터	SSYS	스트라타시스	3D 프린터 제조 대표 기업
	DDD	3D 시스템	3D 프린터 제조 대표 기업

235

8 PART

자산배분의 완성

내공 있는
원자재
투자 활용법

최고의 안전자산 금

금은 은과 더불어 보관 및 휴대가 편리한 귀금속이다. 인류 역사에서 수천 년 동안 금과 은은 화폐로서 중요한 지위를 누려온 대표적인 안전자산이기도 하다. 화폐로서의 지위를 유지하기 위해서는 가치척도, 지급수단, 가치저장, 교환기능이 있어야 한다. 그런데 초기에 사용하던 조개껍데기, 곡물, 천, 소금, 가축 같은 물품화폐는 이런 기능을 하기엔 한계에 봉착할 수밖에 없었다. 이에 반해 금과 은은 화폐로서의 역할을 수행하는데 매우 적합하고 희소성도 있는 귀금속이었다. 특히 금은 법정화폐를 사용하는 요즘에도 장신구뿐만 아니라 투자 대상으로서 아주 중요한 자산이다.

영국은 1816년 세계 최초로 금본위제를 채택하고 중앙은행이 보유한 금에 해당하는 만큼 통화(파운드화)를 발행했다. 당시 중앙은행이 발행한 파운드화는 원하는 경우 언제든지 금으로 교환이 가능했다. 이와 같이 은행권을 금으로 교환해 주는 것을 금태환이라 하며, 이 은행권을 태환 화폐라 한다. 이처럼 영국을 중심으로 대부분의 국가는 중앙은행이 보유하고 있는 금에 해당하는 만큼만 통화를 발행하는 금본위제를 시행했다. 그러나 제1차 세계대전을 치르면서 막대한 전쟁 비용 조달을 위해 통화를 늘릴 수밖에 없었던 영국은 결국 1914년에 금본위제 포기를 선언한다. 미국도 제 2차 세계대전 및 베트남 전쟁을 거치면서 국제수지 적자가 심화되자 닉슨 대통령이 1971년에 금태환 정지를 선언하게 된다. 달러를 금으로 교환해 달라고 요청해도 더 이상 이에 응할 수 없다고 선언함으로써 미국도 금본위제를 폐지하게 된 것이다. 세계 각국의 화폐는 글로벌 경제 패권의 움직임에 따라 스페인, 네덜란드를 거쳐 19세기에는 영국의 파운드화가 금본위제를 도입하고 세계적으로 통용되는 기축통화의 지위를 누리게 된다. 그러나 두번의 세계 대전으로 영국 파운드화는 세계 기축통화 자리를 미국 달러화에 내주었고 근래엔 G2 국가 중 하나인 중국의 위안화가 그 자리를 호시탐탐 노리고 있다.

글로벌 경제는 한치 앞을 예상하기 힘들 정도로 빠르게 변하고 있다. 때로는 2008년 미국에서 발생한 금융위기나 2020년 초부터 급격하게 확산된 코로나 19 바이러스 사태처럼 전 세계가 공황 상태에 빠질 정도의 쇼크를 겪기도 한다. 이럴 때마다 금은 안전자산으로서의

239

〈표1〉_ 최근 10년간 국제 금가격 추이

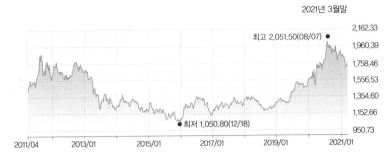

2021년 3월말

최고 2,051.50(08/07) ●

최저 1,050.80(12/18) ●

2,162.33	
1,960.39	
1,758.46	
1,556.53	
1,354.60	
1,152.66	
950.73	

2011/04 2013/01 2015/01 2017/01 2019/01 2021/01

투자 매력이 높아지곤 한다. 최근 하락세를 보이고 있지만 코로나19 펜데믹 영향 등으로 국제 금 가격은 2천 달러를 넘기도 했다. 그러면서 금에 대한 국내 개인투자자의 관심이 다시금 높아졌다. 이제 금과 관련하여 어떤 투자 방법이 있는지 차근차근 살펴보도록 하자.

우선 최근 10년간 국제 금 가격 추이를 살펴보면 〈표1〉에서 보는 것처럼 2011년에 트로이온스*당 1,900달러에 근접하는 수준까지 오른 후 하락하여 2015년엔 트로이온스당 1,050달러까지 하락하기도 했다. 2020년 코로나19로 꾸준히 오르던 금값은 2020년 2,051달러를 찍고 하락하여 2021년 3월말 현재 1,700달러 수준이다. 국내 금 가격은 국제 금 가격에 원/달러 환율 영향을 함께 받으므로 국제 금 가격과 똑같이 비례해서 움직이지는 않지만 유사한 흐름을 보인다.

금은 보유하고 있다고 해서 채권 이자나 주식 배당처럼 현금흐름이

---

* 트로이온스는 금, 은 등 귀금속과 보석의 중량 단위로 1트로이온스는 31.1035g에 해당한다.

생기는 건 아니다. 원유처럼 계속 사용한다고 해서 고갈될 일도 없다. 농산물처럼 먹어서 재고가 줄거나 오랫동안 보관이 어려운 것도 아니다. 금광 업체들은 광산에서 꾸준히 금을 생산해 시장에 공급하지만 이미 시장엔 과거에 생산한 많은 양의 금이 유통되거나 보관되어 있다. 이런 이유 때문에 금의 생산원가에 대한 논란이 많은 편이다.

금광을 발굴하고 채굴해 금을 생산하는데 드는 비용을 원가로 해석해 금 가격의 지지선을 예상하는 보고서가 많지만 이미 생산되어 유통되는 물량이 많아 이러한 지지선이 의미 있게 유지될 수 있는가에 대해선 확신하기 어렵다. 또한 지속적인 금광 발굴과 채굴 기술 향상도 금 가격 상승을 제한하는 요인이다. 다만, 금은 경제 위기나 전쟁 등으로 다른 자산 가격이 하락할 때 두각을 나타낸다. 금리 인하나 양적완화로 달러 가치가 하락하는 경우에도 금 가격은 오르는 경향이 있다. 이처럼 금은 다른 자산과 방향성이 달라 포트폴리오 분산 효과가 큰 편이다. 그런데 금에 투자하는 다양한 방법 중에서 어떤 것을 선택하는지에 따라 수익과 세금은 제각각이다.

우선 국내에서 금에 투자하는 방법은 어떤 것이 있을까? 가장 먼저 떠오르는 방법은 금반지, 황금열쇠, 골드바 같은 실물 금에 투자하는 것이다. 실물 금에 투자하는 가장 큰 이유 중 하나는 금을 실제로 보유하고 있다는 심리적 만족감이다. 시계, 반지, 목걸이 등 금으로 만든 장신구를 실제 착용함으로써 얻게 되는 효용 또한 크다. 예전에는 증여세나 상속세를 내지 않고 자녀에게 몰래 자산을 물려 주려고 실물 금을 사기도 했었다. 물론 크지 않은 금액이라면 별도로 신고하지 않고 물려 주더라도 국세청에서 알 수 없는 노릇이다. 하지만 백화점, 홈쇼핑, 사설 금거래소에서 일정 규모 이상의 골드바 등 실물 금을 사고 파는 경우 거래 내역이 남는다. 카드를 사용하거나 은행에서 자금을 인출한 내역도 확인이 가능하다. 상속, 증여세를 회피할 목적으로 활용하다가는 오히려 이로 인해 나중에 낭패를 볼 수 있다.

골드바 투자와 관련한 이야기를 조금 더 나눠보자. 골드바는 귀금속 판매점뿐만 아니라 백화점, 홈쇼핑, 사설 금거래소, 증권회사, 은행, 저축은행에서도 매수가 가능하다. 거래 단위 10g~1kg 사이에서 다양하게 매수할 수 있어 소액으로도 투자가 가능하다. 그런데 골드바는 어디에서 사느냐에 따라 수수료 차이가 크다. 홈쇼핑이나 백화점이 수수료가 높고 은행 같은 금융회사가 저렴한 편이다. 금융회사는 부수적인 업무로 금을 판매하므로 고객 서비스 차원에서 비교적 낮은 수수료를 부과하기 때문이다.

골드뱅킹 통장을 이용하라

골드바를 살 때 가장 큰 비중을 차지하는 비용은 부가가치세다. 홈쇼핑, 백화점, 은행 어디에서 사더라도 부가가치세 10%는 내야 한다. 그리고 거래 단위에 따라 차이는 있지만 수수료가 낮은 은행을 통해서 사더라도 대략 3~5% 정도의 수수료가 발생한다. 금을 되파는 경우에도 비슷한 수수료를 내야 한다. 부가가치세와 수수료를 포함하면 골드바를 한번 샀다가 되팔 때 약 15~20% 정도 비용이 발생하게 되는 것이다. 그렇기 때문에 단기적인 시세차익을 노린다면 골드바 실물 투자는 바람직하지 않다. 게다가 골드바는 분실이나 도난 문제도 우려된다. 물론 금고를 구입해 집에 보관해도 되고 거래하는 은행이나 증권회사의 대여금고를 이용해도 되지만 이 또한 비용이 발생하거나 VIP 고객만 이용 가능하므로 제한적일 수 밖에 없다. 결론적으로 순수한 투자목적이라면 골드바 투자는 실효성이 떨어진다.

그렇다면 골드뱅킹(GOLD BANKING)은 어떨까? 아마도 개인투자자에게 제법 익숙한 방법일 것이다. 굳이 골드바 실물이 필요하지 않은 투자자라면 은행에서 골드뱅킹 통장을 만들어 금을 사고 팔면 된다. 골드뱅킹을 활용하면 0.01g 단위부터 거래가 가능하므로 아주 작은 소액으로도 간편하게 금 투자가 가능하다. 실물 금을 보관할 필요도 없이 통장만 가지고 있으면 되므로 보관에 대한 걱정도 전혀 할 필요가 없다. 금을 사는 방법은 간단하다. 골드뱅킹 통장에 입금만 하면 된다. 그러면 국제 금 시세에 원/달러 환율을 적용해 금을 사게 된다. 반대로 금을 팔아 돈을 찾을 때는 국제 금 시세에 원화로 환산한 금액을 받게 된다. 그런데 금 매매를 할 때 원화로 환산한 시세를 적용하므로 주의가 필요하다. 금값이 올라도 원화가치가 하락하면 손해를 볼 수 있고, 금값이 떨어져도 원화 가치 상승으로 인한 환차익을 볼 수도 있기 때문이다. 금융위기처럼 특수한 경우를 제외하면 금과 달러 가치는 반대방향으로 움직이는 경우가 많아 금 시세가 올라도 원화가치가 하락해 이익이 일부 상쇄되는 경향이 있다. 그런 이유 때문에 골드뱅킹에 가입할 때는 금 가격뿐만 아니라 원/달러 환율 동향에도 관심을 기울이는 것이 좋다. 신한은행은 달러화로 고시되는 국제금 가격의 특성을 고려해, 달러를 보유하고 있는 투자자가 달러로 가입이 가능한 '달러&(앤) 골드테크' 상품도 취급하고 있다. 골드뱅킹은 금을 매수하고 매도할 때 금 매매기준율에 1%정도의 스프레드(수수료)가 각각 발생한다.

골드뱅킹 출시 당시에는 금 가격 상승에 따른 차익에 세금이 없었다. 즉 원화로 환산한 금액으로 계산해 차익이 발생하면 비과세가 되는 상품이었다. 하지만 2010년부터 정부가 15.4% 배당소득세를 부과하면서 논란이 일었다. 비과세로 알고 판매한 은행 직원과 개인투자자 모두에게 배당소득세 부과는 큰 혼란을 주었다. 특히 금융소득 종합과세에 해당하는 투자자에겐 골드뱅킹의 투자 매력을 반감시키는 장애 요인으로 작용했다. 다행히 '골드뱅킹으로 얻은 차익에 대한 세금 부과는 부당하다'는 대법원 판결과 '골드뱅킹 차익의 과세 제외'에 대한 기획재정부의 유권해석이 나오면서 금 시세 차익에 대한 세금이 사라졌다. 그런데 다시 2017년 12월에 세법개정안이 국회를 통과함에 따라 도로 과세를 하는 것으로 바뀌었다. 이에 따라 2018년 1월 1일 이후 출금을 하거나 중도 해지하면 골드뱅킹 투자로 생긴 전체 매매 차익에 대해 15.4%의 배당소득세를 원천징수한다.

골드뱅킹에 가입한 투자자는 원하는 경우 실물 금으로 인출 요청을 할 수 있다. 다만 골드바 인출을 위해서는 일정 중량 이상이어야 하며 백화점이나 홈쇼핑에서 구입할 때와 마찬가지로 10%의 부가가치세를 내야 한다. 골드바 인출 서비스를 해주는 은행에도 인출 단위에 따라 3~5% 정도의 수수료를 별도로 내야 한다. 부가가치세와 수수료 비용 부담이 꽤 큰 편이므로 꼭 필요한 경우가 아니라면 골드바 인출보다는 통장 거래를 권한다. 현재 골드뱅킹은 신한은행, 우리은행, KB국민은행 등에서 가입이 가능하다.

한국거래소 KRX금시장

국내에서 가장 낮은 비용으로 편리하게 금에 투자할 수 있는 방법은 무엇일까? 바로 한국거래소 KRX금시장을 이용하는 것이다. KRX금시장에서의 금 매매는 주식을 사고 파는 것과 같은 방식이므로 골드뱅킹 만큼이나 쉽게 접근이 가능하다. 금 매매를 통한 양도차익에 세금이 없어 아무리 많은 수익이 발생하더라도 금융소득 종합과세를 걱정할 필요가 없다. 장내 매매의 경우 10%의 부가가치치세와 3%의 관세도 면제된다. 게다가 증권거래세 면제 혜택까지 주어지고 있어 현재는 온라인 기준 0.15%(부가세 포함 0.165%) 정도의 증권회사 매매수수료만 발생한다. 매일 금 잔량을 시가로 환산한 금액의 0.00022%(부가세 포함, 연간 0.08%)가 보관수수료로 부과되나 부담스러운 수준은 아니다. 국내에서 금 매매와 관련해서 가장 낮은 비용으로 투자할 수 있는 방법이다.

거래 방법을 조금 더 자세히 살펴보자. 매매를 하려면 KRX금시장 회원사로 되어 있는 증권회사에서 금거래 전용계좌를 개설해야 한다. 2021년 6월말 현재 회원 증권회사로는 대신증권, 미래에셋증권, 삼성증권, 신한금융투자, 유안타증권, 키움증권, 하나금융투자, 한국투자증권, KB증권, NH투자증권 등이 있다. 계좌를 개설한 이후에는 MTS나 HTS로 주식과 동일하게 매매하면 된다. 물론 지점에 방문하거나 전화로도 매매할 수 있다. 매매는 오전 9시부터 오후 3시 30분까지 가능하며 거래는 1g단위로 이루어진다.

따라서 10만 원 정도의 소액으로도 금 투자가 가능하다. KRX금시장에서 매수한 금은 한국예탁결제원에 보관된다. 만약 실물 보유를 원하면 거래 증권회사를 통해 골드바 인출을 요청할 수 있다. 이 경우엔 10% 부가가치세와 운송수수료를 내야 한다. 수수료는 내륙인 경우 1kg 기준 10~15만 원 수준이다. 인출 신청 후 수령하기까지는 이틀 정도 걸린다. 2021년 6월말 현재 KRX금시장엔 1kg 종목과 100g 종목이 상장돼 있으며 골드바의 경우도 종목에 따라 1kg과 100g 단위로 인출할 수 있다.

간접투자 방식인 펀드로도 금 투자를 할 수 있다. 투자 대상에 따라 금 관련 해외 기업 주식에 투자하는 펀드와 금 관련 ETF나 선물에 투자하는 펀드로 나눌 수 있다. 금 관련 기업 주식에 투자하는 대표적인 펀드로는 '블랙록월드골드펀드' '신한골드펀드' ' IBK골드마이닝펀드' 등이 있다. 예를 들어 '블랙록월드골드펀드'의 경우엔 Newcrest

Mining, Randgold Resources, Newmont Mining 등 글로벌 광산업체 주식에 주로 투자한다. 금 관련 기업 주식에 투자하므로 금 시세에 영향은 받지만 금 가격 움직임과 반드시 비례하지는 않는다. 전반적인 글로벌 주식 시황 및 개별 기업의 실적에도 영향을 같이 받기 때문이다. 일반적으로 금 가격 상승분보다 금 관련 기업 주식에 투자하는 펀드의 성과가 더 높게 나타나는 경향이 있다.

금 관련 글로벌 ETF나 선물에 주로 투자하는 대표적인 펀드로는 '미래에셋인덱스로골드특별자산펀드' '이스트스프링골드리치특별자산펀드' ' KB스타골드특별자산펀드' 등이 있으나 펀드 설정금액이 크지 않다. 펀드에 가입할 때 환 헤지 여부를 선택할 수 있는데 펀드 이름에 'H(Hedge)'가 붙어 있으면 환 헤지를 하고 'UH(Unhedge)'가 붙어 있으면 환 헤지를 하지 않는 펀드다. 환율변동을 예측하는 것 자체가 거의 불가능하므로 환 헤지를 하는 것과 하지 않는 것 중에 어느 쪽이 유리할 지는 알 수 없다. 다만, 원화로 투자하면서 환율 영향 없이 오로지 금 가격 상승 분에 대한 수익을 추구하려 한다면 환 헤지가 되어 있는 펀드에 가입하면 된다. 앞에서 설명한 투자 대상에 따른 펀드를 정리하 면 〈표2〉과 같다. 금 펀드는 해외주식형펀드와 마찬가지로 수익에 대하여 15.4% 배당 소득세가 있고 금융소득 종합과세에도 합산한다. 따라서 ISA나 연금저축계좌처럼 절세 가능 계좌에서 투자하는 것이 좋다.

금 투자는 국내 상장 ETF를 활용하면 선택의 폭이 넓어진다. 펀

<표2>_ 금 관련 주요 펀드 현황

투자대상	펀드 이름
금광 기업	블랙록월드골드펀드
	신한BNPP골드펀드
	IBK골드마이닝펀드
금선물 또는 금ETF	KB스타골드특별자산펀드
	미래에셋인덱스로골드특별자산펀드
	이스트스프링골드리치특별자산펀드

드 환매에 일주일 이상 걸리는 금 펀드에 비해 ETF나 ETN을 활용하 면 주식처럼 매매도 편하고 결제도 빠르다. 금 가격 상승을 예상하면 'TIGER 골드선물H'나 'KODEX 골드선물H' ETF를 매수하면 된다. 참고로 TIGER ETF에는 금과 은에 동시에 투자하는 'TIGER 금은선물H' ETF도 상장되어 있다. 금 가격의 강한 상승을 전망하면 'KINDEX 골드선물레버리지합성H' ETF로 수익을 높일 수 있고 반대로 강한 하락을 예상하면 '삼성인버스2X금선물ETNH'에 투자하면 된다. ETF나 ETN도 펀드와 마찬가지로 이름 뒤에 붙어 있는 'H'는 환 헤지를 의미한다. 원/달러 환율이 헤지되어 있는 ETF를 매매하면 환율과 상관 없이 금 시세 변동만 영향을 받는다고 보면 된다. 주요 ETF와 ETN을 정리하면 <표3>와 같다.

금 관련 ETF나 ETN도 매매차익에 대해 배당소득세 15.4%를 내야하고 금융소득 종합과세에도 합산한다. 따라서 금융소득 종합과세를 우려하는 투자자라면 국내 상장 ETF 보다는 오히려 해외에 상장

〈표3〉_ 금 관련 주요 ETF / ETN 현황

금 가격	ETF / ETN 종목
상승	TIGER 골드선물H TIGER 금은선물H KODEX 골드선물H 삼성 KRX금현물ETN 신한 금선물ETNH TRUE 금선물ETN
강한 상승	KINDEX 골드선물레버리지합성H 삼성 레버리지금선물ETNH 신한 레버리지금선물ETN
하락	KODEX 골드선물인버스H 신한 인버스금선물ETNH TRUE 인버스금선물ETN
강한 하락	삼성 인버스2X금선물ETNH 신한 인버스2X 금선물ETN

한 ETF를 활용하면 좋다. 해외주식과 마찬가지로 수익의 22%만 양도소득세로 내면 되기 때문이다. 또한 국내 상장 ETF에 비해 종류가 다양하여 선택의 폭도 훨씬 넓다. 그 중에 'SPDR Gold Trust(GLD)'는 런던 금고에 보관한 현물 금 가격을 기초자산으로 활용하는 세계 최대의 금 현물 보유 ETF이며, 이 보다 규모는 작지만 'iShares Gold Trust(IAU)'는 세계 각지의 금고에 보관한 현물 금 가격을 기초자산으로 활용하는 ETF로 보수가 상대적으로 저렴하다. 〈표4〉에서 보는 것처럼 레버리지와 인버스 형태의 ETF도 다양하게 상장돼 있다.

금은 채권처럼 이자가 나오지 않는다. 금 가격이 오르지 않으면 수

<표4>_ 금 관련 미국 상장 주요 ETF / ETN 현황

금 가격	티커	ETF / ETN 종목
상승	GLD	SPDR Gold Trust
	IAU	iShares Gold Trust
강한 상승	DGP	DB Gold Double Long ETN
	UGL	ProShares Ultra Gold
하락	DGZ	DB Gold Short ETN
강한 하락	DZZ	DB Gold Double Short ETN

익이 없다. 물론 금 가격이 하락하는 경우 인버스 ETF에 투자해서 수익을 낼 수 있지만 이 경우는 논외로 하고 말이다. 이러한 단점을 보완할 수 있는 투자 대안으로 금광 기업의 주식이나 ETF에 투자하는 방법이 있다. 이 경우 배당금이 나오므로 꾸준한 현금흐름 창출이 가능하고 금 가격이 오르면 추가 수익도 낼 수 있다. 'Vaneck Vectors Gold Miners(GDX)'는 전세계 금광기업 주식을 편입한 ETF이며 'Vaneck Vectors Junior Gold Miners(GDXJ)'는 스몰캡 금광기업 주식에 투자하고 있다. 보다 공격적인 투자를 원하면 레버리지 ETF에 투자하면 된다. 주요 ETF는 <표5>를 참고하도록 하자.

지금까지 설명한 금 관련 투자는 금 가격이 올라갈지 내려갈지 방향을 맞혀야 수익을 낼 수 있다. 그런데 금 가격이 현재보다 큰 폭으로 떨어지지는 않을 거라 예상할 때 수익을 낼 수 있는 투자 방법이 있다. 바로 금을 기초자산으로 하는 DLS인데 비교적 낮은 위험으로 정기예금보다 높은 수익을 기대할 수 있다. 그런데 문제는 금 하나만을

〈표5〉_ 금광 기업 관련 미국 상장 주요 ETF 현황

금 가격	티커	ETF / ETN 종목
상승	GDX	Vaneck Vectors Gold Miners
	GDXJ	Vaneck Vectors Junior Gold Miners
강한 상승	NUGT	Direxion Daily Gold Miners 2X Shares
하락		–
강한 하락	DUST	Direxion Daily Gold Miners Bear 2X Shares
	JDST	Direxion Daily Junior Gold Miners Index Bear 2X Shares

기초자산으로 하는 DLS는 낮은 변동성 때문에 기대수익률이 낮아 상품이 잘 나오지 않는다. 그래서 증권회사에서는 은이나 원유 같은 다른 기초자산을 섞어 DLS를 만든다. 그렇기 때문에 금 관련 DLS에 투자하려면 금보다 변동성이 더 높은 은이나 원유 같은 다른 기초자산에 더 신경을 써야 한다.

참고로 은은 구리, 아연, 납, 금 등의 생산과정에서 함께 나오는 비중이 크다. 화폐로서의 가치는 금에 비해 떨어지는 편이며 장신구로 많이 쓰나 산업재로 사용하는 비중도 높다. 이러한 이유 때문에 은도 생산원가로 추정하는 가격보다 더 떨어지기는 경우가 있다. 은이 기초자산에 포함된 DLS에 투자할 때는 보다 신중하게 접근해야 한다. 원유도 변동성이 높기는 마찬가지다. 원유에 대한 이야기는 바로 이어서 따로 살펴보기로 하자.

에너지 자원의 근간 원유

요즘도 마찬가지겠지만 필자가 초등학교 다니던 시절에는 과학도서를 읽고 독후감을 내곤 했다. 그렇게 읽은 과학도서에 원유와 관련한 내용이 있었던 것으로 기억한다. 원유는 매장량이 한정되어 50년 정도 사용하면 고갈된다는 내용이었다. 아마도 천연자원이 부족한 우리나라는 에너지를 아껴 써야 한다는 교훈을 전달하려 했던 것 같다. 원유 생산 가능 기간은 아마도 당시의 매장량, 생산량, 생산기술을 고려해서 50년이란 숫자를 산출해 냈을 것이다. 그런데 그로부터 30년이란 세월이 훌쩍 흘렀지만 아직도 원유 공급엔 전혀 문제가 없어 보인다. 오히려 원유 탐사 및 채굴 기술의 발달로 앞으로도 오랫동안 원유 고갈에 대한 걱정은 없으리라 생각한다. 원유 생산량 증가엔 진흙이

쌓여 굳어진 퇴적암의 한 종류인 셰일 층에서 뽑아내는 셰일 오일(Shale Oil) 채굴 기술도 한몫 거들고 있다.

국제 유가는 2008년 한때 140달러 이상으로 치솟으며 200달러까지 오를 거라는 전망도 있었지만 2016년엔 30달러 아래로 떨어졌다. 그 뒤로 다시 가격을 회복하여 2018년 70달러 이상으로 올랐으나 코로나 19 사태로 2020년 5월물 WTI 기준 장중 −37달러까지 하락하는 전대 미문의 사건이 벌어지기도 했다. 그 이후 현재까지 지속적인 오름세로 2021년 3월말 현재 60달러 수준에 머물러 있다.

2013년과 2014년에는 금과 원유를 기초자산으로 하는 DLS 상품에 가입한 투자자가 많았다. 금과 유가가 안정적이던 시기에는 비교적 높은 수익을 안정적으로 받을 수 있었지만 2014년부터 원유 가격이 급락하자 손실을 보는 투자자도 많이 생겼다. 이처럼 국제 유가는 실생활에서도 많은 영향을 끼치지만 투자의 세계에서도 밀접하게 관련돼 있다. 대표적인 국제 유가 중 하나인 서부텍사스유(WTI, West Texas Intermediate)의 과거 10년간 가격 움직임부터 살펴보면 〈표1〉과 같다.

원유와 관련한 이야기를 조금 더 해보자. 원유 관련 뉴스를 보다 보면 서부텍사스유, 브렌트유, 두바이유 등의 용어를 접하게 된다. 이는 미국석유협회(API)가 비중(Gravity)과 황 함량에 따라 3대 유종으로 나눈 것이다. 2010년까지만 하더라도 WTI의 가격은 다른 원유와 비슷하거나 상대적으로 높은 수준이었으나 셰일 오일 생산량 증가 등으로 현재는 WTI 가격이 가장 낮은 수준이다. 셰일 오일이란 셰일층(유기

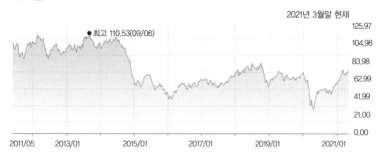

〈표1〉_ 지난 10년간 서부텍사스유 가격 추이

2021년 3월말 현재

● 최고 110.53(09/06)

물을 함유한 암석)에 갇혀 있는 원유를 의미하는데 이를 시추하려면 고도
의 기술이 필요해 생산단가가 높았다. 그러나 수압을 이용한 굴착기
술 발달로 생산 원가를 낮출 수 있게 되자 근래에는 생산량이 꾸준히
증가하고 있다. 영국 북해 지역에서 생산하는 브렌트유와 중동 아랍
에미리트에서 생산하는 두바이유의 가격 움직임도 함께 살펴보면 〈표
2〉와 〈표3〉과 같다. 큰 흐름으로는 WTI와 비슷한 움직임을 보여주고
있다.

원유 공급 증가로 국제 유가가 낮은 수준에 머물면 우리는 실생활에
서 많은 혜택을 받게 된다. 냉난방을 하고 자가용을 타고 버스나 비행
기 등 대중교통을 이용하는 많은 곳에서 비용을 아낄 수 있다. 전력을
생산하거나 제품을 만드는 기업에게도 제조 원가를 낮출 수 있는 중
요한 요인으로 작용한다. 우리나라처럼 천연자원이 부족해 전적으로
원유를 수입에 의존해야만 하는 국가에게 유가하락은 이처럼 매우 큰
혜택이다. 그러나 유가 하락이 모든 이에게 좋은 것만은 아니다. 당연

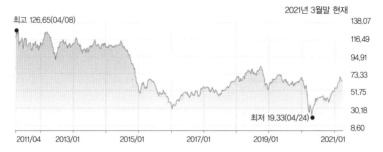

〈표2〉_ 지난 10년간 브렌트유 가격 추이

2021년 3월말 현재

최고 126.65(04/08)

138.07
116.49
94.91
73.33
51.75
30.18
8.60

최저 19.33(04/24)

2011/04   2013/01   2015/01   2017/01   2019/01   2021/01

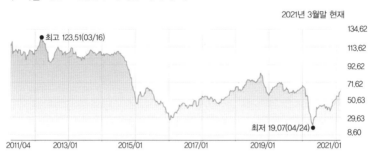

〈표3〉_ 지난 10년간 두바이유 가격 추이

2021년 3월말 현재

● 최고 123.51(03/16)

134.62
113.62
92.62
71.62
50.63
29.63
8.60

최저 19.07(04/24) ●

2011/04   2013/01   2015/01   2017/01   2019/01   2021/01

히 유가가 오를 때 수혜를 입는 투자자, 기업, 국가도 있다. 유가는 수요와 공급, 기후, 국가간 역학 관계에 따라 오르고 내림을 반복하게 되는데 이런 움직임 속에서 투자자는 어떤 기회를 찾을 수 있을까? 그리고 기회를 포착했을 때 보다 높은 수익을 얻으려면 어떤 투자 방법을 활용하면 좋을까?

국제 유가와 국내 기업 주가

우선 국제 유가 등락에 따라 국내 기업의 주가는 어떤 영향을 받는지 살펴보자. SK이노베이션, S-OIL 등 정유업종 기업은 보통 3개월 주기로 원유를 구입하는데 유가가 상승하면 재고 평가이익이 늘어난다. 해양플랜트 사업을 하는 건설회사는 중동 국가들의 재정 수입 증가로 인한 플랜트 건설 발주가 늘어나면서 수혜를 본다. 반대로 유가가 떨어지면 원유 사용량이 많은 한국전력 같은 유틸리티 업종은 원가 절감 효과가 커진다. 또한 유류비가 운영비의 30% 정도를 차지하는 대한항공 같은 항공회사도 대표적인 저유가 수혜 기업이다. 조금 더 사고를 확장해 보면 저유가는 자동차 소비 및 레저 활동을 증가시켜 현대차, 기아, 하나투어, 모두투어와 같은 기업에도 긍정적인 영향을 준다. 그러나 이런 기업이 유가 등락 한 가지 변수만으로 기업 가치가 변하는 건 아니다. 한국전력이나 대한항공은 유가 영향을 많이 받는 건 틀림없지만 환율 영향도 크게 받는다. 물론 환율은 항공유를 구입할 때도 직접적인 영향을 주지만 외화 부채 규모가 워낙 크기 때문에, 이로 인한 환율 영향이 기업 가치에 큰 영향을 미친다. 기업의 주가는 환율, 내수, 글로벌 경기, 수급 등 여러 복합적인 변수에 따라 움직인다. 단편적인 유가 분석만으로 무턱대고 유가 관련 기업에 투자하는 건 어리석은 짓이다.

이제 본격적으로 원유 관련 투자에 대해 알아보자. 아무래도 가장 익숙한 투자 방법은 국내 설정 원유관련 펀드에 투자하는 것이다. 브라질이나 러시아주식형펀드를 먼저 떠올리는 투자자도 있을 텐데 이들 펀드가 페트로브라스, 가스프롬 같은 에너지 기업에만 투자하는 건 아니지만 펀드 내 비중이 높아 유가의 움직임과 펀드 수익률은 상관관계가 높다.

따라서 유가 상승을 예상할 때 이런 지역에 투자하는 펀드도 좋은 성과를 기대할 수 있다. 대표적인 펀드를 소개하면 〈표4〉와 같다.

앞서 소개한 러시아, 브라질 주식형펀드는 유가가 올라갈 때 해당 국가의 경제가 좋아지면서 펀드 수익이 높아지는 반면 '블랙록월드에너지펀드'처럼 에너지 기업에 직접 투자하는 펀드도 있다. 종합에너지 기업부터 에너지 탐사 및 생산, 정제, 마케팅 및 유통 관련 글로벌 기업에 투자하는 펀드다. '키움글로벌천연자원펀드'나 '한화천연자원펀

〈표4〉_ 원유 관련 해외주식형펀드 현황

투자지역	펀드명
브라질	멀티에셋삼바브라질펀드 미래에셋브라질업종대표펀드 KB브라질펀드
러시아	미래에셋러시아업종대표펀드 미래에셋인덱스로러시아펀드 키움러시아익스플로러펀드 한화러시아펀드 KB러시아대표대장주펀드
브라질&러시아	디더블유에스브러시아펀드 미래에셋브라질러시아업종대표펀드
중동&아프리카	한화중동&아프리카펀드

8장_ 내공 있는 원자재 투자 활용법

드'도 에너지 기업에 투자하나, 이 펀드는 기초금속과 귀금속 섹터 기업에도 투자하기 때문에 원유뿐만 아니라 전반적인 원자재 섹터의 상승을 기대할 때 적합한 펀드다. 천연자원펀드는 여러 섹터의 원자재 기업에 분산 투자하는 효과가 있지만 원유 관련 기업과 금속 관련 기업의 주가 흐름이 다르면 유가 상승에 따른 효과를 온전히 누리기 어렵다. 그렇기 때문에 펀드 성격을 정확히 이해하고 투자 목적에 맞는 펀드를 골라야 한다. 투자대상에 따른 주요 원자재 펀드는 〈표5〉와 같다.

에너지 기업에 투자하는 펀드 수익률은 원유 가격 움직임과 정확히 비례하지는 않는다. 국제 유가 움직임을 추종하려면 미국 뉴욕상품거래소에 상장돼 있는 WTI 원유선물을 편입하는 펀드에 투자하면 된다. '삼성WTI원유특별자산펀드'가 이에 해당하는 대표적인 펀드다. 그러나 이 펀드에 투자할 때는 주의할 점이 있다. 현물이 아닌 선물에 투자하기 때문에 실제 유가 움직임과 괴리가 커질 수 있다. 이는 WTI 선물 만기 때 발생하는 '롤오버(Rollover, 만기연장)' 효과가 원

〈표5〉_ 투자대상에 따른 주요 원자재펀드 현황

투자대상	펀드명
에너지 기업	블랙록월드에너지펀드
원자재 기업	키움글로벌천연자원펀드 한화천연자원펀드
원유 선물	삼성WTI원유특별자산펀드

인이다. 만기가 가까워지면 보유 중인 선물을 매도하고 만기가 더 오래 남은 선물을 매수하는데, 이때 선물간 가격 차이로 이익이나 손실이 발생한다. 원월물(만기일이 많이 남은 선물 계약)이 근월물(만기일이 가까운 선물 계약)보다 비싼 경우를 콘탱고(Contango), 반대의 경우를 백워데이션 (Backwardation)이라 하는데 콘탱고일 때 롤오버를 하면 손실이 발생하고, 백워데이션일 때는 수익이 발생한다. 즉 콘탱고 상황이 이어지면 롤오버를 할 때마다 가격이 더 높은 선물로 갈아타야 하므로 비용이 계속 발생하게 된다. 선물에 대한 기초 개념이 없다면 이러한 설명이 어려울 것이다. 일단 유가가 상승하더라도 롤오버 비용 때문에 펀드 수익률이 마이너스가 나기도 한다는 정도만 이해하자. 그래서 콘탱고 상황이 이어지고 있을 때는 원유 선물로 운용하는 펀드에 장기 투자하는 건 바람직하지 않다. 단기적으로만 접근하자.

국내 상장 ETF와 ETN으로도 원유에 투자할 수 있다. 대표적인 종목은 'KODEXWTI원유선물H' 'TIGER원유선물EnhancedH' ETF와 '미래에셋원유선물혼합ETNH' '신한WTI원유선물ETNH'가 있다. 주식처럼 거래가 편리하지만 이러한 원유 ETF나 ETN도 롤오버 비용 문제에서 자유롭지는 못하다. 그래서 콘탱고 상황에서 장기적으로 투자하면 안 된다. 그래서 'TIGER원유선물EnhancedH' ETF는 이러한 롤오버 비용 문제를 해결하기 위해 근월물과 원월물간의 가격 차이가 0.5% 이상 벌어지면 차근월물이 아닌 6번째 근월물로 롤오버 한다. 이렇게 하면 롤오버 비용을 일부 줄일 수 있다. 하지만 투자하는 선물 만기가 길어져 유가 상승분만큼 정확하게 수익률을 추종하지 못하는 아쉬움이 남는다.

유가의 꾸준한 상승을 예상한다면 원유 기업에 직접 투자하는 'KBSTAR미국S&P원유생산기업합성H' ETF가 대안이 될 수 있다. 이 ETF는 'S&P Oil&Gas Exploration&Production Select Industry' 지수를 추종한다. 주요 투자 대상은 미국 주식시장 상장기업 중 원유와 가스를 탐사하고 생산하는 기업이다. 앞에서 설명한 원유 선물에 투자하는 ETF와 달리 선물 롤오버 비용이 발생하지 않는다. 원유 관련 기업에 직접 투자하므로 유가와 다른 흐름을 보일 수는 있지만 유가의 꾸준한 상승을 예상한다면 장기적으로 보유하기에 더 유용한 투자 수단이다.

그렇다면 유가가 하락하는 경우에도 수익을 낼 수 있을까? 앞서 설명한 금 투자 관련 내용을 주의 깊게 읽은 독자라면 눈치챘을 것이다. 바로 ETF와 ETN에 투자하는 것이다. ETF와 ETN에는 유가가 하락할 때 수익을 낼 수 있는 종목이 여러 개 있다. 'KODEXWTI원유선물인버스H' 'TIGER원유선물인버스H' ETF가 이에 해당한다. 이 종목은 콘탱고 상황에서 롤오버 관련 추가 수익도 발생한다. 단기적으로 유가의 강한 상승을 예상한다면 '미래에셋레버리지원유선물혼합 ETNH' '삼성레버리지WTI원유선물ETN' '신한레버리지WTI원유선물ETNH'에 투자하면 높은 수익을 올릴 수 있다. 그러나 레버리지 ETN은 변동성이 높고 롤오버 비용이 커질 수 있으므로 제한된 범위 내에서만 투자하도록 하자. 지금까지 설명한 원유 관련 ETF와 ETN 을 정리하면 〈표6〉과 같다. 2021년 3월말 현재 원유와 관련한 ETF 중 에 레버리지와 2배 인버스는 없고 ETN만 몇 종목 상장돼 있다.

ETF와 ETN은 유가가 하락할 때에도 투자할 수단이 있기 때문에 박스권 장세에서 상당히 유용하다. 유가가 떨어지면 석유수출국기구 (OPEC)를 중심으로 감산 노력을 하고, 유가가 올라가면 셰일 업체 등 이 생산량을 늘리기 때문에 유가는 일정한 밴드 안에서 움직이는 경 향이 있다. 박스권 하단에서는 유가가 상승할 때 수익을 내는 ETF를 사고 박스권 상단에서는 유가가 하락할 때 수익을 내는 인버스 ETF 를 사는 방식으로 투자하면 된다. 가격 변동폭에 확신이 있다면 레버 리지와 2배 인버스를 활용하여 수익을 높일 수 있다. 물론 유가가 박

〈표6〉_ 원유 관련 ETF 및 ETN 현황

원유 가격	ETF / ETN 종목
상승	KBSTAR 미국S&P원유생산기업합성H / KODEX 미국S&P에너지합성 KODEX WTI원유선물H / TIGER 원유선물EnhancedH 대신 WTI원유선물ETNH / 미래에셋 원유선물혼합ETNH 신한 브렌트원유선물ETNH / 신한 WTI원유선물ETNH
강한 상승	미래에셋 레버리지원유선물혼합ETNH / 삼성 레버리지WTI원유선물ETN 신한 레버리지WTI원유선물ETNH / QV 레버리지 WTI 원유선물ETNH
하락	KODEX WTI원유선물인버스H / TIGER 원유선물인버스H 미래에셋 인버스원유선물혼합ETNH / 신한 인버스브렌트원유선물ETNH 신한 인버스WTI원유선물ETNH
강한 하락	삼성 인버스2X WTI원유선물ETN / 신한 인버스2X WTI원유선물ETNH QV 인버스레버리지WTI원유선물ETNH

스권에서 움직이는 경우에 한해서다. 유가는 국가간 정치적 역학관계, 세계경기, 기후변화에 의해 언제든 수요와 공급 쏠림 현상이 나타날 수 있다. 이러한 이유로 박스권을 벗어나면 수익이 제한되거나 손실이 커질 수 있음을 항상 염두에 둬야 한다. 이미 아는 것처럼 원유 관련 펀드, ETF, ETN에서 발생하는 수익은 모두 15.4%의 배당소득세가 부과되며 금융소득 종합과세에도 합산한다. 가능하다면 연금저축계좌, IRP 등 절세 계좌를 활용하도록 하자.

이번에는 해외에 상장돼 있는 원유 ETF에 대해 살펴보자. 원유 ETF도 미국에 훨씬 다양한 종목이 있다. 달러로 투자하므로 유가 변동뿐만 아니라 환율이 추가적인 변수로 작용한다. 그 외에는 국내 상장 원유 ETF와 동일한 개념으로 이해하면 된다. 미국에 상장돼 있는 주요 ETF를 정리하면 〈표7〉과 같다. 미국에 상장한 ETF 중에도 선물을 추종하지 않고 '블랙록월드에너지펀드'처럼 에너지 기업에 투자하는 것도 있다. 'Energy Select Sector SPDR Fund(XLE)' 'SPDR S&P Oil&Ga Exploration&production(XOP)' 'VanEck Vectors Oil Services(OIH)' 등이 대표적이다. 함께 참고하자.

원유와 관련한 ETF중에 비교적 낮은 변동성으로 꾸준하게 배당을 받을 수 있는 방법도 있다. 바로 MLP(마스터합자회사, Master Limited Partnership)에 투자하는 방법이다. 원유는 금과는 달리 탐사, 생산, 저장, 정제, 운송 등 여러 과정을 거쳐야 하는데 이를 위해서 막대한 인프라 투자가 이뤄져야 한다. 이 중에서 원유를 저장, 정제, 운송하는

〈표7〉_ 원유 관련 미국 상장 주요 ETF

원유 가격	티커	ETF 종목
상승	DBO	PowerShares DB Oil Fund
	USO	United States Oil Fund
강한 상승	UCO	ProShares Ultra Bloomberg Crude Oil
하락		
강한 하락	SCO	ProShares UltraShort Bloomberg Crude Oil

미드스트림(Midstream) 관련 인프라자산을 보유하고 운용하는 회사가 바로 MLP다. 참고로 업스트림(Upstream)은 탐사 및 생산, 다운스트림 (Downstream)은 최종소비자에게 연결하는 것을 말한다. MLP는 원유나 천연가스 가격이 아닌 운송량에 따라 일정한 수수료를 받는 구조이며 평균 20년 정도의 장기 계약이 돼 있어 상대적으로 유가 변동에 따른 리스크가 낮은 편이다. 또한 분기별로 수익의 90% 이상을 배당금으로 지급하기 때문에 부동산 임대소득처럼 꾸준한 현금흐름 창출이 가능하다. 배당수익률은 MLP마다 차이는 있지만 통상 연 6~8% 수준에 달한다. 그런데 개인투자자가 직접 투자 종목을 고르는 것은 쉽지 않다. 그래서 여러 MLP에 투자하는 ETF를 활용하는 편이 낫다. 대표적인 종목으로는 'Alerian MLP(AMLP)' 'Global X MLP(MLPA)' 'Infracap MLP(AMZA)' 등이 있는데 AMLP가 제일 규모가 크다.

MLP ETF는 연 6~8% 정도의 꾸준한 배당을 기대하지만 유가가 약세를 보이면 ETF 가격 하락으로 손실을 보는 경우도 생긴다. 그러나 장기적인 관점에선 지속적으로 받는 배당금이 손실 가능성을 낮춰주는 효과가 있다. 이런 장점으로 인해 MLP ETF는 유가가 급락하는 경우를 제외하면 포트폴리오를 구성하기에 적당한 상품이다. 주요 MLP ETF 는 〈표8〉과 같다.

달러로 환전해 투자해야 하는 미국 상장 MLP ETF 투자가 꺼려진다면 국내 설정 MLP 공모펀드에 투자하는 방법도 있다. '한국투자미국MLP특별자산펀드' '한화에너지인프라MLP특별자산펀드' 등이 이에 해당한다. ISA, 연금저축계좌 등 절세가 가능한 계좌를 활용하면 15.4%의 배당소득세를 아끼며 MLP 투자 수익을 고스란히 챙길 수 있다. 그러나 미국에 상장한 MLP ETF에 직접 투자하는 것보다 연 2% 가까운 펀드 보수가 추가로 발생하는 부담이 있다.

국내 상장 ETN으로도 MLP 투자가 가능한데 종목이 많지는 않다. 2021년 3월말 현재 '삼성Alerian에너지인프라MLP'와 '삼성 Cushing에너지인프라MLP' 등 두 종목이 상장돼 있다. MLP 관련 국내 설정 펀드와 국내 상장 ETN 현황은 〈표9〉와 같다.

원유에 투자하고 싶지만 높은 변동성이 두렵다면 DLS가 대안이 될 수 있다. 주된 기초자산으로 활용하는 WTI 또는 브렌트유의 가격이 일정 수준(보통 40~60%정도) 아래로 하락하지 않으면 DLS 투자를 통해 연 5~6% 정도의 수익을 기대할 수 있다.

다만 원유 가격이 예상치 못하게 큰 폭으로 하락해 녹인(Knock-in)이 발생하면 원금 손실 가능성이 커지므로 자산배분 차원에서 접근하

〈표8〉_ MLP 관련 미국 상장 ETF 현황

티커	ETF 종목
AMLP	Alerian MLP
AMZA	Infacap MLP
EMLP	FirstTrust North American Energy Infrastructure Fund
MLPA	Global X MLP
MLPX	Global X MLP & Energy Infrastructure

〈표9〉_ MLP 관련 펀드 및 ETN 현황

구분	펀드명 / ETN 종목
국내 설정 펀드	한국투자미국MLP특별자산펀드 한화에너지인프라MLP특별자산펀드
국내 상장 ETN	삼성 Alerian에너지인프라MLP ETN 삼성 Cushing에너지인프라MLP ETN

는 것이 바람직하다. 세금 관련 내용은 앞서 소개한 ELS와 같다.

이 책에서 별도로 설명하지 않았지만 은, 구리, 니켈, 아연, 천연 가스 등 다른 원자재도 국내 설정 펀드, ETF, ETN 및 미국에 상장한 ETF 등 다양한 방식으로 투자가 가능하다.

여기에서는 국내 상장 ETF 및 ETN 종목만 간단히 정리해 봤다. 투자하는 방법은 앞서 소개한 금이나 원유와 같다. 주요 종목은 〈표10〉과 같다.

〈표10〉_ 기타 원자재 관련 ETF / ETN 현황

구분	ETF	ETN
은	KODEX 은선물H	신한 은선물ETNH 삼성 레버리지은선물ETNH 신한 레버리지은선물ETNH 신한 인버스은선물ETNH 삼성 인버스2X은선물ETNH 신한 인버스2X은선물ETNH
구리	TIGER 구리선물 KODEX 구리선물H	신한 구리선물ETNH 삼성 레버리지구리선물ETNH 신한 레버리지구리선물ETNH 신한 인버스구리선물ETNH 삼성 인버스2X구리선물ETNH 신한 인버스2X구리선물ETNH
니켈		대신 니켈선물ETNH 대신 2X니켈선물ETNH 대신 인버스니켈선물ETNH 대신 인버스2X니켈선물ETNH
아연		대신 아연선물ETNH 대신 2X아연선물ETNH 대신 인버스아연선물ETNH
천연가스		신한 천연가스선물ETNH 삼성 레버리지천연가스선물ETNB TRUE 레버리지천연가스ETNH 신한 레버리지천연가스선물ETN 신한 인버스천연가스선물ETNH 삼성 인버스2X천연가스선물ETNB 신한 인버스2X천연가스선물ETN 신한 인버스2X천연가스선물ETNH TRUE 인버스2X천연가스선물ETNH

35

식량도 자원, 농산물

18세기말 영국의 고전학파 경제학자인 맬서스는 본인의 저서 『인구론』을 통해 식량은 산술급수적으로 늘어나는데 비해 인구는 기하급수적으로 늘어나므로 결국엔 과잉인구로 인한 식량부족을 피할 수 없을 거라 주장했다. 그러나 다행히도 200년 이상이 지난 지금까지도 맬서스의 주장은 현실화되지 않았다. 오히려 지역별로 편차가 심하기는 하지만 전 세계의 식량은 남아도는 상황이다. 미국, 호주 등 일부 국가는 옥수수, 콩, 밀 같은 다양한 곡물을 다른 나라로 수출한다. 재배 면적 자체가 넓기도 하지만 품종 개량, 재배 기술 발달, 다양한 농기구 개발, 비료와 농약 사용으로 식량 생산도 비약적으로 늘어났기 때문이다. 그러나 우리나라는 보릿고개 시절을 벗어난 지 채 한 세기도 지나지 않았

267

으며 식량 자급률도 50% 선에 불과한 상황이다. 아프리카 일부 국가는 아직까지 식량 부족으로 많은 사람이 굶주려 영양실조에 걸리거나 사망하는 등 심각한 상황이 이어지고 있다. 이 책에서 다룰 내용은 아니지만 우리나라 식량 자급률과 먹거리 안전 문제는 빠른 시일 내에 해결됐으면 하는 바람이다. 더불어 북한과 아프리카 등 가난한 국가의 국민이 굶주림의 고통에서 빨리 벗어날 수 있기를 소망해 본다.

이제 다시 투자의 세계로 눈을 돌려 보자. 2019년 통계청에서 발표한 『세계와 한국의 인구현황 및 전망』 보고서에 따르면 2019년 세계 인구는 77억명 수준인데 중국이나 인도 같은 신흥국을 중심으로 전세계 인구는 지속적으로 늘어나 2067년에 103억8,000만명에 이를 거란 예상이다. 인구 증가 및 중산층 확대에 따른 급격한 식량 수요 증가는 농산물 가격 상승을 지속적으로 자극할 것으로 보인다. 유가가 오르는 경우 농산물 재배를 위한 에너지 비용이 증가해 생산원가가 올라가 공급을 제한하게 된다. 게다가 유가 상승은 바이오 에탄올 수요를 증가시키게 되는데 이 또한 농산물 가격 상승을 부추기는 요인이다. 거기에 달러 가치 변동도 농산물 가격에 큰 영향을 미친다. 그런데 아마도 가장 큰 영향을 주는 건 기후 변화일 것이다. 엘니뇨나 라니냐 같은 이상 기후현상에 따라 지역별로 농산물 생산량은 예측이 불가능할 정도로 급변하고 이로 인해 농산물 가격은 심하게 출렁거린다. 식량 부족으로 인해 굶주리는 사람이 절대 없어야겠지만 투자의 세계에서 보면 이런 변동성은 다양한 기회를 제공한다. 차근차근 살펴보도록 하자.

농산물은 크게 곡물과 소프트로 구분한다. 곡물은 생산량 기준으로 옥수수, 밀, 쌀, 콩 순으로 시장이 형성돼 있다. 쌀은 자국에서 소비하는 비중이 높기 때문에 3대 곡물이라 부르는 옥수수, 밀, 콩 위주로 선물 시장이 발달돼 있다. 국가간 수출입 또한 3대 곡물을 중심으로 교역이 이뤄진다. 소프트는 커피, 설탕, 코코아처럼 물에 타서 마시거나 첨가물의 용도로 쓰는 농산물을 말한다. 특히 커피 시장은 지속적으로 커지고 있어 관심을 가질 만하다.

앞에서 잠깐 언급했지만 농산물 가격에는 달러 가치, 유가, 인플레이션 등 많은 변수가 영향을 주지만 가장 큰 요인은 기후다. 엘니뇨와 라니냐로 대표하는 이상 기후는 농산물 생산에 심각한 불균형을 초래하여 농산물 가격을 자극한다. **엘니뇨**(El Nino)는 스페인어로 '남자아이' 또는 '아기예수'라는 뜻으로 열대 동태평양 적도 부근 해수면의 온도가 평년보다 0.5도 이상 높은 기간이 5개월 이상 지속되는 것을 말한다. **라니냐**(La Nina)'는 '여자아이'라는 뜻을 가지고 있는데 엘니뇨와는 반대로 평년보다 0.5도 낮은 기간이 5개월 이상 지속되는 것을 뜻한다. 엘니뇨가 발생하면 대기 순환이 달라져 동남아와 호주에서는 가뭄이, 남미에는 강수량이 늘어날 가능성이 높아진다, 겨울에는 지역에 따라 한파와 이상 고온 현상이 나타난다. 라니냐가 발생하는 경우엔 엘니뇨 때와 반대의 상황이 벌어진다. 엘니뇨와 라니냐와 같은 이상 기후는 발생하는 시점이 불규칙하고 지역별로 미치는 영향이 다

8장_ 내공 있는 원자재 투자 활용법

르기 때문에 농산물에 따라 작황이 좋아지기도 하고 나빠지기도 한다. 그러나 폭우와 가뭄은 농산물 생산에 나쁜 영향을 주기 때문에 농산물 가격을 폭등하게 만드는 경우가 많다. 이제 주요 농산물인 옥수수, 밀, 콩, 커피에 대해 살펴 보도록 하자.

옥수수는 미국, 중국, 브라질, 유럽에서 주로 생산한다. 중국은 생산한 옥수수 대부분을 자국에서 소비하기 때문에 수출은 미국, 아르헨티나, 브라질이 주로 한다. 옥수수는 식품으로 주로 소비하지만 사료로 60% 정도 쓰며 바이오에탄올 원료로도 많이 사용한다. 수요 측면에서 볼 때 육류 소비량에 따른 가축 두수 증가와 유가 변동에 따른 바이오에탄올 정책 변화가 옥수수 가격에 영향을 크게 미친다.

밀은 식품으로 주로 사용하는데 유럽, 중국, 인도, 러시아, 미국에서 많이 생산하며 수출은 유럽, 러시아, 미국, 캐나다에서 주로 한다. 밀은 빵과 파스타처럼 주식으로 사용하는 비율이 높아 전세계에서 골고루 소비하기 때문에 수요는 안정적으로 유지되는 편이다. 이에 반해 공급은 생산 기술 발달로 늘어나고 있으며 재고 수준도 따라서 높아지는 추세다.

콩은 미국, 브라질, 아르헨티나에서 주로 생산하며 브라질과 미국의 수출 비중이 높다. 소비는 대두유와 대두박 수요가 많은 중국을 중심으로 미국, 아르헨티나, 브라질에서 많이 소비한다. 콩은 대부분 가공하여 대두유, 대두박으로 소비하나 바이오에탄올 원료로 이용하기도 한다. 콩도 생산 기술 발달로 꾸준하게 생산량이 늘어나고 있다.

마지막으로 **커피**에 대해 알아보자. 원두 커피용으로 주로 쓰는 아라비카는 브라질, 콜롬비아, 에티오피아에서 주로 생산하며 인스턴트 커피용으로 주로 쓰는 로부스타는 베트남, 브라질, 인도네시아에서 주로 생산한다. 전체적인 생산량으로 보면 브라질, 베트남, 콜롬비아에서 주로 생산해 수출하며 유럽과 미국 등 선진국에서 많은 소비가 이루어진다. 차 문화가 발달한 아시아 지역에서의 소비는 많지 않지만 근래 들어 한국, 중국, 베트남, 인도네시아를 중심으로 꾸준히 소비가 늘어나고 있다.

지금까지 간단히 살펴본 농산물에 투자를 하려면 다른 원자재처럼 국내 설정 펀드에 투자하면 된다. 펀드 종류는 그리 많지 않다. '멀티에셋짐로저스농산물인덱스펀드' '미래에셋로저스농산물지수특별자산펀드'와 '신한포커스농산물펀드' 등이 대표적이다. '미래에셋로저스농산물지수특별자산펀드'는 '로저스인터내셔널농업상품지수(RIACI)'를

〈표1〉_ 주요 농산물 관련 ETF / ETN 현황

투자대상	ETF / ETN 종목
농산물	KODEX 3대농산물선물H TIGER 농산물선물EnhancedH
옥수수	신한 옥수수선물ETNH 신한 인버스옥수수선물ETNH
콩	KODEX 콩선물 신한 콩선물ETNH 신한 인버스콩선물ETNH

8장_ 내공 있는 원자재 투자 활용법

추종하는 선물에 투자하는데 'RIACI'는 옥수수, 밀, 콩, 면화 등 20여 개의 농산물로 구성하고 있다. '신한포커스농산물펀드'는 곡물 및 농산물 외에 가축류도 추가한 'S&P GSAL지수'를 50%, 곡물 및 농산물 위주로 구성한 'DJ-USB 애그리컬처지수'를 50% 비중으로 하는 벤치마크를 추종한다.

펀드보다 국내 상장 ETF와 ETN을 활용하면 좀더 다양하게 투자할 수 있다. 여러 농산물에 분산 투자하는 ETF에는 'KODEX3대농산물선물H'와 'TIGER농산물선물EnhancedH'가 있고 콩 선물에 투자하는 ETF에는 'KODEX콩선물'이 있다. 'KODEX3대농산물선물H'는 옥수수, 콩, 밀 등 세 가지 농산물을, 그리고 'TIGER농산물선물EnhancedH'는 옥수수, 콩, 밀, 설탕 등 네 가지 농산물의 선물가격 지수를 추종한다. 국내 상장 ETN엔 '신한옥수수선물ETNH' '신한인버스옥수수선물ETNH' '신한콩선물ETNH'과 '신한인버스콩선물ETNH'이 있다. 정리하면 〈표1〉과 같다.

앞으로도 국내주식 시장에 상장하는 농산물 ETF와 ETN은 꾸준히 늘어나겠지만 아직까지 종목 수가 부족하다. 커피나 설탕은 중요한 농산물 중 하나지만 2021년 6월말 현재 이들 농산물에 투자하는 ETF와 ETN은 없다. 이에 반해 미국에는 주요 농산물에 투자할 수 있는 ETF와 ETN이 다양하게 상장돼 있다. 그 중에 'PowerShares DB Agriculture Fund(DBA)'는 농산물지수를 추종하는 규모가 제일 큰 ETF로 대두, 원당, 옥수수 등 10여 가지 농산물 선물에 분산해 투자

〈표2〉_ 주요 농산물 관련 미국 상장 ETF 및 ETN 현황

투자대상	티커	ETF / ETN 종목
농산물	DBA	Invesco DB Agriculture Fund
	FTAG	FirstTrust Global Agriculture
	RJA	AB-SE Elements RIC Agriculture TR ETN
	JJA	iPath Bloomberg Agriculture Subindex TR ETN
	JJG	iPath Bloomberg Grains Subindex TR ETN
옥수수	CORN	Teucrium Corn Fund ETV
밀	WEAT	Teucrium Wheat Fund ETV
콩	SOYB	Teucrium Soybean Fund ETV
커피	JO	iPath Bloomberg Coffee Subindex TR ETN
설탕	CANE	Teucrium Sugar Fund ETV
	SGG	iPath Bloomberg Sugar Subindex TR ETN
코코아	NIB	iPath Bloomberg Cocoa Subindex TR SM Index ETN
면화	BAL	iPath Bloomberg Cotton Subindex TR ETN

한다. 옥수수, 밀, 콩, 커피, 설탕 등 다른 농산물 투자는 〈표2〉를 참고하자. 미국에 상장된 주요 농산물 ETF와 ETN을 정리했다. 세금은 앞서 금과 원유에서 설명한 내용과 같다.

9 PART

백세시대 노후대비

내게
꼭 필요한
연금 활용법

세제적격연금과
세제비적격연금

우리나라 연금제도를 크게 나눠 보면 3층 체계로 돼 있다. 1층 보장은
국민연금과 직역연금(공무원연금, 군인연금, 사학연금), 2층 보장은 퇴직연
금(퇴직금), 3층 보장은 개인연금이 바로 그것이다. 우선 이해하기 쉽도
록 〈표1〉로 정리했다.

  국민연금은 국민들의 최소 생계 유지를 돕는 것이 목적으로 근로자
나 자영업자가 주로 가입하며 공무원, 군인, 교직원은 별도의 직역연
금에 가입한다. 국민연금과 직역연금은 가장 중요하고 기본이 되는
연금이라고 할 수 있다. 국민연금(www.nps.or.kr)과 직역연금 관련 내용
은 해당 홈페이지에서 충분한 정보를 얻을 수 있고, 이 책에서 다루기
엔 지면상 한계가 있어 설명을 생략한다.

〈표1〉_ 우리나라 3층 연금 체계

구분	자영업자 (주부)	회사원	공무원	군인	사립학교 교직원
3층 보장 (개인보장)	연금저축계좌(세제적격연금)				
	연금보험(세제비적격연금)				
2층 보장 (회사보장)	IRP	개인형퇴직연금(IRP, Individual Retirement Pension)			
		퇴직연금			
1층 보장 (국가보장)	국민연금		공무원연금	군인연금	사학연금

근로자의 든든한 노후 생활 버팀목인 퇴직연금은 2005년에 도입됐다. 회사가 근로자에게 지급해야 할 퇴직급여를 외부 금융회사(퇴직연금사업자)에 맡겨 운용하는 제도로써 근로자가 직장 생활을 하다가 퇴직을 하면 일시금 또는 연금으로 받을 수 있다. 퇴직연금 제도를 도입하기 전에는 회사가 부도나면 근로자들이 퇴직금을 떼이기도 했으나 이제는 퇴직급여의 안정적 수령이 제도적으로 가능해졌다. 퇴직연금에 관한 이야기는 뒤에서 다시 자세히 알아보기로 하자.

우선 풍요로운 노후 생활을 누리기 위해 개인적으로 준비하는 연금부터 살펴보자. 개인연금은 은행, 증권회사, 보험회사에 다양한 상품이 있고, 세제 관련 내용도 종종 바뀌기 때문에 금융업에 종사하는 전문가조차 헷갈리기 십상이다. 개인연금은 크게 세제적격연금과 세제비적격연금으로 나눌 수 있다. 용어가 좀 낯설긴 하지만 세제적격연금은 납입한 금액 일부에 세액공제 혜택을 받는 대신 연금을 수령할

9장_ 내게 꼭 필요한 연금 활용법

〈표2〉_ 세제적격연금과 세제비적격연금 비교

구분		세제적격연금(연금저축계좌)	세제비적격연금(연금보험)
상품		연금저축펀드 연금저축신탁 (2018년부터 신규판매중단) 연금저축보험	연금보험 금리연동형 / 실적배당형(변액)
납입시		세액공제 *납입액의 13.2% 또는 16.5% *연 400만 원 한도	혜택 없음
운용시		비과세(과세이연)	비과세
수령시	연금수령	연금소득세(5.5~3.3%)	비과세
	중도해지	기타소득세(16.5%)	10년 이내 해지시 이자소득세 (15.4%)
	연금외수령		10년 이후 해지시 비과세

때 연금소득세를 내야 한다. 이에 반해 세제비적격연금은 납입할 때 세액공제 혜택은 없지만 일정 요건을 갖추면 비과세로 연금을 수령할 수 있다. 세제적격연금과 세제비적격연금의 차이점을 비교하여 정리하면 〈표2〉와 같다.

연말정산 시즌이 돌아오면 근로자는 한 푼이라도 더 세액공제를 받기 위해 분주해진다. 세제적격연금인 연금저축계좌는 연말정산을 대비하기 위해 근로자가 꼭 챙기는 상품으로 대부분의 근로자가 매년 세액공제 한도 금액인 400만 원씩 채워서 납입하는 경우가 많다. 참고로 2020년부터 2022년 말까지 만 50세 이상인 경우 600만 원(IRP 포함시 900만 원)까지 세액 공제를 받을 수 있다. 그런데 연금저축계좌는 누구

〈표3〉_ 연금저축계좌 세제 혜택

단계	혜택	주요내용
납입	연말정산 세액공제	연간 납입액 400만 원까지 13.2% 세액공제 – 총급여 5,500만 원(종합소득 4,000만 원) 이하 16.5% 세액공제 – 총급여 1.2억(종합소득 1억) 초과시 300만 원 한도
운용	운용수익 과세이연	연금 개시 전까지 비과세로 운용
수령	수령연금 저율과세	연금 수령시 5.5~3.3% 연금소득세 – 부득이한 사유로 중도 인출시 5.5~3.3% 연금소득세 연금외 수령시 16.5% 기타소득세

나 가입이 가능하고 절세 혜택이 커서 세액 공제가 필요하지 않은 자산가나 나이가 어린 미성년자에게도 필수 상품이다. 연금저축계좌는 세액공제 혜택뿐만 아니라 납입한 금액을 운용하고 수령하는 모든 단계에서 세제상 혜택이 주어지는데 이를 제대로 활용하면 자산관리에 큰 도움이 된다. 연금저축계좌의 단계별 세제 혜택은 〈표3〉과 같다.

근로자와 자영업자에게 연금저축계좌의 가장 큰 혜택은 납입 금액의 13.2%를 세액공제 받는 것이다. 총 급여가 5,500만 원 이하인 근로자나 종합소득이 4,000만 원 이하인 자영업자는 16.5%의 세액공제를 받는다. 즉 연금저축계좌에 매년 400만 원을 납입하면 소득에 따라 연말정산을 통해 52만8,000원 또는 66만 원을 돌려받는다. 다만 총급여가 1억2,000만 원을 넘는 근로자나 종합소득이 1억 원을 넘는 자영 업자는 공제한도 납입액이 300만 원까지만 가능하다. 각종 혜택이 점점

<표4>_ 연금저축계좌 납입금액별 세액공제

소득		공제한도 납입액	세액 공제율	최대 세액공제	IRP포함 700만 원 납입시 최대 세액공제
총급여	종합소득				
1억2,000만 원 초과	1억 원 초과	300만 원	13.2%	396,000원	924,000원
1억2,000만 원 이하 5,500만 원 초과	1억 원 이하 4,000만 원 초과	400만 원	13.2%	528,000원	924,000원
5,500만 원 이하	4,000만 원 이하	400만 원	16.5%	660,000원	1,155,000원

줄어들고 저금리가 지속되는 환경에서 13.2~16.5%의 세액공제는 꽤 큰 혜택이다. 뒤에서 추가로 설명하겠지만 개인형퇴직연금(IRP)에 별도로 300만 원을 넣으면 연금저축계좌와 합해서 700만 원까지 세액공제 혜택을 받는다. 참고로 세액공제와 소득공제는 다르다. 세액공제는 연말정산을 할 때 산출세액에서 세액 자체를 차감하는 것이고, 소득공제는 과세소득금액에서 일정액을 공제하는 것이다. 연금저축계좌도 기존에는 소득공제였으나 2014년부터 세액공제로 바뀌었다. 제도 변경으로 저소득자는 유리해졌고 고소득자의 혜택은 축소됐다. 연금저축계좌 납입금액에 따른 세액공제 금액을 살펴보면 <표4>와 같다.

<표4>에서 보듯이 연금저축계좌와 IRP에 납입하면 매년 꼬박꼬박 세액공제를 받을 수 있다. 근로자와 자영업자는 반드시 가입해 혜택을 누리도록 하자. 그러면 납입할 때 받는 세액공제 이외에 또 어떤 혜택이 있을까? 그건 바로 연금을 수령하는 시점까지 운용 수익에

대한 과세가 뒤로 늦춰지는 점이다. 예금, ELS, DLS, 국내채권형펀드, 해외채권형펀드, 해외주식형펀드, 원자재펀드, 부동산펀드 등 대부분의 금융상품은 수익에 대해 15.4%의 세금이 있다. 그러한 수익이 연간 2,000만 원을 넘으면 금융소득 종합과세에 해당되고 이럴 경우 다른 소득과 합산해 추가로 세금을 내야 한다. 하지만 연금저축계좌를 활용하면 연금 수령 전까지 비과세로 운용이 가능하며 금융소득 종합과세에 대한 부담도 없다. 물론 비과세종합저축과 ISA처럼 절세 가능 계좌를 활용해도 된다. 그러나 이러한 계좌들은 가입 조건이 까다롭거나 한도를 제한하므로 우선 연금저축계좌부터 만드는 것이 좋다. 연금저축계좌는 누구나 가입이 가능하고 매년 1,800만 원씩 넣을 수 있어 매우 유용하다. 예를 들어 납입 원금 기준으로 10년이면 1억 8,000만 원, 20년이면 3억6,000만 원을 넣을 수 있다. 이처럼 연금저축계좌는 금융소득 종합과세에 해당돼 절세 수단이 필요한 자산가에게는 꼭 챙겨야 하는 계좌다.

그렇다면 세액공제와 운용수익 과세이연 혜택이 주어지는 연금저축계좌는 어디에서 가입하는 것이 좋을까? 연금저축계좌는 증권회사, 은행, 보험회사에서 가입이 가능한데 판매하는 상품에 따라 장단점이 각각 다르다. 한군데에서만 연금저축계좌를 가입해도 되고 여러 금융회사에 나눠서 만들어도 된다. 다만 오랫동안 유지해야 하는 계좌여서 수익률이 약간만 차이가 나도 나중에 받게 되는 연금 수령액은 크게 벌어질 수 있다. 그래서 가입하기 전에 꼼꼼히 살펴봐야 한다.

증권회사에서 주로 판매하는 연금저축펀드는 다양한 펀드에 분산투자가 가능하고 펀드 변경도 자유롭다. 그리고 'TIGER미국S&P500' 'TIGER미국필라델피아반도체나스닥' 'KODEX차이나항셍테크' 등 다양한 국내 상장 ETF 투자를 통해 높은 수익을 기대할 수 있다. 다만 공격적으로 운용시 단기적으로 높은 변동성에 노출되어 원금 손실 우려가 있다. 은행에서 주로 판매하는 연금저축신탁은 원금이 보장되지만 보수적인 운용 방식과 신탁 보수 등으로 인해 수익률이 낮다. 이러한 이유로 2018년부터 신규 판매를 중단했다. 보험회사의 연금저축보험은 원리금이 보장되고 생명보험회사의 경우엔 종신연금형 선택이 가능하나 초기에 들어가는 높은 사업비와 낮은 공시이율로 중도해지시 원금 손실이 커질 수 있다. 참고로 증권회사에서도 연금저축보험을, 은행에서도 연금저축펀드를 가입할 수 있다. 그러므로 연금저축계좌에 가입할 때는 여느 금융회사에서 가입하는지 보다 어떤 연금저축계좌에 가입하는 지가 더욱 중요하다. 연금저축계좌 상품별 주요 특징을 살펴 보면 〈표5〉와 같다.

연금저축계좌 상품에 대해 조금 더 자세히 알아보자. 연금저축펀드는 은행에서도 가입이 가능하지만 대부분 증권회사에서 많이 권유하고 가입한다. 원금은 꼭 지켜야 한다는 생각에 연금저축신탁을 유지하거나 연금저축보험에 신규로 가입하는 비중도 여전하지만 저금리 기조가 지속적으로 이어지자 다양한 펀드 및 ETF에 분산투자가 가능한 연금저축펀드로의 관심은 계속 높아지고 있다. 게다가 기존에 가

〈표5〉_ 연금저축계좌 상품별 주요 특징

구분	연금저축펀드	연금저축신탁	연금저축보험
원금보장	불가능	가능	가능
운용방식	다양한 펀드와 ETF	채권형–채권 안정형–주식 10% 이내	금리형
상품변경	가능	불가능	불가능
수익률	상품에 따라 다름	낮음	낮음
장점	*분산투자 가능 *자유로운 펀드 변경 *높은 기대수익률 *자유로운 납입 *중도인출 가능	*원금보장 (5,000만 원 예금자보호) *자유로운 납입	*원금보장 (5,000만 원 예금자보호) *종신형연금 가능 (생명보험회사)
단점	*원금 손실 가능성	*낮은 수익률 *상품 변경 불가능	*낮은 수익률 *높은 사업비 *납입금액 변경 불가능 (추가 납입 가능)

입한 연금저축신탁이나 연금저축보험을 증권회사의 연금저축펀드로 옮기는 투자자도 급격히 늘어나고 있다. 연금저축펀드는 투자성향에 맞게 여러 펀드나 ETF로 포트폴리오를 구성해 운용할 수 있다. 펀드의 종류는 증권회사나 은행에 따라 다르지만 대부분 MMF, 국내채권형펀드, 해외채권형펀드, 공모주펀드, 롱숏펀드, 국내주식형펀드, 해외주식형펀드, 원자재펀드 등 다양한 라인업을 갖추고 있다. 연금저축펀드는 장기간 펀드로 운용하므로 이왕이면 선택할 수 있는 펀드 종류가 많은 곳에 가입하는 것이 좋다. ETF에 대한 금융지식이 높은

9장_ 내게 꼭 필요한 연금 활용법

투자자라면 국내 상장 ETF를 활용하면 좋다. ETF 매매는 증권회사에서 개설한 연금저축계좌에서만 가능하다. 연금저축 가입 초기에는 성장성이 높은 국가의 주식형 상품 비중을 높게 운용하다가 목돈이 형성되고 은퇴 시기가 다가오면 점진적으로 안정적인 상품 비중을 높여 나가는 것이 좋다. 길게는 수십 년을 운용해야 하므로 단기간의 운용 성과에 일희일비할 필요는 없다.

가입 초기에는 공격적으로, 은퇴가 다가올수록 보수적인 운용을 해야 한다고 설명은 했지만 막상 펀드를 고르려 하면 막막할 수 있다. 선택할 수 있는 펀드와 ETF가 수백 개가 넘기 때문에 포트폴리오를 구성해 운용한다는 것은 개인투자자에게는 무척이나 난감한 일이다. 이런 점에 어려움을 느끼는 투자자라면 타겟데이트펀드(TDF, Target Date Fund)를 활용하면 좋다. 금융상품 지식과 경험이 부족한 투자자에게 딱 맞는 상품이다. 타겟데이트펀드는 투자자의 은퇴 시점을 타겟으로 생애 주기에 맞춰 자산배분을 해주는 펀드다. 미국의 많은 근로자도 이 펀드를 통해 노후를 준비한다. 타겟데이트펀드는 교보악사자산운용, 메리츠자산운용, 미래에셋자산운용, 삼성자산운용, 신한자산운용, 키움투자자산운용, 한국투자신탁운용, 한화자산운용, KB자산운용의 상품이 나와 있다. 삼성자산운용, 한국투자신탁운용, KB자산운용 등은 미국의 전문 운용회사와 제휴를 통해 펀드 라인업을 구축했고, 미래에셋자산운용과 신한자산운용 등은 자체적으로 운용한다. 운용회사마다 타겟데이트펀드의 라인업 구성에 차이가 나므로 자세히 살펴본 후에 가입하도록 하자.

　연금저축계좌는 누구나 가입할 수 있고 매년 1,800만 원씩 넣을 수 있으며 세액공제를 받지 않은 원금은 언제든지 불이익 없이 인출할 수 있다. 따라서 해외채권 및 해외주식 관련 상품에 적극적으로 운용하려는 개인투자자에게 좋다. 연금저축계좌에서 롱숏펀드나 국내주식 관련 상품으로 운용해도 되지만 이런 펀드는 원래 세금이 거의 없으므로 구지 연금저축계좌에서 투자할 이유는 없다. 그러나 해외주식형 펀드나 ETF처럼 수익이 나면 15.4%의 세금을 내고 금융소득 종합과세 과표에도 합산하는 상품은 연금저축계좌를 활용하면 절세 혜택이 크다. 비과세로 운용하다가 나중에 연금을 받을 때 저율의 연금소득세만 내면 되기 때문이다. 물론 보수적인 성향이라면 절세보다 안정성에 중점을 두어 상품을 골라야 하겠지만 말이다.

　다음으로 은행에서 주로 판매하는 연금저축신탁에 대해 알아보자. 연금저축신탁의 가장 큰 장점은 실적배당형 상품임에도 원금 보장이 되는 점이다. 게다가 5,000만 원까지 예금자보호도 된다. 연금저축신탁은 국내채권에 주로 투자하는 채권형과 주식 및 주식관련 파생상품에 10%까지 투자할 수 있는 안정형이 있다. 투자자는 채권형과 안정형 중에서 선택하면 된다. 중간에 채권형에서 안정형으로, 안정형에서 채권형으로 바꾸는 것은 불가능하다.

　연금저축신탁은 국공채 위주의 보수적인 운용을 하므로 다른 실적배당 상품보다 수익률이 낮다. 게다가 연 0.5%에 달하는 신탁보수를 차감하고 나면 정기예금 이상으로 수익을 내기가 만만치 않다. 2018년부터 연금저축신탁은 신규 판매가 중단된 상태다. 기존에 가입한 연금저축신탁은 원금보장이 꼭 필요하다면 유지하고 조금이라도 기대수익률을 높이려면 연금저축펀드로 이전을 고려해 보자. 연금저축 계좌 이전에 대해선 뒤에서 다시 설명하겠다.

연금저축보험의 장점은 종신형연금

이번엔 연금저축보험에 대해 알아보자. 연금저축보험의 가장 큰 장점은 사망할 때까지 연금을 받을 수 있는 종신형연금이다. 연금저축신탁이나 연금저축펀드는 모아 놓은 연금 재원으로 일정한 기간을 정해서 나눠 받는 것만 가능하다. 물론 연금저축펀드나 연금저축신탁도 수령 기간을 30년, 50년처럼 길게 정해 받을 수 있지만 종신형연금과는 차이가 난다. 또 다른 장점은 원리금 보장과 5,000만 원까지 예금자보호가 되는 점이다. 하지만 연금저축보험은 7~10년 정도 매월 납입한 보험료의 약 7~8% 정도를 사업비로 차감하고 나머지 금액에 대해서만 공시이율을 적용하여 복리로 이자를 계산한다. 공시이율은 정기예금 금리보다 높은 편이지만 가입 초기에는 사업비 비중이 높아 5년 정도가 지나야 중도 해지하더라도 원금을 건질 수 있다. 연금저축보험은 납입 금액을 중간에 자유롭게 변경하거나 중단하기가 어렵다. 상품에 따라 추가납입제도가 있지만 납입한 금액의 200% 이내라는 제한이 있다. 그리고 처음에 정한 금액을 밀리지 않고 계속 내야 하며 중간에 연체하면 계약이 해지된다. 그렇기 때문에 연금저축보험의 보장 기능과 종신형연금을 활용하고자 한다면 중간에 해지하지 말고 유지하여 나중에 연금을 받는 것이 좋다.

연금저축보험을 고를 때는 사업비는 낮고 공시이율과 최저보증이율은 높은 상품이 좋다. 참고로 생명보험회사의 연금저축보험은 종신형연금 선택이 가능하나 손해보험회사 상품에는 종신형연금이 없다. 5년 이상 25년 이내의 확정기간으로만 연금 수령이 가능하다. 55세부터 연금을 수령한다면 80세까지만 연금을 받을 수 있는 것이다. 물론 연금 개시 시점을 뒤로 늦추면 80세 이후에도 연금 수령이 가능하며 낮은 연금소득세를 적용 받을 수 있다. 80세 이후에 받는 연금은 연금소득세가 3.3%로 낮아진다.

연금저축신탁과 연금저축펀드는 자유롭게 납입이 가능하다. 중간에 형편이 어렵다면 납입을 중단했다가 나중에 상황이 나아지면 다시 납입을 해도 된다. 그런데 연금저축보험의 경우에는 주의가 필요하다. 납입 유예를 하지 않고 보험료를 2회 이상 밀리면 실효가 된다. 그 이후 2년 이내에 계약을 부활하지 않으면 해지가 불가피하다. 그래서 연금저축보험에 가입하려면 반드시 만기까지 납입이 가능한 금액을 한도로 가입하고 중간에 미납되지 않도록 신경을 써야 한다.

연금 받는 이야기

지금까지 연금저축계좌를 상품별로 비교해 봤다. 이제부터는 연금 받

9장_ 내게 꼭 필요한 연금 활용법

〈표6〉_ 연금저축계좌의 인출 순서 및 과세 방법

인출 순서	인출재원	세금	
		연금 수령시	연금외 수령시
1	납입 원금 (세액공제 X)	비과세	비과세
2	퇴직급여	연금소득세 (퇴직소득세의 60~70%)	퇴직소득세
3	납입 원금 (세액공제 O)	연금소득세 70세 미만 : 5.5% 70세 ~ 79세 : 4.4% 80세 이상 : 3.3%	기타소득세 (16.5%)
	운용 수익		

는 이야기를 해보자. 연금저축계좌에 가입하여 일정한 요건을 갖추어 연금을 받으면 세액공제를 받은 원금과 운용하면서 발생한 수익에 대해서 5.5~3.3%의 연금소득세를 내게 된다. 연간 1,200만 원까지는 분리과세가 가능하다. 일반 계좌에서는 금융상품 투자로 발생한 수익의 15.4%를 세금으로 내고 금융소득 종합과세 과표에도 합산하는 점을 고려하면 연금의 절세 효과는 매우 크다. 물론 5.5~3.3%의 연금소득 세율 적용을 받으려면 5년 이상 가입하고 55세가 넘어서 10년 이상의 기간 동안 나눠서 연금을 수령해야 한다. 연금을 수령할 때는 납입한 금액의 성격에 따라 인출 순서와 과세 방법이 달라진다. 이를 정리하면 〈표6〉과 같은데 뒤에서 설명하게 될 IRP도 세제 관련 내용은 동일하다.

〈표6〉에서 보는 것처럼 연금을 받는 것도 만만치 않게 복잡해 보

인다. 우선 연금을 수령할 때는 세액공제를 받지 않은 원금부터 인출된다. 이 금액은 연금을 개시하기 전에 인출해도 전혀 불이익이 없다. 만약에 연금저축계좌로 받은 퇴직급여가 있다면 이 금액이 두 번째 연금재원으로 활용된다. 퇴직급여를 연금으로 받으면 퇴직소득세 30%의 감면 혜택이 있다. 퇴직급여 연금 수령 11년차부터는 퇴직소득세 40% 감면으로 혜택이 늘어난다. 따라서 10년간은 다른 여유자금으로 생활하면서 소액으로 인출하다가 11년째부터 인출 금액을 늘린다면 절세효과를 더 높일 수 있다. 세액공제를 받지 아니한 원금과 퇴직급여를 모두 받고 나면 마지막으로 세액공제를 받은 원금과 수익을 연금으로 받는다. 이 금액에 대해서는 5.5~3.3%의 연금소득세가 있다. 세율은 연금을 수령하는 나이에 따라 달라지는데 55세부터 69세까지는 5.5%, 70세부터 79세까지는 4.4%, 80세 이상부터는 3.3%의 세율을 적용한다. 연금저축보험에서 종신연금형으로 연금을 수령하는 경우엔 55세부터 79세까지는 4.4%, 80세 이상은 3.3%의 세율을 적용한다. 연금저축신탁과 연금저축펀드는 매월 정기적으로 연금을 받는 것이 일반적이나 연간 수령 한도 내에서는 필요할 때마다 부정기적으로 인출해도 된다. 경제적으로 여유가 있다면 다른 자금으로 먼저 노후 생활비를 충당하고 연금저축계좌는 70세 이후로 연금 수령 시기를 늦추면 세율을 낮출 수 있어 유리하다.

연금은 연간 수령 한도 내에서 수령하되 1년에 1,200만 원을 초과하지 않도록 하자. 연간 1,200만 원을 초과하면 종합과세 대상자가 되기 때문이다. 이 경우 다른 소득과 합산해 종합소득세 (6.6~49.5%)를 내야 한다. 따라서 연금저축계좌에서는 가능하면 연간 1,200만 원 내에서 연금을 받고 나머지 금액은 국민연금(공무원연금, 군인연금, 사학연금)이나 연금보험을 함께 활용하도록 하자. 본인이 가입한 연금 종류와 예상 연금액은 금융감독원 통합연금포털(https://100lifeplan.fss.or.kr)을 통해 확인할 수 있다.

중간 인출 또는 전액 해지하면

젊었을 때부터 연금을 준비하여 노후 생활을 풍요롭게 즐기며 살면 좋겠지만 불가피하게 연금을 중간에 일부 인출하거나 전액 해지해야 하는 경우도 있다. 세제상 혜택을 받는 상품은 만기가 길고 중간에 해지하면 불이익이 있다. 연금저축계좌도 마찬가지다. 중간에 인출하거나 전액 해지하면 세액공제를 받은 원금과 수익에 대해 16.5%의 기타소득세를 내야 한다. 그래서 가능하면 만기까지 유지하는 편이 좋다.

만약 갑자기 목돈이 필요하고 조만간 되갚을 수 있는 금액이라면 대출을 활용하는 것이 좋다. 대부분의 금융회사는 담보대출 제도를 운영하고 있으며 대출 이자율도 비교적 낮게 적용한다. 참고로 부득이한 사유 때문에 해지를 하는 경우라면 기타소득세가 아닌 낮은 세율의 연금소득세만 내면 된다. 부득이한 사유로는 가입자의 사망 또는 해외 이주, 가입자 또는 부양가족의 3개월 이상의 요양, 가입자의 파산선고 또는 개인회생절차 개시, 천재지변 등이다. 사유가 발생한 날

로부터 6개월 이내에 증빙서류를 갖춰 신청해야 하므로 늦지 않도록 주의하자. 부득이한 사유에 해당하지도 않고 조만간 되갚기도 어렵다면 전액 해지하는 것보다는 필요한 금액만큼만 인출해 불이익을 줄이는 것이 좋다. 다만 연금저축보험은 일부 인출이 불가능하다.

마지막으로 계약이전에 대해 알아보자. 연금저축계좌는 오랫동안 가입하고 유지하는 장기 상품이다. 그렇기 때문에 어떤 연금저축계좌를 선택하느냐에 따라 노후에 받는 연금 수령액은 생각보다 크게 벌어질 수 있다. 그러므로 금융지식이 부족하거나 지인의 부탁 때문에 성향에 맞지 않는 연금저축계좌를 가입했다면 이전을 검토해 보자. 원하는 상품에 가입했더라도 환경 변화에 따라 기대수익률을 높이고 싶다면 계약이전을 하면 된다. 계약이전을 하더라도 제도상 불이익은 전혀 없다. 연금저축계좌에서 운용중인 상품(신탁, 펀드, 보험)의 평가금액 그대로 옮길 수 있다.

그런데 연금저축보험은 주의해야 한다. 연금저축보험엔 상해보험금이나 사망보험금을 받을 수 있는 보장기능이 포함되어 있는데 계약이전을 하면 이러한 기능이 사라지기 때문이다. 물론 보장기능이 크지 않고 연금개시 전까지만 보장해 주는 경우가 많기는 하다. 연금저축보험을 이전할 때 더 주의해야 하는 건 사업비를 차감한 나머지 금액만 이전해 준다는 사실이다. 연금저축보험 가입 초기에 이전하면 사업비 차감으로 인해 원금 손실이 커진다. 보통 5년 정도는 지난 뒤에 옮겨야 원금 이상 수준이 된다.

9장_ 내게 꼭 필요한 연금 활용법

연금저축계좌는 연간 한도인 1,800만 원 이내에서 여러 금융회사에 중복하여 가입이 가능하다. 따라서 연금저축보험이나 연금저축펀드 등에 금액을 나눠 가입하는 것도 대안이 될 수 있다.

37

내게 꼭 필요한
연금 활용법

금리연동형 연금보험과
실적배당형(변액) 연금보험

세제비적격 연금보험은 앞에서 설명한 세제적격 연금저축보험과는 다르다. 연금저축보험은 적립하는 동안 세액공제를 받지만 연금을 수령할 때 5.5~3.3%의 연금소득세를 낸다. 이에 반해 연금보험은 세액공제 혜택은 없지만 일정 요건을 갖추면 연금을 수령할 때 비과세 혜택을 받을 수 있다. 우선 차이점을 살펴 보면 〈표1〉과 같다.

근로자는 세액공제를 받으려고 연금저축계좌에 연간 400만 원을 가입한다. 만약 노후를 대비하기 위해 연금저축계좌 이외에 추가로 연금 가입을 고려한다면 연금보험에 가입하여 비과세 혜택을 누리는 것이 좋다. 고액자산가라면 연금저축계좌에 매년 1,800만 원씩 납입하고 나머지 여유 자금으로 비과세 요건에 맞춰 연금보험에 가입하면 절

293

세 효과를 극대화 할 수 있다. 참고로 연금보험은 증권회사나 은행, 우체국 등에서도 가입이 가능한데 〈표2〉에서 보는 것처럼 다양한 상품이 있다.

우선 연금보험은 운용 방식에 따라 금리연동형 연금보험과 실적배당형(변액) 연금보험으로 나눈다. 금리연동형 연금보험은 말 그대로 고객이 보험료를 내면 생명보험회사에서 적용하는 공시이율로 이자를 계산한다. 공시이율은 보험회사가 자체적으로 운용하는 자산운용 수

〈표1〉_ 연금보험과 연금저축보험의 비교

구분	연금보험	연금저축보험
판매회사	생명보험회사	생명보험회사, 손해보험회사
세액공제	해당 사항 없음	연간 400만 원 한도
연금수령	비과세(일정 요건 충족시)	연금소득세 3.3~5.5%
납입한도	상품에 따라 다름	연간 1,800만 원
연금개시	45세 이후	55세 이후

〈표2〉_ 연금보험 상품

구분	종류	주요 내용
운용방식	금리연동형	공시이율로 복리 이자 계산
	실적배당형(변액)	다양한 펀드로 운용
납입방식	적립형	일정 기간 매월 보험료 납입 후 연금 수령
	거치형	목돈 납입 후, 일정 기간 거치 후 연금 수령
	즉시형	목돈 납입 후 다음 달부터 연금 수령

익률, 국고채 금리 등을 이용해 산출하는데 보험회사별로 차이가 난다. 저금리 기조가 이어지면서 공시이율도 연 2%대까지 낮아졌다. 금리연동형 연금보험은 안전장치로 최저금리를 보증하는데 2021년 3월 말 현재 연 1%전후 정도 수준에 불과하다. 예전에 금리가 높았을 당시에는 연 7~8%에 달하는 높은 고정금리 연금보험도 있었으나 현재는 변동금리만 남아 있다. 예전에 고정금리 방식의 연금보험에 가입했다면 절대로 해지하지 말고 유지해 연금을 받도록 하자. 변액연금보험은 납입한 보험료를 채권, 주식, 원자재, 부동산 등에 투자하는 펀드로 운용한다. 그러므로 펀드 운용 성과에 따라 나중에 받게 되는 연금 수령액이 달라진다. 펀드 운용 성과가 나쁘면 원금 손실도 발생할 수 있다. 그러나 대부분의 변액연금보험은 연금 개시 시점에 손실이 나더라도 납입한 원금을 재원으로 연금을 준다. 즉, 변액연금보험은 연금 개시 시점에 최소한 원금을 보장해 주는 안전장치를 가지고 있는 것이다. 물론 변액연금보험에 따라 원금의 일부만 보장하는 상품도 있다.

연금보험에 가입하는 많은 사람이 **금리연동형**을 선택한다. 그런데 금리연동형 연금보험은 사업비와 저금리로 인해 복리 효과를 고려하더라도 물가 상승률 이상의 수익을 기대하기가 어렵다. 납입한 보험료에서 7~8%에 달하는 사업비를 제하고 난 금액에 연 2%대의 공시이율을 적용하면 원금이 되기까지에 적어도 5~6년 정도의 시간이 필요하다. 그렇다면 어떤 연금보험을 골라야 조금이라도 유리할까? 당

9장_ 내게 꼭 필요한 연금 활용법

연히 사업비는 낮고 공시이율과 최저보증이율은 높은 연금보험을 골라야 한다.

그런 연금보험에 가입하려면 온라인으로 가입하는 것이 좋다. 상품에 대한 정보는 **온라인 보험슈퍼마켓** '보험다모아' 또는 '생명보험협회 공시실'을 참고하면 된다. 온라인에서 가입하는 경우에 사업비를 2~4% 가까이 아낄 수 있다. 10년 이상 유지해야 하는 연금보험에서 사업비를 줄이고 조금이라도 높은 공시이율을 적용받는 것만으로도 나중에 받게 되는 연금 수령액은 큰 차이가 발생한다. 조금 번거롭더라도 온라인을 통해 연금보험에 가입하자. 참고로 금리연동형 연금보험은 5,000만 원까지 예금자보호가 된다.

연금보험을 가입하려면 무조건 빨리 가입하자. 사업비는 보험 가입 이후 7년 정도 기간에 대부분 발생한다. 그 이후에는 모아진 적립금과 추가로 납입하는 보험료를 적은 사업비만 부담하고 운용할 수 있다. 여유가 되면 추가 납입 제도도 활용하자. 다른 저축성 보험과 마찬가지로 연금보험은 기존에 납입한 보험료의 2배 범위 내에서 자유롭게 추가 납입을 할 수 있다. 추가 납입 금액은 상대적으로 낮은 사업비를 공제하므로 기본보험료만 납입하는 것보다 추가 납입 제도를 함께 활용하는 것이 좋다. 예를 들어 월 20만 원씩 연금보험에 가입하고 있다면 월 40만 원씩 새로운 연금보험에 가입하는 것보다 기존 보험에 추가로 40만 원을 납입하는 것이 유리하다.

연금보험에 일찍 가입해야 하는 또 하나의 이유는 **종신형연금**에 있다. 연금보험은 사망할 때까지 연금을 받을 수 있는 종신형연금 선택이 가능하다. 연금 수령액은 보험 가입 시점의 '경험생명표'를 적용한다. 연금보험 가입 시기가 늦어지면 늦어질수록 새로운 평균 수명을 반영한 '경험생명표' 적용을 받게 된다. 평균 수명은 지속적으로 늘어나고 있기 때문에 경험생명표가 새롭게 바뀐다는 의미는 종신연금형의 연금 수령액이 줄어든다는 것이다. 그렇기 때문에 가능하면 경험생명표가 바뀌기 전에 빨리 연금보험에 가입하는 것이 좋다. **경험생명표**는 대개 4~5년 주기로 바뀌고 있으며 현재는 2019년 4월의 9회 경험생명표를 적용하고 있다. 보험은 초기 사업비 부담이 크므로 신중하게 검토해서 가입해야 하지만 가입을 한 이후에는 유지하는 편이 좋다. 특히 연금보험은 평균 수명이 계속 늘어나는 점을 고려할 때 만기까지 유지하여 종신형연금으로 수령하도록 하자. 대부분 연금보험 가입 시점의 경험생명표상 평균 수명보다 오래 살게 될 텐데 그 이후부터 받게 되는 연금은 보너스나 마찬가지다.

이제 **변액연금보험**에 대해 알아보자. 변액연금보험은 말 그대로 액수가 변하는 연금이다. 납입한 보험료에서 사업비, 위험 보험료 등을 떼고 난 나머지 금액을 펀드에 투자한다. 납입하고 거치하는 동안 펀드로 운영해 모은 재원으로 나중에 연금을 받는다. 펀드 변경은 자유로우나 매년 변경 가능한 횟수가 정해져 있는 보험이 많다. 변액연금보험은 펀드로 운용하므로 성과가 저조한 경우 원금 손실이 커질 수 있다. 그러나 적립하고 거치하는 동안 펀드로 운용하다가 손실이 발

9장_ 내게 꼭 필요한 연금 활용법

생하더라도 연금 개시 시점엔 원금을 보장하는 기능이 있으므로 원금 손실에 대해 너무 우려할 필요는 없다. 원금 보장을 위해 주식 편입비중이 50%가 넘지 않는 펀드 위주로 라인업이 돼 있는데 공격적인 운용을 원하는 계약자에겐 아쉬운 점이다. 저금리 기조가 지속되는 환경에서는 변액연금보험으로 기대수익률을 높이는 것이 좋지만 그럼에도 불구하고 원금 손실에 대한 두려움이 크다면 금리연동형 연금보험과 변액연금보험에 나눠서 가입하는 것도 대안이다. 변액연금보험을 고를 때에도 '생명보험협회 공시실'이나 '보험다모아 홈페이지' 등을 참고하면 된다. 온라인으로 가입하면 사업비를 아낄 수 있지만 펀드 운용에 어려움이 있다면 전문가의 도움을 받는 것이 좋다. 물론 비용을 줄이는 것도 좋지만 컨설팅을 통해 펀드 운용 성과를 높이는 것이 더 중요하기 때문이다.

변액연금보험에 가입하고 보험료를 납입하는 동안에는 하이일드 채권형펀드나 해외주식형펀드처럼 변동성이 높은 펀드에도 일부 투자하도록 하자. 그리고 매월 보험료를 납입할 동안은 원금 손실을 너무 우려지 말자. 일시적으로 손실 폭이 커질 수 있지만 'Dollar Cost Averaging Effect'라고 하는 평균매입단가 하락효과를 기대할 수 있기 때문이다. 장기간 적립을 해나갈 때에는 초기에 높은 수익이 나는 것보다 오히려 손실이 발생하거나 횡보하는 편이 유리하다. 낮은 가격으로 꾸준히 펀드를 매수할 수 있기 때문이다. 목돈이 형성되고 난 이후에 펀드 성과가 좋아져야 연금 재원을 더 많이 늘릴 수 있다.

해외하이일드채권형펀드는 연 5~7% 정도의 수익을 기대할 수 있다. 우리나라의 **저금리 환경**을 고려하면 매력적인 수준이다. 물론 펀드에 편입한 채권들의 듀레이션이 길고 신용등급이 낮아 글로벌 경제위기가 발생하면 20~30% 이상 손실이 발생하기도 한다. 하지만 연금처럼 장기로 운용하는 투자자에겐 오히려 추가 매수할 수 있는 기회다. 매년 펀드로 유입되는 고금리채권의 이자가 있고, 경기가 회복되면 편입한 채권의 신용등급 상향으로 펀드 수익률도 빠르게 회복되기 때문이다. 초기에는 미국, 유럽, 일본 등 선진국과 중국, 인도, 브라질, 베트남 등 신흥국의 해외주식형펀드도 포트폴리오에 적극 편입하도록 하자.

목돈을 형성하고 나면 투자 성향에 따라 국내채권형, 해외채권형, 시장중립형, 국내주식형, 해외주식형, 원자재펀드 등 다양한 펀드를 활용하여 투자자성향에 맞게 적절하게 자산을 배분하여 운용하는 것이 좋다. 그리고 일정한 주기로 리밸런싱(자산재배분)을 하면서 관리할 필요가 있다. 변액보험은 매년 여러 번 펀드 변경을 할 수 있지만 글로벌 경기를 정확히 예측하면서 펀드를 자주 변경하는 것은 불가능하다. 1년에 1~2번 정도 포트폴리오 비중을 일부 변경하는 정도면 충분하다. 포트폴리오 구성 및 리밸런싱에 자신이 없다면 전문가의 도움을 받거나 보험회사가 알아서 포트폴리오를 구성해 운용해주는 상품을 선택하면 된다.

변액보험에 가입해 **펀드 수익률**을 확인해 본적이 있다면 수익률이 이상하다고 느낀 적이 있을 것이다. 지금까지 납입한 보험료가 1,000만 원이고 펀드 수익률이 10%라고 안내를 받았다면 적립금이 1,100만 원으로 늘어났다고 생각하기 쉽지만 실제 적립금은 여전히 납입한 원금 수준이기 때문이다. 납입한 보험료 전체가 펀드에 투자되는 것이 아니고 사업비와 위험보험료 등을 제외한 나머지 금액만 펀드에 투자되므로 10%의 수익을 올렸다 하더라도 모아진 적립금은 생각과 다를 수밖에 없다. 그래서 요즘은 실제 낸 보험료 대비 수익을 알 수 있도록 생명보험협회 홈페이지에 공시하도록 돼 있고 계약자에게도 납입한 보험료 대비 수익률을 안내해 준다. 이미 설명했지만 펀드에 투자하는 보험료 비중을 높이려면 사업비를 줄여야 하는데 온라인을 통해 가입하거나 추가납입 제도를 활용하면 도움이 된다. 추가납입은 기존에 납입한 보험료의 2배 한도 내에서 가능한 경우가 대부분이다.

연금 개시 시점이 다가오면 변동성이 높은 펀드의 비중은 점점 줄여 나가고 안정적인 펀드 비중을 늘려 나가는 것이 좋다. 모아진 돈이 1,000만 원일 때 10% 손실은 100만 원에 불과하지만 1억 원일 때 10% 손실은 1,000만 원이나 된다. 돈을 모아가는 과정에서는 일부 자산을 공격적으로 운용하는 것이 필요하지만 목돈을 형성한 이후에는 안정적 포트폴리오로 변동성을 줄여나가는 것이 좋다. 연금 가입 초기에는 남아있는 시간이 많아 손실이 나더라도 회복할 수 있지만 연금 개시 시점이 다가올수록 손실이 발생하면 회복이 어렵다. 추가적으로 높은 수익을 추구하기 보다는 그 동안 모은 연금 재원을 잘 지키는 것

이 중요하다

　마지막으로 **연금 받는 방법**에 대해 알아 보자. 어떻게 연금을 수령할 지는 가입할 때 미리 정해 놓지만 연금 개시 이전에는 변경을 할 수 있다. 그러나 일단 연금을 받기 시작하면 중간에 변경이 불가능하다. 연금 수령 방법은 확정연금형, 종신연금형, 상속연금형으로 나눌 수 있다. 물론 연금보험에 따라서 보다 다양하게 받는 방식이 있으나 대부분 앞의 3가지 유형에서 약간씩 변형한 것에 불과하다. 우선 **확정연금형**은 연금수령 기간을 10년, 20년, 100세 등으로 정해 놓고 받는 것이다. 연금을 받다가 중간에 사망하게 되면 남아 있는 기간에 해당하는 연금은 상속인이 수령하게 된다. 확정연금형은 미리 정해 놓은 연금 수령 기간보다 오래 살게 되면 연금이 단절되는 단점이 있다. 이에 반해 **종신연금형**은 사망할 때까지 연금을 받는 방식이다. 확정연금형에 비해 매년 수령하는 연금액은 작지만 평균 수명보다 오래 사는 경우 연금 수령 기간이 길어져 오히려 유리하다. 그런데 종신형연금으로 신청했다가 일찍 사망하는 경우 오히려 손해라고 우려할 수 있다. 그러나 종신형연금에도 10년, 20년 등 보증기간을 설정하기 때문에 일찍 사망하더라도 나머지 보증 기간에 해당하는 연금은 상속인이 받을 수 있다. 참고로 종신연금형으로 연금을 수령하기 시작하면 중간에 갑자기 목돈이 필요하더라도 보험을 해지하는 것은 불가능하다. 오직 사망할 때까지 연금으로만 수령할 수 있다. 노후생활을 하는 동안 혹시 모를 자녀들의 사업 자금 요구에도 이 연금만은 주지 않아도 되는 명분도 생긴다. **상속연금형**은 이자 정도의 금액을 연금으로 수령하다가 사망하게 되면 쌓여 있는 적립금을 상속인에게 상속하는 방식이다. 다른 여유자금이 충분히 있거나 상속연금만으로도 여유로운 생활이 가능해 자녀에게 상속재원을 남겨 주길 원할 때 선택하면 좋다. 이처럼 연금 수령 방식에 따라 장단점이 각각 다르다. 어떤 연금보험에 가입할 지 고르는 것도 중요하지만 나중에 연금을 잘 받는 것도 그에 못지 않게 중요하다. 연금을 받기전에, 약관 등을 통해 관련 내용을 다시 한번 체크해 보자.

　지금까지 연금보험에 대해 알아 보았다. 연금보험을 가입하는 가장 큰 이유는 **풍요로운 노후 생활**을 준비하는 것이겠지만 또 다른 이유는 **비과세 혜택** 때문이다. 그런데 세법이 개정될 때마다 비과세 요건이 까다로워지고 있다. 2017년 4월 신규 계약부터 적용하는 기준에 따르면 일시금으로 가입할 경우 1억 원까지만 비과세가 된다. 과거 2억 원에서 1억 원으로 축소한 것이다. 월 적립으로 할 경우에는 납입 기간이 5년 이상이고 매월 납입하는 보험료가 150만 원(추가납입 포함 연간 1,800만 원 한도) 이하인 경우에만 비과세가 가능하다. 과거엔 계약기간 10년 이상에 월납 5년 이상 불입 조건만 충족하면 금액에 제한 없이 비과세가 가능했으니 한도가 큰 폭으로 줄어든 것이다. 그렇다면 1억 원 일시납과 월 150만 원 적립형으로 동시에 연금보험을 가입하면 모두 비과세가 가능할까? 모두 비과세 혜택을 받을 수 있다. 물론 10년 이상 계약을 유지하는 경우에만 해당된다. 아직 젊고 자금 여유 있다면 일시납으로 1억 원을 가입하고 거치기간을 길게 하자. **복리 효과**로 인해 연금을 받을 무렵엔 효자 노릇을 톡톡해 해 줄 것이다. 월 150만 원씩 적립하는 경우에도 적립하는 기간을 가능하면 길게 하자. 10년 적립하면 납입보험료 기준으로 1억8,000만 원이지만, 30년 적립하면 납입보험료는 5억4,000만 원으로 늘어난다. 당연히 이 기간 동안 늘어난 이자는 비과세 혜택을 받는다. 자산가라면 종신형 즉시연금보험을 고려해 보자. 연금보험 가운데 유일하게 종신형 즉시연금보험만 금액에 상관없이 비과세가 가능하다. 다만, 55세 이후에 연금을 받기 시작해야 하고 사망할 때까지 종신형연금으로 받아야 한다. 계약자, 피보험자, 수익자 모두 동일인으로 해야 하며 보증지급기간은 기대여명 이하로 해야 한다. 앞서 설명한 보험관련 비과세 요건을 표로 정리하면 〈표3〉과 같다.

〈표3〉_ 저축성 보험의 비과세 요건

구분	비과세 요건	공통 요건
일시납	*납입할 총보험료 1억 원 한도(기존 보유계약 합산) *일시납 / 2년납 / 3년납	
월납	*월 보험료 150만 원 한도 (연간 1,800만 원 한도) *적립기간 5년 이상(선납 6개월 이내)	10년 이상 계약유지
종신형 즉시연금	*55세 이후 연금개시 *사망시까지 종신 연금 수령(사망시 연금재원 소멸) *계약자 = 피보험자 = 수익자 전부 동일인 *보증지급기간 기대여명 이하	

9장_ 내게 꼭 필요한 연금 활용법

퇴직연금제도의 이해

필자의 첫 번째 직장은 한국투자증권이었다. 대리 시절에 중간정산을 받았으며 2005년도 과장 시절 미래에셋증권으로 직장을 옮기면서 퇴직급여를 받았다. 하지만 다른 직장인과 마찬가지로 차를 바꾸고 집을 사는데 사용해서 지금은 흔적이 묘연하다. 필자의 경우처럼 중간정산이나 이직으로 퇴직급여를 받게 되더라도 어느새 생활비로 사라져 버리기 일쑤다. 그런데 더 심각한 경우는 다니던 회사가 부도나서 퇴직급여를 떼이는 것이다. 기존 퇴직급여 제도에서는 퇴직급여를 사내에 예치, 운용함으로써 회사에는 유리한 면이 있었지만, 근로자에게는 회사가 부실해져 파산 등에 이르는 경우 퇴직급여를 전부 떼일 수도 있다는 치명적인 위험이 있었다. 은퇴 이후 적어도 30~40년을 살아가야 하는 현대인들에게 퇴직급여는 국민연금, 개인연금과 더불어 노후생활을 위한 큰 버팀목 중 하나다. 그래서 정부는 2004년 말 퇴직연금제도 도입을 위한 '근로자퇴직급여보장법'을 마련해 2005년 12월부터 제도를 시행하게 됐다. 2016년엔 근로자 300인 이상 사업장, 2017년엔 100~300인, 2018년엔 30~100인, 2019년엔 10~30인, 2022년엔 10인 미만 등 기업 규모별로 단계적으로 퇴직연금제도에 의무적으로 가입해야 한다. 이처럼 제도가 확대 시행되어가면서 불과 10년 전만 하더라도 낯선 제도였던 퇴직연금에 지금은 많은 근로자가 가입하게 됐다. 우선 우리나라 퇴직급여제도를 살펴 보면 크게 퇴직금 제도와 퇴직 연금제도로 나눌 수 있는데 종류는 〈표1〉과 같다.

퇴직연금제도는 근로자가 퇴직한 이후 평온한 노후생활을 보낼 수 있도록 회사가 근로자에게 지급해야 할 퇴직급여를 외부 금융회사(퇴직연금사업자)에 맡기는 제도다. 회사가 부실해져서 부도가 나더라도 근로자는 금융회사로부터 퇴직급여를 안정적으로 받을 수 있다. 퇴직연금제도를 도입한 회사의 근로자는 재직하는 동안 확정급여형(DB: Defined Benefit)과 확정기여형(DC: Defined Contribution) 제도 중에서 직장

〈표1〉_ 퇴직급여제도 종류

퇴직급여제도			
퇴직금제도	퇴직연금제도		
	확정급여형(DB)	확정기여형(DC)	개인형퇴직연금(IRP)

9장_ 내게 꼭 필요한 연금 활용법

의 안정성, 급여체계, 투자성향을 고려하여 자신에게 적합한 유형을 선택하면 된다. 회사가 도입한 제도에 따라서 한쪽 유형에만 가입하거나 두 유형에 금액을 나눠 가입할 수도 있다.

확정급여형(DB)부터 차근차근 알아보자. 확정급여형의 경우 근로자는 퇴직할 때 원래 정해져 있는 퇴직급여와 동일한 금액을 받게 된다. 다만 앞서 설명한 것처럼 퇴직연금 재원이 외부 금융회사에 적립돼 수급권이 보장되는 점만 차이가 있을 뿐이다. 외부에 적립한 퇴직연금 재원은 회사가 운용 및 관리를 하게 되므로 개별 근로자는 크게 신경쓸 일이 없다. 회사가 퇴직급여를 운용하면서 좋은 성과를 내면 회사의 이익으로 귀속하는 반면 손실이 발생하면 손실 분만큼 충당하도록 돼 있다. 따라서 근로자는 운용 성과와 상관 없이 퇴직 직전 3개월 평균 급여에 근속연수를 곱한 금액을 퇴직급여로 받게 된다. 회사가 안정적이고 임금 상승율이 비교적 높으며 장기 근속이 가능한 반면에 금융지식이 상대적으로 부족한 근로자라면 확정급여형을 선택하는 것이 유리하다.

확정기여형은 회사가 근로자의 퇴직급여계좌에 매년 임금 총액의 1/12 이상을 넣어주면 개별 근로자가 그 적립금을 직접 운용하는 제도다. 그러므로 같은 금액을 받더라도 근로자마다 운용 성과에 따라 나중에 받게 되는 퇴직급여는 각각 달라진다. 운용 성과가 좋으면 확정급여형를 선택한 것보다 더 많은 퇴직급여를 받을 수도 있다. 물론 운용 성과가 저조한 경우엔 회사가 적립해 준 금액보다도 퇴직급여가 줄어들게 된다. 확정기여형도 퇴직급여를 외부 금융회사의 근로자 퇴직급여계좌에 적립하므로 회사가 파산을 하는 등 부실해져도 돈을 떼일 염려는 없다. 임금 인상률이 높지 않고 직장 이동이 잦은 근로자라면 확정기여형이 유리할 수 있겠다. 금융 지식이 풍부해 실적배당 상품에 대한 이해도가 높고 임금 상승률 이상으로 운용할 수 있다고 생각한다면 확정기여형을 선택하도록 하자.

마지막으로 개인형퇴직연금(IRP)에 대해 알아보자. 회사를 옮기거나 퇴직하게 되면 그 동안 확정급여형 또는 확정기여형으로 운용하던 퇴직급여를 넘겨 받아 운용할 수 있는 계좌다. 물론 퇴직급여를 넘겨 받는 경우가 아니더라도 IRP계좌를 개설할 수 있다. 이전에는 퇴직급여(퇴직금, 퇴직연금)를 수령하는 경우나 퇴직연금제도 가입 근로자들만 IRP계좌 가입이 가능했으나 2017년 7월부터는 가입대상이 확대됐다. 지금은 자영업자, 사학연금과 군인연금 등 직역연금 가입자, 퇴직급여제도 미적용 근로자도 자유롭게 가입할 수 있어 노후생활을 대비하면서 세제 혜택도 추가로 받을 수 있다. IRP계좌 가입 대상 현황은 〈표2〉와 같다.

회사에서 확정급여형만 도입한 경우 근로자는 퇴직연금 계좌에 추가 적립이 불가능하지만 확정기여형을 도입한 경우라면 추가로 적립해 세액공제 혜택을 받을 수 있다. 그러나 확정기여형에 추가로 적립하기 보다는 IRP계좌를 활용하는 경우가 많다. IRP계좌는 연금저축계좌와 마찬가지로 세액공제 혜택이 있다. 그런데 IRP계좌는 연금저

<표2>_ IRP 가입 대상 현황

가입대상	세부내용
자영업자	
퇴직급여제도 미적용근로자	*계속 근로기간 1년 미만 근로자 *1주 소정 근로시간이 15시간 미만 근로자
퇴직금 제도적용 근로자(재직자)	
직역연금 가입자	공무원 군인 사립학교 교직원 별정우체국 직원

축계좌와 납입한도가 맞물려 있고 세액공제 받는 내용도 비슷해서 함께 알아 둬야 제대로 활용할 수 있다. 우선 IRP계좌 또는 연금저축계좌에는 매년 1,800만 원 한도로 적립할 수 있다. 두 계좌에 금액을 나눠서 납입하는 건 가능하지만 양쪽 계좌 합해서 1,800만 원까지만 넣을 수 있다. 두 계좌 모두 세액공제가 가능하지만 연간 연금저축계좌는 최대 400만 원까지, IRP계좌는 최대 700만 원까지만 가능하다. 두 계좌를 합해도 최대 700만 원까지만 가능하므로 대부분은 연금저축계좌에 400만 원, IRP계좌에 300만 원을 넣는다. <표3>에서 보는 것처럼 연금저축계좌에서는 400만 원을 넘게 넣어도 초과 분에 대해서 세액공제 혜택이 없다. 그러므로 IRP계좌를 활용해 나머지 금액을 추가로 적립하는 것이 좋다. 참고로 2020년부터 2022년 기간 동안 만 50세 이상은 연금저축계좌 세액공제 대상 납입한도가 400만 원(IRP포함

〈표3〉_ 연금저축계좌와 IRP 계좌의 세액공제 비교

적립액		세액공제			절세효과 (지방소득세 포함)	
연금저축 계좌	IRP계좌	연금저축 계좌	IRP계좌	합계	16.5%적용시	13.2% 적용시
700만 원	0원	400만 원	0원	400만 원	660,000원	528,000원
600만 원	100만 원	400만 원	100만 원	500만 원	825,000원	660,000원
500만 원	200만 원	400만 원	200만 원	600만 원	990,000원	792,000원
400만 원	300만 원	400만 원	300만 원	700만 원	1,155,000원	924,000원
300만 원	400만 원	300만 원	400만 원	700만 원	1,155,000원	924,000원
0원	700만 원	0원	700만 원	700만 원	1,155,000원	924,000원

*종합소득금액이 4,000만 원 이하이거나 총급여액이 5천500만 원 이하인 경우에는 세액공제율 16.5%, 그 이외의 경우에는 13.2% 적용

*종합소득금액이 1억 원을 초과하거나 총급여액이 1억2,000만 원을 초과하는 경우 연금저축계좌 세액공제 한도 300만 원까지만 가능

700만 원)에서 600만 원(IRP포함 900만 원)으로 올랐다. 다만, 종합소득금액 1억 원 또는 총급여 1.2억 원이 넘거나 금융소득 종합과세 대상자는 제외된다.

그런데 연금저축펀드와 IRP계좌는 운용할 때 어떤 차이가 있을까? 연금저축펀드는 실적배당상품인 펀드와 국내 상장 ETF에만 투자할 수 있으나 IRP계좌는 정기예금, 이율보증형보험, ELB 등 원리금보장 상품 투자도 가능하다. 다만 주식형펀드 같은 위험자산에는 70% 이내만 투자할 수 있다. 연금저축계좌는 자금이 필요한 경우 일부 인출이 자유로운 편이나 IRP계좌는 매우 제한적으로만 가능하다. 그리고 IRP계좌는 운용 및 자산관리에 대한 수수료가 별도로 있는 점도 다르

9장_ 내게 꼭 필요한 연금 활용법

<표4>_ IRP계좌와 연금저축계좌 비교

구분	IRP계좌	연금저축계좌
상품	원리금보장 : 정기예금,이율보증형보험,ELB 실적배당 : 펀드, ETF, 일임형 랩 *위험자산(주식형) 70% 이내	연금저축펀드 : 펀드, ETF 연금저축신탁 : 채권형,안정형 연금저축보험 : 보험
일부인출	중도인출사유 해당시에만 가능 *주택구입, 전세자금, 6개월 이상 요양 개인회생, 파산, 천재지변	인출 가능
수수료	자산 / 운용관리 수수료 펀드, 보험, ELB, 랩 등 상품별 보수	연금저축펀드 : 펀드보수 연금저축신탁 : 신탁보수 연금저축보험 : 사업비 등

다. 최근에는 IRP계좌도 운용 및 자산관리 수수료를 낮추거나 면제하는 회사가 늘어나고 있다. 차이점을 정리하면 〈표4〉와 같다.

요약하면 IRP계좌는 정기예금이나 ELB 등 원리금보장형 상품에 100%까지 투자가 가능하므로 보수적인 투자자나 연금 개시를 앞둔 투자자에게 적당하다. 연금저축펀드는 주식형펀드나 ETF에 100%까지 투자 가능하므로 해외주식형펀드나 원자재 ETF 등 적극적인 자산운용을 원하는 투자자에게 적합하다.

회사를 옮기거나 퇴직하면서 받게 되는 퇴직급여는 IRP계좌나 연금저축계좌로 넣을 수 있다. 퇴직금제도에서의 퇴직금, 만 55세 이상 확정급여형 가입자의 법정퇴직금, 명예퇴직금 등은 IRP계좌나 연금저축계좌에 모두 넣을 수 있지만 나머지 종류의 퇴직급여는 IRP계좌에만 입금 가능하다. 퇴직급여를 일시금으로 수령하게 되면 퇴직소득세가 바로 원천징수되나 IRP계좌나 연금저축계좌로 입금하면 퇴직소득세를 나중에 내도 된다. 게다가 일정요건을 충족하면서 연금으로 수령하거나 혹은 부득이한 사유가 생겨 인출하는 경우엔 원래 내야 하는 퇴직소득세의 70%만 내면 된다. 30%의 퇴직소득세를 아낄 수 있는 것이다. 물론 중간에 갑자기 돈이 필요해서 한꺼번에 찾더라도 연금수령한도를 초과하는 금액에 대해서만 원래 내야 했던 퇴직소득세를 내는 것이니 별도의 불이익이 있는 건 아니다. 여전히 연금수령한도 내의 금액에 대해서는 30%의 퇴직소득세 감면 혜택이 유효하다. 참고로 앞서 잠깐 설명한 것처럼 퇴직급여 연금수령 11년차부터는 40% 감면 혜택이 있으므로 11년차부터 인출금액을 늘리면 절세효과가 높아진다는 점도 기억해두자.

IRP계좌와 연금저축계좌는 세액공제, 운용가능상품, 중도인출 관련하여 일부 다른 부분이 있지만 과세이연, 연금 수령시 연금소득세, 일시금 수령시 기타소득세 등의 내용은 같다. IRP계좌는 IRP계좌로, 연금저축계좌는 연금저축계좌로 금융회사간 계약이전도 가능하다. IRP계좌와 연금저축계좌 간에는 일정요건을 충족하는 경우에만 옮길 수 있다. 계약이전에 따른 세제상 불이익은 없으므로 기존에 가입한 IRP계좌나 연금저축계좌가 마음에 들지 않는다면 계약이전을 통해 금융회사를 바꿔서 관리하도록 하자.

10 PART

절세도 투자

눈에
보이는
절세 활용법

금융소득 종합과세의 이해

금융소득 종합과세는 이자소득과 배당소득을 합산해서 기준금액인 2,000만 원을 초과하는 경우 다른 근로소득, 사업소득, 부동산소득 등과 합산해 종합소득 세율로 누진과세하는 제도다. 2012년까지는 금융소득 종합과세 기준 금액이 4,000만 원이었고 이 기준에 해당하는 납세자는 5만명이 넘는 정도에 불과했다. 그러나 2013년부터 2,000만 원으로 기준 금액이 크게 낮아지면서 금융소득 종합과세 대상자는 지속적으로 늘어나 2019년엔 16만명에 육박했다. 종합소득세는 2020년 12월 세법개정안이 통과되면서 2021년부터는 새로운 과표구간과 세율을 적용 받는다. 10억 원 초과 구간이 새로 생겼고 이 구간에 대한 세율은 49.5%(지방소득세 포함)로 높아져 고소득자의 세금 부담이 높아

〈표1〉_ 종합소득세 과세표준 및 세율

구분	2020년 이전	2021년 이후
1,200만 원 이하	6%(6.6%)	
1,200만 원~4,600만 원	15%(16.5%)	
4,600만 원~8,800만 원	24%(26.4%)	
8,800만 원~1억5,000만 원	35%(38.5%)	
1억5,000만 원~3억 원	38%(41.8%)	
3억 원~5억 원	40%(44.0%)	
5억 원~10억 원	42%(46.2%)	42%(46.2%)
10억 원 초과		45%(49.5%)

*괄호 안은 지방소득세 10% 포함 세율

졌다. 종합소득세 과표구간 및 세율을 정리해 보면 〈표1〉과 같다.

이제 금융소득 종합과세 제도에 대해 좀더 자세히 알아 보자. 금융소득이라 함은 이자소득과 배당소득을 합한 소득을 일컫는다. 예금에 가입하거나 채권에 투자하고 받는 이자와 펀드나 ETF에 투자하고 받는 수익에 대해 은행이나 증권회사 등에서는 소득세 14%와 지방소득세 1.4%를 합해 15.4%의 세금을 원천징수한다. 이러한 이자소득과 배당소득이 연간 2,000만 원을 넘지 않으면 별도로 종합소득세 신고를 할 필요가 없으며 분리과세로 종결한다. 그러나 2,000만 원이 넘으면 원천징수로 끝나지 않고 다음 해 5월에 다른 종합소득(근로소득, 사업소득 등)과 합산해 종합과세 신고를 하고 납부해야 할 세금이 있으면 추가로 내야 한다. 누진세율(6.6~49.5%)을 적용하기 때문에 금융소득 금액

10장_ 눈에 보이는 절세 활용법

이 크거나 다른 소득이 있는 경우엔 추가로 납부해야 하는 세금 부담이 늘어날 수 있다.

그렇다면 금융소득 종합과세에 해당하는 경우 세금 부담은 얼마나 늘어나게 될까? 추가적인 세금 부담은 다른 종합소득이 얼마나 많은지에 따라 달라진다. 금융소득 중에서 2,000만 원을 초과하는 부분과 근로소득, 사업소득 등 다른 종합소득을 합산해 세금을 다시 계산하기 때문이다. 다른 소득과 합산해 누진세율 (6.6~49.5%)을 적용한 금액과 15.4%로 원천징수한 금액을 비교해 보면 세금을 얼마나 추가로 내야 하는지 알 수 있다.

예를 들어 근로소득이 1억 원인 투자자의 금융소득이 5,000만 원이라면 누진세율을 적용하는 종합소득 금액은 근로소득 1억 원과 금융소득 5,000만 원을 합한 1억5,000만 원이 된다. 금융소득 5,000만 원 중 2,000만 원까지는 15.4%의 세율로 원천징수하고 마무리되지만 3,000만 원에 대해서는 38.5%의 세율을 적용하므로 693만 원의 세금을 추가로 내야 한다. 추가로 납부할 세금은 3,000만 원에 38.5%의 세율을 곱해서 나온 금액 1,155만 원에서 기존 원천징수한 15.4%의 세금 462만 원을 차감하면 된다. 만약 근로소득이 2,000만 원밖에 되지 않는다면 추가로 납부할 세금은 얼마 되지 않는다. 누진세율을 적용하는 종합소득 금액이 근로소득 2,000만 원과 금융소득 3,000만 원을 합해 5,000만 원에 불과 하기 때문이다. 금융소득 중 2,000만 원을 초과하는 3,000만 원 중에서 2,600만 원은 16.5%, 400만 원은 26.4%의 세율을 적용한 세금 534만6,000원과 15.4%의 세율로 원천징수한 세금 462만 원을 비교해 차액을 계산해 보면 72만6,000원만 더 납부하면 되는 걸 알 수 있다. 예를 들어 설명한 내용을 정리해 보면 〈표2〉와 같다.

이처럼 다른 근로소득이나 사업소득이 적은 경우라면 금융소득 종합과세에 해당하더라도 추가로 납부해야 하는 세금은 적거나 없을 수도 있다. 다른 소득이 전혀 없다면 금융소득이 약 7,200만 원까지 발생해

〈표2〉_ 금융소득과 근로소득 대비 누진세율 비교

● 금융소득 5,000만 원과 근로소득 1억 원이 있는 경우					
			구분	금액	세율
			금융소득	3,000만 원	38.5%
구분	금액	세율	근로소득	1억 원	26.4%
금융소득	3,000만 원	종합과세			16.5%
	2,000만 원	15.4%(원천징수)			6.5%

● 금융소득 5,000만 원과 근로소득 2,000만 원이 있는 경우					
구분	금액	세율	구분	금액	세율
금융소득	3,000만 원	종합과세	금융소득	3,000만 원	26.4%
					16.5%
	2,000만 원	15.4%(원천징수)	근로소득	2,000만 원	6.5%

10장_ 눈에 보이는 절세 활용법

도 종합과세로 인해 추가로 내야 하는 세금은 거의 없다. 다만 소득 노출에 따른 세무조사나 자금출처조사, 건강보험 지역가입자 전환 등의 불이익이 생길 수 있다. 그러므로 다른 소득이 없는 경우라도 절세 방안을 활용해 금융소득 종합과세 대상자가 되는 건 피하는 편이 좋다.

건강보험료 관련한 이야기를 조금 더 해보자. 직장에 다니는 자녀의 건강보험에 피부양자로 등록되면 건강보험료를 별도로 내지 않는다. 그러나 2019년 7월부터 연간소득이 3,400만 원을 초과하는 경우, 과세대상 사업소득 금액이 있는 경우, 배우자가 위의 첫째, 둘째 요건에 해당하는 경우, 재산세 과세표준 합계액이 9억 원을 초과하는 경우, 재산세 과세표준 합계액이 5억4,000만 원 초과 9억 원 이하에 해당하며 연간소득이 1,000만 원이 넘는 경우에 해당하면 피부양자 자격을 상실하고 지역가입자로 전환되며 별도로 건강보험료도 납부해야 한다. 지속적으로 과세 기준이 강화되는 것과 마찬가지로 피부양자 등록 기준도 단계적으로 강화할 예정이다. 2022년 7월부터는 연간소득이 2,000만 원을 초과하는 경우, 재산세 과세표준 합계액이 3억6,000만 원을 초과하고 연간소득이 1,000만 원이 넘는 경우도 피부양자 자격을 박탈한다. 참고로 직장가입자의 경우엔 근로소득 이외에 금융, 임대, 기타소득의 합이 3,400만 원을 넘는 경우 별도 산식에 따라 보험료를 추가해 왔는데, 이 기준도 2022년부터는 2,000만 원이 넘으면 추가 보험료를 납부하는 것으로 강화한다. 직장가입자의 경우 본인뿐만 아니라 피부양자의 제외 기준도 꼼꼼하게 챙겨야 한다. 관련 내용

〈표3〉_ 직장가입자의 피부양자제도 개선

주요 부과 기준		1단계 개편 (2018.7.1~2022.6.30)	2단계 개편(2022.7.1~)
피부 양자	연소득 기준 (금융소득, 연금소득, 근로+기타소득 중 각각 4,000만 원 초과)	3,400만 원 초과	2,000만 원 초과
	재산기준 (과표 9억 원 초과)	과표 5억4,000만 원 초과	과표 3억6,000만 원 초과
		5억4,000만 원(3억6,000만 원) – 9억 원 재산 보유자는 생계가능소득(연 1,000만 원) 초과하는 경우만 지역가입자 로 전환	
	형제자매 인정 기준 (형제자매 소득 각 4,000만 원 초과, 재산과표 3억 원 초과시 탈락)	취약계층 제외하고 형제자매 피부양자 탈락, 65세 이상, 30세 미만, 장애인인 형제자매 중 소득 재산 기준 충족 시 인정	
		연소득 3,400만 원 초과 또는 재산 1억8,000만 원 초과시 탈락	연소득 2,000만 원 초과 또는 재산 1억2,000만 원 초과시 탈락
	피부양자 경감	피부양자 보험료 △30% 경감	–

*자료: 보건복지부(2018. 12.) 건강보험료 1단계 개편 시행결과. 보도자료

은 국민건강보험 홈페이지(www.nhis.or.kr)를 참고하면 된다. 지금까지 설명한 내용을 정리해 보면 〈표3〉과 같다.

참고로 해외주식 매매로 인한 양도소득은 건강보험료 산출 대상 소득이 아니나 해외주식형 펀드나 국내 상장 해외 ETF 등에서 발생한 배당소득은 포함하는 점도 알아 두자. 그리고 1개월 이상 해외에 체류하는 경우 출입국사실 증명서 또는 여권을 가지고 국민건강보험공단에 방문하거나 팩스 전송 등을 통하여 건강보험료 납부 중지를 요청할 수 있다. 그러면 해외 체류 기간 동안 보험료를 아낄 수 있다.

다양한 절세 방안

투자 대상은 점점 다양해지고 세제도 매년 바뀌면서 개인투자자는 뜻하지 않은 세금으로 곤란을 겪게 되는 경우가 종종 있다. 그래서 마지막 장에서는 어떻게 하면 투자를 하면서 조금이라도 세금을 줄일 수 있는지 알아보겠다. 우선 금융소득 종합과세에 해당하는 투자자라면 비과세나 분리과세가 가능한 계좌를 활용하면 종합과세에 합산하는 금융소득을 줄일 수 있다. 예를 들어 1억 원을 해외주식형펀드나 ELS에 투자해 20% 수익을 내면 2,000만 원의 15.4%인 308만 원이 배당소득세로 원천징수 된다. 그런데 만약 금융소득 종합과세 최고 세율을 적용 받는 투자자라면 세율이 49.5%에 해당되어 682만원의 세금이 추가로 발생한다. 거의 수익의 절반인 990만 원이나 세금을 내야 한

〈표1〉_ 비과세 가능 제도 및 상품

구분		내용	비고
국내 상장주식 (장내거래)		양도차익 비과세	*세법상 대주주, 비상장주식, 상장주식 장외거래 : 　양도차익의 22% 양도소득세
브라질국채		양도차익, 이자소득 환차익 비과세	*한국과 브라질간 조세협약에 의거 *토빈세 없음 : 2021년 6월 현재
보험	일시납	10년 이상 유지시 보험차익 비과세	*1인당 총보험료 1억 원 한도 *일시납 / 2년납 / 3년납
	월납		*1인당 월평균 150만 원 한도 　(연간 1,800만 원 한도내 추가납입 가능) *5년납 이상(선납 6개월 이내)
	즉시 연금		*55세 이후 연금개시, 종신형연금 수령시 비과세 *계약자≑피보험자≑수익자 전부 동일인 *보증지급기간 기대여명 이하
ISA		순소득 비과세 (일반형 200만, 서민형 400만) 초과분 9.9% 분리과세	*대상: 만 19세 이상 거주자 – 근로소득이 있는 경우 15~19세 미만 거주자 가능 – 금융소득 종합과세 대상자 제외 *서민형: 총급여 5,000만 이하, 　　　　　종합소득3,500만 이하, 농어민 *의무가입기간: 3년 – 중도인출 가능 *납입한도: 연간 2,000만 원(총1억 원) – 납입한도 이월 가능
비과세 종합저축		금융소득 비과세	*대상: 만 65세 이상, 장애인, 국가유공자 등 – 금융소득 종합과세 대상자 제외 *납입한도: 5,000만 원 *가입기한: 2022.12.31
조합 예탁금		금융소득 비과세 (농특세 1.4% 부과)	*새마을금고, 농협, 수협, 산림조합 등 *대상: 만19세 이상 거주자 *납입한도: 3,000만 원 – 출자금 1,000만 원 별도 가능 *가입기한 2022.12.31

다. 이때 절세가 가능한 계좌를 활용한다면 세금을 한 푼도 내지 않고 2,000만 원을 고스란히 수익으로 챙길 수도 있다. 투자를 통해 수익을 내는 건 여러 변수가 생길 수 있지만, 세금을 줄이는 건 지속적인 관심만 있으면 누구나 할 수 있다. 우선 비과세 혜택이 있는 제도와 상품에 대해 정리해 보면 〈표1〉과 같다.

이제 국내주식부터 하나하나 살펴 보자. 다른 나라는 주식 양도(매매)차익에 과세를 하는 경우가 대부분이지만 우리나라는 개인투자자의 상장주식 양도차익에 대한 세금이 없다. 따라서 개인투자자는 국내주식에 투자할 때 세금 걱정을 할 필요가 없다. 매도금액의 0.23%에 해당하는 거래세만 내면 끝이다. 참고로 증권거래세는 1963년 도입했고 중간에 자본시장 육성을 위해 폐지하기도 했으나 세수 확보를 위해 재도입했다. 2019년에 0.3%에서 0.25%로 낮췄으며 2021년부터 0.23%, 2023년부터 0.15%로 단계적으로 내려갈 예정이다. 증권거래세율을 정리해 보면 〈표2〉와 같다.

세법상 대주주의 경우 양도차익이 발생하면 양도소득세를 신고 납부해야 한다. 대주주가 아니더라도 비상장주식을 매도하거나 상장주식을 장외에서 매도하면 양도차익에 대해 세금이 있다. 주식 양도에 따른 양도소득세율은 〈표3〉과 같다. 2018년 4월 이후 양도하는 상장주식 대주주 범위는 코스피를 기준으로 살펴보면 지분율 1% 또는 종목별 보유액 15억 원 이상이다. 그러나 2020년 4월 이후 양도하는 주식은 1% 또는 10억 원 이상이면 대주주로 본다. 코스닥과 코넥스의

<표2>_ 증권거래세 세율

구분	2020년	2021년~2022년	2023년
코스피	0.25%	0.23%	0.15%
코스닥	0.25%	0.23%	0.15%
코넥스	0.1%	0.1%	0.1%
비상장 장외거래	0.45%	0.43%	0.35%

*코스피: 농특세 0.15% 포함

<표3>_ 주식 양도소득세율(지방소득세 제외)

구분				세율
	소액주주 (장내거래)			비과세
상장법인	그 외	중소기업	대주주 외	10%
			대주주	20%
		대기업	대주주 & 1년 미만	30%
			그 외	20%
비상장법인	중소기업		대주주 외	10%
			대주주	20%
	대기업		대주주 & 1년 미만	30%
			1년 미만 보유	20%

*자료출처 : 미래에셋증권 절세 가이드

<표4>_ 상장주식 대주주 기준

구분	2017년 4월 양도	2018년 4월 양도	2020년 4월 양도
코스피	1% or 25억 원	1% 또는 15억 원	1% 또는 10억 원
코스닥	2% or 20억 원	2% 또는 15억 원	2% 또는 10억 원
코넥스	4% or 10억 원	4% 또는 10억 원	4% 또는 10억 원

*대주주 기준 : 지분율은 사업연도 중, 보유액은 직전 사업연도 말 기준으로 판단

경우엔 대주주 기준이 다르다. 이를 정리하면 〈표4〉과 같다. 대주주 지분율을 계산할 때 본인뿐만 아니라 부모, 자녀 등 직계존비속과 배우자가 보유한 지분을 합산해야 한다는 점에 특히 주의해야 한다.

양도소득세율은 3억 원까지 22%(지방소득세 포함), 초과 분에 대해서는 27.5%(지방소득세 포함)로 누진세율을 적용한다. 가능하면 과세표준이 3억 원이 넘지 않도록 매도 시기를 분산하거나 배우자에게 증여한 이후 양도하는 절세 전략이 필요하다.

국내주식 양도소득세 예정신고는 주식 양도일이 속하는 반기 말일부터 2개월 이내에 신고, 납부하면 된다. 예를 들어 2월에 주식을 팔았다면 반기 말인 6월말로부터 2개월 이내인 8월까지만 신고, 납부하면 된다. 양도소득세는 양도가액에서 취득가액을 뺀 양도차익에서 기본공제 250만 원을 차감한 금액에 세율을 곱해서 산출한다. 양도차익이 250만 원 이하라면 납부할 세금은 없다. 그리고 국내주식의 연간 양도소득은 손실 상계가 가능하다. 예를 들어 1분기에 삼성전자 주식에서 1,000만 원의 이익을 보고, 2분기에 현대차 주식에서 800만 원의 손실을 봤다면 서로 통산이 가능하다. 이럴 경우 실제 양도차익은 200만 원에 불과하므로 기본공제 250만 원을 차감하면 별도로 낼 세금은 없게 된다.

이제 ISA(Individual Savings Account, 개인종합자산관리계좌)에 대해 알아보자. 2016년 국민에게 재산형성 기회를 제공하기 위해 ISA 제도를 도입했으나 의무보유기간이 길고 중도 인출을 금지하는 등 가입조건이 까다로웠다. 그래서 그동안 '만능통장'이라는 이름값을 제대로 하지 못하고 개인투자자들에게 외면을 받아왔다. 2017년말 세법 개정을 통해 중도인출이 가능해지는 등 일부 조건이 완화되었지만 여전히 가입하기엔 아쉬움이 있었다.

그러나 ISA 활용도를 대폭 높이는 쪽으로 세제를 다시 한번 개편하여 2021년부터는 '만능통장'이라는 이름에 걸맞은 제도가 되었다. 우선 소득이 없더라도 만 19세 이상인 국내 거주자라면 학생, 주부 등 누구라도 가입이 가능하다. 다만 직전 3개년 동안 한번이라도 금융소득 종합과세 대상자라면 가입이 불가능하다. 의무가입기간도 5년에서 3년으로 줄었으며 납입 원금 범위 내에서 중도 인출도 자유롭다. ISA는 연간 2,000만 원 한도로 최대 1억 원까지 납입이 가능하며 연간 납입 한도를 채우지 못한 금액은 이월이 가능하다. 예를 들어 2016년에 계좌를 개설하고 5년간 1,000만 원만 입금을 했다면 한번에 9,000만 원을 추가로 투자할 수 있다. 그리고 의무가입기간 3년만 유지하면 자유롭게 해지하거나 원하는 기간만큼 만기를 연장할 수 있다. 따라서 당장 필요가 없더라도 미리 계좌를 만들어 놓으면 필요할 때 다양한 방법으로 활용이 가능하다.

ISA는 손익통산 순소득에 대해 200만 원(서민형은 400만 원)까지 비과세 혜택이 있고 초과 소득에 대해서는 9.9%로 분리과세 한다. 참고로 국내 상장주식 투자에서 발생한 손익의 경우 수익은 다른 금융상품 운용 손익과 통산하지 않으나 손실은 통산해 준다. 즉 ISA 내에서 국

325

〈표5〉_ ISA 세제 혜택 변경 내용

구 분	변경 전(2020년까지 적용)	변경 후(2021년 이후 적용)
개인자격 및 계좌개설	– 소득 있는 자 *직전연도 금융소득 종합과세 대상자 제외	– 19세 이상 국내 거주자 *소득이 있는 경우 15세 이상 가입 가능 *직전 3개년 금융소득종합과세 대상자 제외 – 금융기관 통틀어 1명당 1개좌만 개설 가능
기업 구분	– 일반형: 서민형, 농어민 가입대상자가 아닌 자 – 청소년형: 일반형 대상자 중 만 15~29세 – 서민형: 총급여 5,000만 원 이하 근로자 또는 종합소득 3,500만 원 이하 사업자 – 농어민: 종합소득 3,500만 원 이하 농어민	– 일반형: 서민형, 농어민 가입대상자가 아닌 자 – 서민형: 총급여 5,000만 원 이하 근로자 또는 종합소득 3,500만 원 이하 사업자 – 농어민: 종합소득 3,500만 원 이하 농어민
의무 가입 기간	일반형: 5년 서민형, 청년형, 농어민: 3년	– 3년(유형 상관없음) – 의무가입기간 종료시 해지후 재가입 가능, 만기 연장 가능
편입 가능 금융 상품	– 펀드(ETF 포함) – 리츠(REITs) – 파생결합증권(ELS, DLS, ELB, DLB 등) – 예금성 상품(예 · 적금, 예탁금, 예치금, RP 등)	– 펀드(ETF 포함) – 리츠(REITs) – 파생결합증권(ELS, DLS, ELB, DLB 등) – 예금성 상품 (예 · 적금, 예탁금, 예치금, RP 등) – 국내 상장 주식
유형	– 신탁형: 투자자의 구체적 운용 지시 필수 – 일임형: 일임업자에 편입상품 교체 위임 가능	– 신탁형: 투자자의 구체적 운용 지시 필수 – 일임형: 일임업자에 편입상품 교체 위임 가능 – 투자중개형: 투자자가 직접 운용하는 투자중개업자의 위탁계좌 형태, 국내 상장 주식 투자가 가능하나, 예 · 적금 편입은 불가능

납입
한도
	– 연간 2000만 원,
	  5년간 최대 1억 원
	– 납입 한도 이월 적립 불가능
		– 연간 2,000만 원, 5년간 최대 1억 원
		– 납입 한도 이월 적립 가능
		– 기존 소득공제장기펀드 및 재형저축 계약
		  금액 차감 후 가입 가능
		– 의무가입기간 종료 후 해지 및 재가입시
		  납입 한도 재생성

세제 혜택	상품간·기간간 손익 통산 후 순 소득에 대해 표1	상품간·기간간 손익 통산 후 순소득에 대해 표2 *국내 상장 주식에서 발생한 손익의 경우 이익은 통산하지 않으나, 손실은 통산
중도 해지	– 법령에서 정한 부득이한 사유 이외에 의무가입기간 경과 전 중도해지시 과세특례 적용 소득세 상당액을 추징 *부득이한 사유 1.사망 2. 해외이주 3.천재지변 4.퇴직 5.사업자의 폐업 6.3개월 이상의 입원치료 또는 요양을 필요로 하는 상해·질병의 발생 등	
중도 인출	– 의무가입기간 경과 전 납입원금을 초과하지 않는 범위 내에서 자유로운 중도인출을 허용	
연금계좌 이체	– 의무가입기간 종료시 ISA계좌의 자금을 연금계좌(연금저축, IRP)로 이체 가능 *이체 금액의 10%(300만 원 한도) 세액 공제	

표1 (세제혜택 왼쪽):

구 분	일반형 청년형	서민형 농어민
비과세	200만 원 까지 비과세	400만 원 까지 비과세
분리과세	비과세 한도 초과 금액에 대해 9.9% 분리과세	

표2 (세제혜택 오른쪽):

구 분	일반형	서민형 농어민
비과세	200만 원까지 비과세	400만 원까지 비과세
분리과세	비과세 한도 초과 금액에 대해 9.9% 분리과세	

내 상장주식에서 200만 원 손실이 나고, 해외주식형 펀드에서 400만 원의 수익이 났다면 통산한 최종 수익이 200만 원이 되어 납부할 세금은 없게 된다.

의무가입기간 3년이 지나면 만기를 연장해 가면서 계속 운용해도 되지만 ISA 자금을 연금저축계좌나 IRP계좌로 이체하면 추가적인 혜택을 받을 수 있다. 연금저축계좌와 IRP 연간 한도 1,800만 원과 별도로 ISA 해지 자금 입금이 가능하며 게다가 이체금액의 10%(300만 원 한도)까지 세액공제를 추가로 받을 수 있다. 이렇게 입금한 금액도 비과세로 운용하다 연금을 수령할 때 세액공제 받은 금액과 수익에 대해서만 연금소득세 5.5~3.3%만 내면 된다. 정리하면 ISA에 가입하고 3년이 지난 후에 손익이 200만 원(서민형 400만 원)이 넘는 경우 해지하여 연금저축계좌에 이체하고 새로 ISA에 가입하는 걸 반복하면 절세효과를 극대화할 수 있다. 변경 전후 ISA 내용을 정리해 보면 〈표5〉와 같다.

비과세종합저축은 앞서 설명한 〈표1〉에서 보는 것처럼 가입자격에 제한이 있다. 만 65세 이상이거나 장애인, 국가유공자, 독립유공자, 국민기초생활보장법 수급자, 고엽제 수급자, 5·18민주화운동 부상자 등만 가입할 수 있다. 일단 자격 조건만 된다면 가장 혜택이 큰 절세계좌가 바로 비과세종합저축이다. 주어진 한도 내에서 다양한 금융상품 거래도 가능하고 중도 인출에 대한 제약도 전혀 없다. ISA와 마찬가지로 기대수익률이 높은 상품 위주로 운용하는 것이 절세 효과가 크다. 좋다. 물론 원금 보장을 중시하는 보수적인 성향의 투자자라면 정기예금이나 채권형펀드 등에 투자하는 것이 바람직하다.

상호금융권인 농·수·신협·새마을금고에서는 출자금을 내고 조합원이 되면 1,000만 원까지 출자금에 대한 배당소득과 3,000만 원까지 예금과 적금에 대한 소득에 비과세 혜택을 볼 수 있다. 이 제도는 농어민 등 서민층에게는 절세 기회를 제공해 재산 형성을 돕고 농·수협 등 서민금융기관엔 복지사업을 위한 수신 유치를 수월하게 하는 순기능이 있다. 그러나 출자금만 내면 준조합원이 되어 비과세 혜택을 받을 수 있기 때문에 고액 자산가의 절세 수단으로 전락했다는 논란이 지속돼 왔다. 그래서 2018년 일몰 예정이었으나 다시 연장되어 현재는 2022년 말까지 가입이 가능하다. 과거에도 일몰 시한이 계속 연장돼 온 점을 비추어 볼 때 비과세 혜택이 다시 연장될 가능성도 남아 있다.

지금까지 비과세 혜택이 가능한 제도나 상품에 대해 알아봤다. 다음으로 분리과세나 분류과세가 가능한 제도에 대해 살펴보자. 우선 정리부터 해보면 〈표6〉과 같다. 연금저축계좌나 해외 상장주식은 앞에서 많이 설명했다. 연금저축계좌와 IRP는 세제공제 혜택이 주어지기 때문에 근로자라면 비과세 계좌보다 우선적으로 만들 필요가 있다. 고액자산가라면 금융소득 종합과세 문제에서 자유롭지 못하므로 해외 상장주식과 ETF에 지속적으로 관심을 기울이는 것이 좋다.

예전에는 보다 더 다양한 절세 가능 계좌들이 있었으나 이제는 많이

〈표6〉_ 분리과세 또는 분류과세 가능 제도 및 상품

구분	내용	비고
연금저축계좌	연금수령시 연 1,200만 원 이하 3.3~5.5% 분리과세	*납입시 : 700만 원까지 세액공제 *운용시 : 비과세(과세이연) *수령시 : 분리과세
IRP		
DC형 퇴직연금 (근로자 추가납입분)		
해외 상장주식	양도차익 22% 분류과세	*해외 상장 글로벌 ETF / ETN 포함 *금융소득 종합과세 합산 제외

〈표7〉_ 과거 절세 가능 제도 및 상품

구분	내용	비고
해외주식투자 전용펀드	양도차익, 환차익 비과세	*납입한도 : 3,000만 원 *가입기간 : 10년 *가입자격 : 제한없음 *대상상품 : 해외주식형펀드, 해외ETF *채권이자, 주식배당, 환헤지 이익 과세
분리과세 하이일드 펀드	배당소득 15.4% 분리과세	*납입한도 : 3,000만 원 *가입기간 : 1년 *대상상품 : BBB+이하 회사채, 코넥스 주식에 45% 이상 투자하는 펀드
10년 이상 장기채권	이자소득 33% 분리과세 매매차익 비과세	*2012년 이전 발행 : 보유기간 무관 분리과세 가능 *2017년 이전 발행 : 3년 이상 보유 분리과세 가능 *2018년 이후 발행 : 분리과세 불가능 *2014년 이전 발행 물가채 : 원금 증가분 비과세

줄었다. 그래서 기존에 가입한 투자자가 참고할 수 있도록 〈표7〉에 간단히 정리했다. 새로 가입은 불가능하지만 기존에 가입한 투자자라면 제도의 장점을 잘 살려 활용하기를 바란다. 투자는 불확실성이 있지만 세금은 아는 만큼 아낄 수 있다. 꼭 챙기도록 하자.

마지막으로 2023년부터 신설하는 금융투자소득세에 대한 설명으로 마무리하려 한다. 금융투자소득세는 채권, 주식, 펀드, 파생결합증권, 파생상품 등 원본 손실 가능성이 있는 금융투자상품으로부터 발생한 모든 형태의 손익을 통산하여 분류과세한다. 금융투자소득 과세표준은 금융투자소득금액에서 금융투자소득 이월결손금과 기본공제를 차감하여 구하는데 과세표준 3억 원 이하는 22%(지방소득세 포함), 3억 원 초과분은 27.5%(지방소득세 포함)의 세금을 금융회사가 원천징수 한다. 금융투자 결손금은 최대 5년까지 이월하여 공제받을 수 있으며 국내 상장주식과 공모 국내주식형펀드의 소득은 5,000만 원, 기타 금융투자소득은 250만 원까지 기본 공제 가능하다. 2023년 국내 상장주식의 양도차익을 계산할 때 취득가격은 의제 취득가격으로 하는데, 이는 실제로 취득한 가격 또는 2022년 종가 중 높은 가격으로 하여 투자자에게 유리하게 적용한다.

금융투자소득세는 매년 1월과 7월 두 차례에 걸쳐 금융회사가 원천징수하나 금융회사를 통하지 않은 소득이 있는 경우 개인이 반기별로 예정신고후 납부하고 추가납부 또는 환급세액이 있는 경우 매년 5월에 금융투자소득 과세표준 확정 신고 및 정산해야 한다. 금융투자소득세 도입으로 금융소득 종합과세에 해당되어 50%에 가까운 세금을 내야 했던 자산가는 세금이 22~27.5%로 낮아지는 효과가 있으나 일반투자자는 15.4%의 세금이 22% 이상으로 높아져 불리해졌다. 따라서 앞에서 설명한 연금저축계좌, IRP, ISA, 비과세종합저축 등 절세가 가능한 계좌를 보다 더 적극적으로 활용할 필요성이 높아졌다. 이 책을 읽고 있는 2021년, 2022년에 자금 여유가 있다면 연금저축계좌 등에 1,800만 원, ISA에 2,000만 원 등 한도를 미리 꽉꽉 채워 놓는 것이 좋은 절세 전략이 될 것이다. 이러한 계좌에서 발생하는 수익은 금융투자소득금액 통산에 합산하지 않기 때문이다.

[부록]

'정보는 돈'

알아두면 좋은
정보 활용법

information

1 예금

예금뿐만 아니라 펀드, 절세상품, 대출 등 금융상품을 비교할 필요가 있을 땐 금융감독원의 금융상품통합비교공시 금융상품한눈에 사이트에 접속하면 된다. 필요하다면 은행연합회, 저축은행중앙회, 새마을금고중앙회, 신중앙회협 해당 홈페이지를 통해 예금을 비롯한 금융상품, 대출, 외환, 수수료 등을 비교해 볼 수 있다

- 금융상품통합비교공시 금융상품한눈에 http://finlife.fss.or.kr
- 은행연합회 www.kfb.or.kr
- 저축은행중앙회 www.fsb.or.kr
- 새마을금고중앙회 www.kfcc.co.kr
- 신협중앙회 www.cu.co.kr

2 국내채권

본드몰 홈페이지에는 채권에 대한 기본적인 안내부터 채권가격, 신용등급, 신용평가자료 등이 있다. 본드웹 홈페이지에서는 채권시가평가표, 주요금리, 경제뉴스 등을 참고할 수 있다. 한국기업평가와 한국신용평가 홈페이지에서는 회사채, 기업어음, 전자단기사채 등의 신용등급 및 평가의견을 열람할 수 있다.

- 본드몰 www.bondmall.or.kr

- 본드웹 www.bondweb.co.kr
- 한국기업평가 www.rating.co.kr
- 한국신용평가 www.kisrating.com

3 ELS

ELS 관련 정보는 해당 증권회사 홈페이지에서 얻을 수 있다. 예전에는 AllThatELS, ELS리서치, THINK ELS 등의 홈페이지에서 모든 증권회사의 ELS 정보를 한눈에 모아서 볼 수 있었으나 현재는 패쇄됐다.

4 펀드

금융투자협회 전자공시서비스 홈페이지에서는 펀드 관련 공시 자료를 비교 검색해 볼 수 있다. 이 외에도 펀드매니저, 금융투자분석사 현황과 금융투자회사의 영업용순자본비율 등의 공시 내용도 살펴 볼 수 있다. 펀드정보One-Click시스템 홈페이지에서는 금융감독원, 금융투자협회, 운용회사, 평가회사의 펀드 관련 정보를 한꺼번에 얻을 수 있다. 이곳에 접속하면 펀드다모아, ISA다모아같은 다양한 사이트로 연결도 가능하다. 펀드에 대해 좀더 자세한 정보가 필요하다면 펀드닥터, 네이버펀드와 친해지면 좋다. 다양한 방식으로 펀드 정보를 검색할 수 있으며 변액보험펀드과 퇴직연금펀드에 관한 정보도 조회 가능하다.

- 금융투자협회 전자공시서비스 http://dis.kofia.or.kr

- 펀드정보One-Click시스템 http://fund.kofia.or.kr

- 펀드다모아 http://fundamoa.kofia.or.kr/

- 펀드닥터 www.funddoctor.co.kr

- 네이버펀드 http://info.finance.naver.com/fund/

5 국내주식

네이버 금융 홈페이지에만 접속해도 국내주식 투자를 위한 정보가 무궁무진하다. 국내 및 해외증시 관련 지수 및 뉴스, 환율 및 원자재 관련 각종 시장지표, 시황정보, 개별종목, 산업분석, 경제분석 보고서를 조회하고 일부자료는 파일로 내려받을 수 있다. 일반 개인투자자라면 네이버 금융 홈페이지만 참고해도 충분하다. 한경컨센서스 홈페이지에서도 증권회사 애널리스트가 제공하는 각종 기업분석, 산업분석 보고서를 볼 수 있다. 국내주식 투자에 관심이 높은 투자자라면 애프앤가이드 상장기업분석을 통해 기업정보, 기업분석보고서, 실적속보 관련 정보를 얻을 수 있다.

한국거래소 홈페이지에서는 국내주식 시장에 상장되어 있는 주식, 채권, ETF, ETN과 관련한 시장정보, 공시, 규정 및 제도 등의 내용을 찾아볼 수 있다. 금융감독원 전자공시시스템에서는 기업의 감사보고서, 사업보고서와 같은 각종 공시 관련 서류를 열람할 수 있다. 공신력 있는 자료를 보고 싶다면 KRX와 금융감독원 전자공시시스템 홈페이지를 참고하면 된다.

- 네이버 금융 https://finance.naver.com
- 한경컨센서스 https://consensus.hankyung.com
- 애프앤가이드 상장기업분석 https://comp.fnguide.com
- 한국거래소 www.krx.co.kr
- 금융감독원 전자공시시스템 https://dart.fss.or.kr

6 국내 상장 ETF/ETN

국내 상장 ETF 정보를 얻으려면 해당 운용회사 ETF 홈페이지를 방문하는 것이 좋다. 여기에서는 ETF 운용규모가 크고 상장 종목수가 많은 미래에셋자산운용의 타이거, 삼성자산운용의 코덱스, 키움자산운용의 코세프, 한화자산운용의 아리랑 ETF의 홈페이지만 소개한다. 각 ETF 홈페이지에서는 ETF의 개념, 거래 및 활용방법, 투자종목정보(PDF), 기준가, 보고서 등을 볼 수 있다.

신한금융투자와 한국투자증권은 ETN 홈페이지를 별도로 운영하고 있다. ETN은 증권회사마다 비슷한 구조로 나오기 때문에 아래 2개 사이트만 접속해도 ETN을 이해하기에 충분할 것이다. 다른 증권회사의 ETN은 해당 증권회사의 홈페이지에 접속하여 ETN메뉴를 참고하면 된다.

- 아리랑 ETF www.arirangetf.com

- 코덱스 ETF www.kodex.com

- 코세프 ETF www.kosef.co.kr

- 타이거 ETF www.tigeretf.com

- 신한 ETN www.shinhanetn.com

- TRUE ETN www.trueetn.com

7 해외주식

아래 소개한 홈페이지에서는 네이버 금융처럼 주식, 지수, 원자재, ETF, 차트, 뉴스 등 다양한 정보를 찾아볼 수 있다. 특히 인베스팅 닷컴은 한글로 서비스가 이뤄지고 있어 다른 곳에 비해 보기가 편하다. 영어에 익숙한 투자자라면 마켓워치, 블룸버그, 야후 파이낸스, CNBC, FINVIZ 등의 홈페이지를 함께 활용하면 좋다.

참고로 영어로 되어 있는 홈페이지가 불편하다면 국내 증권회사 홈페이지를 방문해 보자. 일부 증권회사에서는 양질의 해외주식 정보를 제공하고 있다. 참고로 미래에셋증권 홈페이지 투자정보 메뉴에서는 로그인 없이 해외주식 관련 시황 및 리서치 자료를 볼 수 있다.

- 인베스팅닷컴 https://kr.investing.com
- 마켓워치 www.marketwatch.com
- 블룸버그 www.bloomberg.com

- 야후 파이낸스 https://finance.yahoo.com
- CNBC www.cnbc.com
- FINVIZ https://finviz.com

8 해외상장 ETF/ETN

ETF.COM 홈페이지는 해외상장 글로벌 ETF를 검색하고 활용하기에 매우 유용하다. 특히 지역, 업종, 원자재, 통화, 인컴 등 분류별로 ETF 정보를 찾아 볼 수 있다. ETFdb.com 홈페이지에서도 다양한 해외 ETF 정보, 뉴스 및 리서치 자료를 볼 수 있다. 다만 2개 사이트 모두 영어로 되어 있는 점은 아쉽다.

- ETF.COM www.etf.com
- ETFdb.com http://etfdb.com

9 연금

국민연금은 가장 많은 국민이 가입되어 있는 연금이지만 홈페이지를 살펴본 사람은 많지 않을 듯하다. 국민연금 제도 안내뿐만 아니라 노후 준비를 위해 필요한 다양한 정보를 만나볼 수 있다. 금융감독원 통합연금포털 홈페이지에는 개인연금 및 퇴직연금에 관한 내용을 살펴볼 수 있다. 여유가 있다면 미래에셋투자와 연금센터도 둘러보면 투자와 연금 관련 다양한 정보뿐만 아니라 건강정보도 얻을 수 있다.

- 국민연금공단 www.nps.or.kr
- 통합연금포털 https://100lifeplan.fss.or.kr
- 미래에셋투자와 연금센터 http://investpension.miraeasset.com

10 보험

생명보험협회 홈페이지에서는 생명보험과 관련한 정보, 통계자료, 간행물을 볼 수 있다. 공시실 메뉴로 들어가면 각 보험상품을 비교해 볼 수 있고 보험회사의 경영(재무) 상태에 관한 공시 자료도 열람 가능하다. 보험다모아 홈페이지는 생명보험협회와 손해보험협회가 운영하는 온라인 보험 사이트로 보험상품의 보험료 및 보장내용에 대한 상품간 비교가 가능하다.

- 생명보험협회 www.klia.or.kr
- 보험다모아 www.e-insmarket.or.kr

11 세금

국세청 홈페이지는 세금 관련하여 가장 공신력 있는 곳이다. 세금에 관심이 높은 투자자라면 국세정보 메뉴 아래 국세청 발간책자를 검색해 보자. 세금절약가이드, 생활세금시리즈, 상속증여세, 부동산과 세금 등 다양한 책자를 PDF 파일 또는 e-book 형태로 볼 수 있다. 국세청 홈페이지와 함께 국세청이 운영하는 블로그는 홈페이지에 비해 친근하고 재미있게 세금 관련 뉴스 및 정보를 제공한다.

- 국세청 www.nts.go.kr
- 국세청 공식 블로그 https://blog.naver.com/ntscafe

12 경제

우리나라 중앙은행인 한국은행 홈페이지에서는 신뢰할만한 경제, 금융, 통화, 외환 관련 보고서를 열람할 수 있다. 통계청에서 운영하는 국가통계포털 홈페이지에서는 원스톱으로 국내, 해외, 북한의 주요 통계뿐만 아니라 IMF, Worldbank, OECD, UN, WTO의 통계자료도 볼 수 있다. e-나라지표 홈페이지는 국가 공식 승인 통계자료를 시계열 자료와 그래프를 통해 이해하기 쉽도록 보여주고 있다. TRADING ECONOMICS 홈페이지에서는 글로벌 경제지표를 한눈에 볼 수 있다. 국가별 통화, 주식, 상품 관련 자료뿐만 아니라 GDP, 무역, 물가, 실업률 등도 직관적으로 보기 편리하게 구성되어 있다. 영어에 익숙하다면 FRED Economic Data 홈페이지에서 세인트루이스 연방준비은행이 제공하는 각종 경제 통계 자료를 볼 수 있다.

- 한국은행 www.bok.or.kr
- 국가통계포털 http://kosis.kr
- e-나라지표 www.index.go.kr

- TRADING ECONOMICS http://ko.tradingeconomics.com
- FRED Economic Data http://fred.stlouisfed.org

🔢 금융

독자에게 딱 하나의 홈페이지만 추천해야 한다면 단연코 금융소비자 정보포털 파인을 꼽을 것이다. 금융과 관련한 유익한 모든 금융정보가 다 있는 곳이다. 금융상품 한눈에, 내 보험 다보여, 보험 다모아, 펀드 다모아, ISA 다모아, 연금저축, 퇴직연금, 금융꿀팁, 금융용어사전 등 정말 무궁무진하다. 시간 날 때마다 관심 있는 메뉴부터 차근차근 방문해 보자. 전국투자자교육협의회 홈페이지에는 누구나 쉽고 재미있게 금융과 자본시장을 이해할 수 있도록 다양한 만화, 도서(PDF), 동영상을 제공하고 있다. 특히 PDF파일로 되어 있는 자료는 각각이 한 권의 책 분량 정도로 내용이 충실하다. 자산관리에 관심이 높은 투자자에게 많은 도움을 받을 수 있을 것이다.

- 금융소비자정보포털 파인 http://fine.fss.or.kr
- 전국투자자교육협의회 www.kcie.or.kr

● 갈라북스 · IDEA Storage 출간 도서

세상 모든 지식과 경험은 책이 될 수 있습니다.

책은 가장 좋은 기록 매체이자 정보의 가치를 높이는 효과적인 도구입니다.

갈라북스는 다양한 생각과 정보가 담긴 여러분의 소중한 원고와 아이디어를 기다립니다.

※ 원고 접수: galabooks@naver.com

<u>366일의 클래식 음악</u>

오늘도 클래식 1, 2

1일 1클 · 추천 음반과 함께 하는 클래식 일지
김문관 지음

1월 1일부터 12월 31일까지,
1년 366일(2월 29일 포함) 클래식 음악계에서
일어났던 중요한 역사적 사실들을 일지로
정리하고, 매일 해당 일자의 클래식 음악 관련
상식과 흥미로운 에피소드가 소개돼 있는
책이다. 특히 매일 한 곡씩 들을 수 있는
클래식 음악 366개도 QR코드와 함께
추천돼 있다. 따라서 스마트폰 등으로
QR코드에 링크된 음악과 동영상을 함께
감상하면 '클래식 음악'을 더욱 쉽게 이해하고
친근하게 느낄 수 있다.

1권= 1월 1일~ 6월 30일
2권= 7월 1일~12월 31일